JN274250

法史学者の課題

河上倫逸 編

未來社

まえがき

近世・近代のヨーロッパ、とくにドイツの歴史のなかで、どのように法制度が確立され、法にかんする理論が形成されてきたか。法史学とは、このような問題設定をつうじて、現行の各国の法制度を考察するための導きとする学問だと言えよう。本書は、そうした法史学のマニフェストといえる諸論文に、比較法史研究の個別事例の論文をふくめた、日本版オリジナル編集の一冊である。

本書には、マックス・プランク・ヨーロッパ法史研究所の初代所長をつとめたヘルムート・コーイングの「法史学者の課題」、そして同研究所所長、フランクフルト大学教授などを歴任し、コーイングと並んで斯界の泰斗と称されるディーター・ジーモンの「法律学の科学化」という二本の重要なマニフェスト的論文を収録する。そのほかさらに、同研究所研究員、フランクフルト大学教授などを歴任したアルミン・ヴォルフの数多くの業績から代表的な三論文を収録して、実証的研究の今日的水準を示した。巻末に添えた編者による付論では、マックス・プランク・ヨーロッパ法史研究所の歴史的意義を論じ、法史学の今日的重要性を考察した。

コーイングの果たした役割にかんしては、その付論、そしてコーイング論文の訳者付記を参看されたい。ジーモンならびにヴォルフについては、マックス・プランク・ヨーロッパ法史研究所の左記ウェブ・サイトを参照されたい。

http://www.mpier.uni-frankfurt.de/Personal/simon.htm
http://www.mpier.uni-frankfurt.de/Personal/wolf.htm

なお、ジーモンは、ルーマンやハーバーマスにかんする論考でも知られる人物だが、彼の本来の研究分野がビザンツ法史をはじめとしたヨーロッパ法史の領域であることは指摘しておかねばならない。また、ヴォルフは、ギリシア語、ラテン語、中高地ドイツ語など多くの言語原典にもとづいた浩瀚な著書をも多数発表しており、今後わが国でさらなる本格的紹介が望まれる研究者の一人と言えよう。

こうした現代ヨーロッパ（ドイツ）の法学研究の最高水準の論文を収録した本書は、コンパクトなかたちでヨーロッパ法史研究の最前線を浮き彫りにし、法学を学ぼうとする研究者・学生には必読の論集となろう。

本書刊行にさいしては、未來社代表取締役社長の西谷能英氏、ならびに同編集部の中村大吾氏に並々ならぬ御尽力をいただいた。ここに記して御礼申し上げたい。

吉田山を眺める研究室にて
河上倫逸

二〇〇四年十月二十日

目次

装幀——伊勢功治

法史学者の課題

法史学者の課題

ヘルムート・コーイング

I

ドイツにおける法史学研究は歴史法学派に端を発している。

1　歴史法学派は根本的には三つの指導理念から出発している。

（1）法は国民文化の表現であり、そのような国民文化の一局面として理解されねばならない。民族精神による法の支配という、かの有名な定式が意味しているのはこのことである。サヴィニーは「民族の本質および特性と法との有機的連関」[(1)]について語ったのである。

（2）法発展というものは法制度の根底にある一定の理念の有機的な展開として理解されねばならず、そのような理念が息づいている場こそ民族の精神である。「それに対して歴史法学は与えられた素材の各々につき、その根源にまで分け入って究明し、素材を構成している有機的原理を発見しようと努力する。すでに死滅し、もはやたんなる歴史にしか属していないものと、なお生き続けているものとは、そうすることによっておのずと分離しうるのである。[2]」

（3）歴史における法理念の発展というものを考察することは、右のサヴィニーからの引用文が示しているように、同時に法の理解＝現行法のドグマーティクの基礎をも提供することなのである。

2　このような指導原理から、法史学研究を組織し、遂行するためのきわめて特殊な結論が生み出された。

（1）法は民族精神の表出であるとの思想によって、法史の領域は、時代——たとえば、古代、中世、近世といった区分——によってではなく、国民の起源によって区分されることになった。ローマ法の歴史は、ドイツ法ないしゲルマン法の歴史と対置されるようになった。このような事態は、たとえばローマ法史の分野の研究が古代に、またドイツ法史の分野の研究が中世や近世に振りあてられるといったかたちで生じたわけではない。むしろ、古代ローマ法史も、中世後期から一九世紀にまでいたる現代ローマ法史も、同じようにローマ法史に含まれることになったのである。この結果、中世や近世の法史について、ロマニスト風の研究とゲルマニスト風の研究、さらにはカノニスト風の研究までもが分立・併存するというまったく思いもかけぬ状況が生じたのである。かくして、ある制度がローマ法に帰属しているのか、あるいはゲルマン＝ドイツ法に帰属しているのかという問題は、近世法史にとって、長らくの間、中心的な問題となった。しかしいずれにせよ、そのような問題の立て方は、近世の法発展の自立性というものを視野に収めえていないというかぎりにおいて、やはり事実に則したものとは言えないのである。

（２）法律制度の基礎にある理念の有機的発展を追求することが法史学の使命であるという見解によって、研究者の関心は固有の法規範の発展へと収斂していくことになった。国民文化総体における法の位置についてのサヴィニーの数々の発言から想定されていたこととは異なり、法史研究は一般史、とりわけ社会経済史から、はっきりと分断されてしまったのである。

（３）現行法のドグマーティクと法史との緊密な結びつきは、歴史法学派の創始者にとってはきわめて当然のことであった。なぜなら、当時にあっては、ローマ普通法もドイツ普通私法と並んでドイツの広汎な地域でなお現行法として妥当していたからである。しかし、そのような緊密な結びつきが、目標設定をある特定のものに限定し、それをはっきりと強調するという結果をもたらしたことは看過されるべきではない。すなわち、根本的な法制度ないし法概念を規定するための基礎は、法史学により提供されねばならないとされたのである。

3　ドイツにおける法史学上の問題の立て方やその方法のその後の展開については、歴史法学派自体のそうした出発点に比べて、必ずしも良く知られているわけではない。[3] したがって、ここでは私も、若干の指摘をなすにとどめておきたい。

概念法律学は、考えうるいかなる法体系といえども、引用すべき究極的な法律的思惟形態は一定数しか存在しないという思想を展開した。[4] そしてそのような思想は、歴史的テクストも概念法律学的意味において構成されねばならない、すなわち、それは一個ないし数個の、根本的な法律的思惟形態と関連づけられねばならない、という見解に行き着いたのである。このような意味において、ハインリッヒ・ブルンナー Heinrich Brunner はこう書くことができた。「法史に残されているのは、ドグマーティッシュな仕方では捉えられないもの、すなわち死せる素材である」[5]と。

他方で、法の歴史を通じて確認された思惟形態のなかでも、たとえばローマの fiducia（信託）とか、いわゆるゲルマンの Treuhand（信託）といったもの[6]は、現行法を発展させるために直接的に利用しうるものであった。

しかし二〇世紀の初頭にいたり、それまでとはまったく異なったかたちで問題が立てられるようになった。すなわち、法の比較という手法が法史学に導入されたのである。歴史上、さまざまな異なった法秩序が存在してきたが、それぞれの法秩序がある類似した問題のために発見してきた解決は比較しうるのである。そのような比較法史研究の一例として、いや、その最高傑作として、売り主の責任にかんするエルンスト・ラベル Ernst Rabel の論稿を私は挙げておきたいと思う。このラベルと並んで、法源こそが最高の決め手だとして、比較法史という方法をさらに発展させたコーシャッカー Koschaker の名もここに特筆されるべきであろう。以上とは別に、歴史の全体的発展ということに鋭く着目したハインリッヒ・ミッタイス Heinrich Mitteis も法の比較という方法をそのレーエン法研究に利用したのである。

時を同じくして一九世紀のうちに法史学の研究領域も著しく拡張された。アミラ Amira によって法史学のドイツ法部門は、ドイツ法史からゲルマン法史へと発展することとなり、さらにゲルマニステンによる比較研究が推進されることによって、スカンジナヴィアやアングロ・サクソンの法発展がこれに編入されることとなった。[7] そのようなゲルマニスティクの拡大については、今日、その根底にあったものに厳しい批判を加えることも可能ではあろうが、しかしそうした発展が法史学者の研究領域を著しく拡張したということは、誰も否定できぬことである。他方、ロマニスティクも似たようなかたちで古代法史を拡張した。ルートヴィヒ・ミッタイス Ludwig Mitteis の提唱した綱領（プログラム）『帝国法と民衆法 Reichsrecht und Volksrecht』では、世界帝国ローマにおいて古典期ローマ法が実際に有していた意味が問題とされた。パピルス古文書学や楔形文字の発見を基礎として、「古代法史」の比較研究を集中的に深く掘り下げようとする試みもなされるようになった。それと同時に、パピルス古文書学により切り拓かれたさまざまな知見が古代における法の事実研究を強力に推し進めた。[8] しかし何よりもまず特筆されるべきは、一八八〇年代の研究者たちによって着手された、古典期ローマ法の再発見という巨大な仕事であり、その課題を達成するために、ローマ法史学者は二世代にわたって注力しなければならなかったのである。そして、こうした課題が基本的に達成された後、エルンスト・レヴィ Ernst Levy が、古典期ローマ法とユスティニアヌスの「立法」との間にはいったいいかなる法の発展があったのか、さらにはローマ卑俗法はいかにして発見されたのかという問題を提起したのである。

管見のかぎりでは、この世代の研究者たちは、法史の一般的な問題について包括的な方法論を適用して語るといったことはもはやしてはいない。方法論を取り扱った論稿であっても特殊な事例を問題にしているにすぎない。それらは、探究されるべき法史学の新たな分野を提示し、そのような研究にとっていかなる資料が利用でき、またいかなる方法が採用されるべきかを説いているのである。たとえば、「ゲルマン法史」にかんするアミラの議論、「古代法史」にかんするレオポルト・ヴェンガー Leopold Wenger の議論、古典期ローマ法の再発見との関連では、フリッツ・シュルツ Fritz Schulz の『学説彙纂研究序説 Die Einführung in das Studium der Digesten』をここでは挙げておこう。これらの人びとの原則的な見解は、彼らのなした事実研究にあてられたもろもろの叙述のうちに散見しうるその時どきの発言のなかに存在しており、しかるがゆえに、接近することがむずかしいのであるが、もしそれを集成するというのであれば、それはやりがいのあることであろう。たとえば、エルンスト・ラベルの原則的立場の表明、すなわち「歴史的な法の比較研究の課題」にかんする発言は、担保提供者の処分権制限、とくにパピルスに見られるそれについての専門研究論文 (Leipzig 1909) のなかで、つまり原則的立場の表明を期待して検索するなどということをほとんど誰もしそうもないようなところでなされているのである。ハインリッヒ・ミッタイスにしても同様で、第二次世界大戦が終了してから後になって初めて、その研究生活におけるさまざまな経験をまとまったかたちで語り、そのなかで法史学の根本的問題についての見解を表明したのである。(9)

4　これに対して、近年になってから、ドイツ法史学においてはふたたび方法論をめぐる議論が活発になされるようになってきた。(10) そのさい、ドイツでなされてきたような従来型の法史学研究はかなり手厳しく批判されている。しかし遺憾なことに、これまでのところ、そうした方法論論議においては、法史学研究の一般的な基礎、とくにドイツにおける精神科学の方法の発展の根底にあったそれについてまで立ち戻った議論はなされていない。批判の矛先が向けられたのは、何よりもまず、人間文化の他の領域、とりわけ社会の形態や構造から孤立させられたかたちで把えられた法というものに、法史の研究対象が限定されてきたということに対してである。そして次に批判の矛先は、精神科学の方法、すなわち解釈（ヘルメノイティク）学の適用と、それにともなう制定法・判決・証書といったものの起草者の意図や見解を強調しすぎるということ、そうした解釈（ヘルメノイティッシュ）学的な理論に則したものなのだが、個々人の法的経験の過大視といったことにも向けられ、そして場合によっては、あまりに観念的なかたちで法を捉えている見解もまた批判に曝された。これに対して、法史学のあるべき姿をめぐっては、じつにさまざまなかたちの要求がなされている。曰く、法史学は法というものを一般的・社会的発展、ないしは社会経済的発展の要素としてもっと強調すべきであり、そのさいには、社会科学的方法も適用されねばならない、と。ちなみにランダウ Landau などに著しいのだが、社会科学的研究の一定の成果、たとえばマックス・ヴェーバーによる研究の成果を取り入れることが推賞されており、またヴェーゼル Wesel などは、法史学者に対して、マルクスの歴史理論を解釈の枠組みとすることを要求したりしているのである。ところが他面で、とくにロマニスティクの分野では、――もちろん、なんと言ってもテクスト・クリティクの吹き荒れた時期だったということもあって――、法史学はドグマーティッシュな観点をふたたび強調すべきなのであって、残された問題とか、ふたたび問題となってきたような事柄とかに対して、模範となるような解決を与えてやるべきであると主張されたりしたのである。(11)

5　周知の事実ではあるが、もろもろの歴史的精神科学の問題設定や方法は一定の哲学的立場と結びついたかたちで展開されてきた。[12]

そして、今日なされている論議においても、そのような連関性はやはり際立っているのである。観念論的歴史観や唯物論的な歴史観との関連ははっきりしている。しかしそのような対立よりも、一般精神科学においてなされている今日の論議にとってより重要なのは、集団主義的志向をますます強めている立場と、個人主義的な志向をますます強めている立場との対立であるように思われる。前者は歴史のなかで作用しているもろもろの力を、まず第一に、（社会構造や経済構造・経済の景気・人口動態等々といった）超個人的なる所与のもののうちに見出そうとするのに対し、後者はその関心をむしろ個々の人格に向けようとする。一般史における集団主義的傾向は、雑誌『アナールAnnales』に依っているフランスの歴史家たちのグループの見解に見られたのだが、そこにはエミール・デュルケームの社会学上のテーゼの影響を認めることができる。またドイツの精神科学にとってもそれはけっして無縁ではない。ドイツではその影響はとりわけ有機体説というかたちで現われているのだが、最終的には戦間期におけるオトマール・シュパンOtmar Spannの理論というかたちをとっている。これに対して、ディルタイによって発展させられた解釈学に立脚する精神科学的研究においては、むしろ個人主義的観点が有効だとみなされているのである――しかしそうだからと言って、ディルタイの生の哲学という出発点から必然的にそうなってくるというわけではない。さまざまな立場を解明し、そしてより良く理解するために、学問的問題設定と究極的には世界観的に条件づけられている基本的立場との右のような連関性を明らかにしておくことは、たしかに必要なことであろう。だがそれにもかかわらず、そうした連関性を明らかにしたからと言って、世界観それ自体の対立が、直接的にせよ間接的にせよ、克服されうるなどと期待することはできない。論拠に説得力があるかないかといったことも、本質的には、世界観をめぐる議論に行き着くことになるのであり、それゆえに、ある立場の解明がその帰結のみならず、その根源的基礎にまで及ぶ場合には、議論にはつねに不毛のうちに終わってしまう危険がついて回るのである。

しかるがゆえに、そのような解明と並んで、法史学者が得意とする事実問題についての概観を試みようとすることも正当なことであろう。当然のことながら、そのような概観の試みもまた、特定の根本的な世界観とまったく無縁なかたちで展開しうるものではない[13]。しかし、そのような一連の事実問題が存在しているということを了解し合うことは、おそらく容易なことであろう。だがそのように了解し合うことによって、新しい問題が断固たるかたちで設定されはするが、それにともない、すでに獲得されていたはずの知見がふたたび喪われてしまうといった危険も同時に出来しうるのである。そのような危険こそ学問的認識が進歩することを再三にわたって脅かしているものなのである。

このような目的を設定することによって、以下で述べんとする事柄の枠組みが決定されることになる。史料の解明の方法が重要なのではない。法史学者にとっていったい何が問題なのかという問いこそがむしろ出発点となるのである。

II

右で述べたような一般的な目標を設定した以上、史料については、原則的なかたちで若干の言及をなすにとどめざるをえない。

あらゆる歴史学がそうであるように、法史学も過ぎ去った時代の残されたもろもろの証書を拠り所としている。そうした証書は、人間生活の発露という意味で理解されねばならないのである。

ここから次のような一連の帰結が導き出されることになる。

1　まず第一に、過去の時代の証言を理解することが重要となるので、解釈学（ヘルメノイティッシュ）的な方法が法史学の基礎をなすことが不可避だと思われる。なぜなら、過去の証書といったものは、自然科学の言うところの観察可能な事実ではないので、それは解釈[14]される必要があるからである。しかしそうだからと言って、もっぱら解釈学（ヘルメノイティッシュ）的な方法のみが適用されねばならないということではない。場合によっては、統計的な仕方で処理することは可能であるし、また実際に行なわれているのである。たとえば、ある一定の裁判所にいったいいかなる類の法的紛争が持ち込まれたのかとか、そうした裁判所にはいったいいかなる類の者たちが出訴したのかといった問題を明らかとし、また他方で、ある一定の地域とか、一定の社会階層において、ある一定の種類の夫婦財産法上の取り決めがなされているといったような法的事実の確定のために、統計的な処理をするといった場合がそれである。ただし、そのような統計的な処理も、使用される統計資料――たとえば、判決とか契約とかいったもの——が何はともあれそのものとして解釈されていること、つまり解釈学(ヘルメノイティッシュ)的な意味で理解されてきたという事実を前提としているのである。

このような二つの方法の関係は、パリの高等法院(パルルマン)のもろもろの判決を分析して、その成果をコンピュータに蓄積するという、タンバル Tanbal によって切り拓かれた、壮大な企てにおいて、明々白々のこととなっている。すなわち、各々の判決のために作成されて、コンピュータ入力・蓄積のための基礎となるカードは、個々の文書を歴史的に解釈したものに他ならないのである。同様のことは、一九七五年にケンブリッジで開催されたイギリス法史学者集会で、ド・ロイド・グース De Lloyd Guth によって報告されたヘンリー七世治下のイングランド裁判所の判決の統計的研究においても、やはり、個々の記録簿に記載された事柄を「理解」することが出発点となっていたのである。(15)

解釈されるべき資料から法史学者は出発せねばならないとは言っても、当然のことながら、このことは、法史学者が自己の研究を進めていく過程で、一定の法的現象の原因を探究することとの関連から、一定の法状況の存続という問題を取り上げたり、それ自体としては社会科学的方法を用いることによって解明されるような一定の社会構造ともろもろの法現象とを関連づけようと試みることまでも、排除するものではけっしてない。そしてさらに、比較という方法(16)や類型概念(17)の形成といったやり方も不可欠である。ちなみに、精神科学の方法には、そうしたやり方は当初から組み込まれてきているのである。このようなわけであるから、解釈学(ヘルメノイティク)が法史学に対して根本的な意味を有しているとは言っても、そこから解釈学(ヘルメノイティッシュ)的な方法のみが排他的に優位しているとか、著名ではあるが、私見によればいささか時代遅れとなってしまっている感のあるリッケルト流の区別の意味における個別記述的 idiographisch な学問のみが法史学にあっては重要なのだとかいった結論を引き出してくることはできないのである。

2　残された証書こそが、あらゆる法史学的研究の基礎である。そのかぎりにおいて法史学は経験科学と言えるのである。

法史学は自然科学方法論の言うところの経験科学ではない。法史学は実験をなす可能性を有していないし、自然科学方法論の言うような観察にも立脚していない。それゆえに、ウィーン学団の方法論やポパーの「科学的発見の論理」のごとき、精密自然科学の研究作業を基礎として展開されてきた方法論を、法史の領域に直接的に適用することは不可能なことなのである。

とはいえ、ポパーの理論、つまり反証可能性といった考え方を、経験科学か否かの境界設定の基準として法史学の領域に持ち込むということは可能である。いかなる資料の解釈であってもそれはその意味についての仮説として考えられる。[18] ある一定の法秩序と、政治的、経済的、宗教的な領域の法外的な要素との関連とか、あるいは別の法秩序との関連（継受の問題）とかについての議論などは、当然のことながら、ますますもって仮説であるとされねばならない。もちろんポパーにおけるのとは異なった仕方でも、検証ないし反証を、つまり追験を可能とするデータは前提されている。残存している関係証書の総体は、その時どきに念頭に置かれている一般的な解釈規則とか、特殊的な（たとえば、ローマ法の古典テクストの理解にとって権威のある）解釈規則とかに照らして解釈されるのであるが、そのような解釈規則は史料との関わりのなかで学問によって獲得されてきたのである。[19] 前述のごとき仮説はそうした史料によって検証されうるし、またそうされねばならない。それゆえに、仮説はその時どきにおいてそのような検証が可能であるようなかたちで提出されねばならないのである。以下のわれわれの議論においてもこうした観点の重要性は繰り返し強調されることになるが、[20] 私の考えるところでは、法史学者が価値判断を下さねばならぬ場合でさえも、なおこの観点は維持されねばならないのである。[21] したがって自然科学を基礎として立てられたポパーの方法を法史学が取り扱わねばならぬ史料の特質に適合するように変形することは可能なのである。[22] こうして次のような方法を提出することができることになる。すなわち、過去の法秩序の解釈や、そうした法秩序を生成させた諸条件についての仮説は、その当該時代にかんしてすでにわれわれに知られているもろもろの証書と矛盾したものであってはならない、と。もし解釈や仮説がこうした方法に反したものであるならば、そのかぎりでそれらは排除されねばならない。このような意味において、法史学のごとき科目も経験科学だと言うことができるのである。

法史学のごとき科目が純粋主観主義に陥ってしまうことを防いでいるものこそ、まさしく史料に依拠するこのような経験的基盤なのである。それゆえ、そのような資料的基盤は不可欠なのである。法史学者が出発点とする問題設定は、歴史学者一般におけると同様に、経験上つねに、その個人的経験、時代思潮、さらには実践上の利害――たとえば、現行法上の問題の解明――などによって複合的に規定されている。つまり、設定された問題にはつねに主観的な、しかしもちろん同時に創造的でもあるような要素が内含されているのである。そしてそのような問題設定から次のような仮説が引き出されてくる。そのようなテーゼの検証を可能とし、一個の――確証の程度の高低はあれ

――学問的認識を産み出すのは、資料に則した仮説の検証なのである。

3　伝えられてきた過去の証書が法史学の基礎であると言うのであれば、そうした証書の集成、整序、解明は法史学という学問を構築していくための不可欠の第一歩となる。したがってそうしたことが不可欠であることは否定されるべきではないし、一八八五年から一九四五年にかけてロマニステンが二世代かけて達成した古典期ローマ法の再発見という業績も、そうした不可欠性の見地から評価されねばならないのである。

4　過去の証書が存在しているかぎりにおいて、法史学は学問的認識を得ることができる。もっとも、このことについては、個々の時代ごとに事情はきわめて大きく相違している。一方には、古代や中世初期があり、他方には近世・近代があって、両者の間では、資料状況はまったく異なっている。したがって、いかに解答を得ることが重要であって望ましいと思われるような問題であっても、入手しうる資料の状況いかんによっては、すべての問題に対して必ずしも答えられるわけではないということを、はっきりさせておかねばならない。多くの問題点について断定を差し控えねばならないであろうし、信頼度の高低に相違はあれ、全体としてはなお立証されていない点の多い仮説としての域を超えられぬこともあろう。

III

1　私の見方が誤っていないならば、一般史および社会史と区別して法史をいかに位置づけるかということが、今日の議論においては第一の問題となっている。したがって、今日の状況においては、つとにミッタイスが指摘していたように[23]、「（法史学が）体系のなかで自己の位置を確定しうるような中心点を追求すること」が重要なのである。

2　法史学は、芸術史学や経済史学などと並ぶ、特殊歴史学のひとつである。こうした特殊歴史学は、結局のところ、人間精神の根本的性向に根ざしている文化の一種の根本領域が存在しているという事実に基礎づけられている。それらは生活表現の総体を組織して形態を与え、個別文化のそれぞれの領域でその時どきに一定の伝統・経験連関を創り出してきたのである[24]。

このような個別的な特殊歴史学を一般史のなかで位置づけようとするのであれば、生の個別的領域の特性というものを規定するよう試みなければならない。この種の規定を試みた印象的な例としては、考古学者ルートヴィヒ・クルチウス Ludwig Curtius が、その『古代芸術史』の序文のなかで述べた次の言葉を挙げることができる。

「芸術史的考察とはわれわれにとって芸術作品を形式として考察することである[25]」と。

この彼の言葉が芸術史学にとって的を射たものであるか、あるいはすでに陳腐なものとなってしまっているのかといったことにはここでは立ち入らない。しかしながら、このセンテンスは私には注目に値するように思われる。なぜなら、そこでは特殊歴史学たる芸術史学の位置決定の問題が明確に把握され、かつそれに対する答えがなされているからである。

かくして、文化現象としての法というものの特性を究明するという課題が生じてくることになり、そこから法史学の課題も明らかとなってくるのである。

3　法というものは認可・聖化（サンクティオニーレン）された規則を介した人間共同体の秩序として定義することができるように思われる。

この定式には説明が必要であろう。

（1）法の第一の目的は、社会における平和を確保し、以って安定性を保障することである。法は秩序であるがゆえに、その反対はアナーキーであり、それは平和秩序であるがゆえに、その反対は当該共同体の成員による紛争の暴力的な解決である。「武器の間では法は沈黙する inter arma silent leges」という古き命題はこうした対立を表現しているのである。

さらに、法は正義に――それが機能している社会が言うところの正義に――奉仕する。法はそうした社会の倫理観によって影響されている。しかし法は同時に平和秩序でもあるがゆえに、いずれにせよ分化した文化のなかでは、それが既成の道徳観やそこから産み出された秩序と単純に一致するなどということはけっしてないのである。[26]

（2）次いで、法は規則、正確には以下のごとく三重の使命を有する規則を介した秩序である。

（a）法の使命のまず第一は、もろもろの権利を整序し、もろもろの利害、生活や権力の領域を限界づけることである。このような限界づける規則には、個々の国家の主権が及ぶ範囲を限定する国際法上の法規もあれば、相対立する二人の地主の権限を確定する相隣関係法上のたんなる原則もある。それらの法規に共通のメルクマールは、限界づけをなすことによって紛争を解決するということなのである。

(b) 使命の第二は、社会に不可欠の共同作業、協業を組織構成することである。このような協業を組織する規則には、たんなる契約法から、政治体制とか現代の巨大企業の組織構成規則のごとき複雑な制度にまで及ぶものが含まれている。

(c) 第三に、想定しうる紛争を誘導して、そうした紛争を処理しうる筋道を示すために、解決のための実体的原則を立てることなく、その前に手続き上の規則を与えることが法の目的である。

法を理解するためには、そのような規範が存在していること自体がすでに、平和の保障のためには大きな意味を有しているということを強調しておくことが重要なのである。そうした規則のための制裁が存在していない場合ですら、たんに法が存在しているということだけで、紛争を解決することが容易となるものなのである。

(3) だがそれにもかかわらず、その機能を全うするためには、法はたんなる理念的秩序以上のものであらねばならない。それは実効的であらねばならない。すなわち、法は当為と現実の間の緊張を克服するようつとめねばならないのである。理念的に妥当している秩序が法を実現するための組織と同一とされる時に、真の法的安定性は初めて与えられるのである。法を妥当させる制度、法の侵犯を確定しうる手続き、法を侵犯した者に対して加えられる制裁——そうしたものをそれは前提としているのである。法の実現のための、すなわち法の実効性を確保するために用意があることは実定法の要素なのである。

だがしかし法のそのような実効性は、法秩序の背後に実定的な社会権力が存在している時にのみ確保されうる。法秩序それ自体は自己を自ら貫徹するわけではない。私の見るところ、客観主義的観念論の陥った悲劇的誤謬はこの間の事情を見誤ったことにあるのである。[27] 法秩序は権力と、すなわち支配者、教会、官僚組織と結びつかねばならないのである。それゆえに、それには当該権力のもろもろの利害との妥協も不可欠なものとなってくる。私見によれば、そのような関連をしっかりと見据え、歴史上の法秩序に即してその関連を解明することこそ、まさに法史学者にとって決定的意義を有することなのである。

要するに、このような意味において、法は秩序にかんする課題を解決せねばならないのであり、したがって法の問題は秩序の問題なのである。このことは、遺言とか契約とかによって行なわれる私法上の行為についてのみならず、公的な法秩序についても妥当するのである。

4　以上のような考察から、過去の法秩序であろうと、現在の法秩序であろうと、どのような法秩序を認識しようとする場合でも等しく妥当する次のような帰結が明らかとなってくる。法秩序というものを理解しようとする者なら、たとえば法の比較という枠組みのなかでそうしようとする場合も含めて、誰もが三つの問題領域に注意を払わねばならない。つまり、

（1）当該秩序それ自体、すなわちその制度や規則、

（2）そうした秩序が生成してきたもろもろの条件、つまり当該秩序がそこに成立し、そこに存続しているところの事実連関や理念連関、すなわち当該秩序が解決せねばならぬ問題やそれを担っている権力、
（3）法の実行、すなわち当該社会における法秩序の実効性の問題。[28] この第三の問題領域は、法を実効的なものとし、現実に貫徹させようとすることから生じてくる。

5 これら三つの問題は法史学にとって二重のかたちをとって立ち現われてくる。
（1）法史学は過去の時代の法秩序を右の三つの課題領域に則して、共時的に理解しようとせねばならない。
（2）法史学は、ある一定の文化のなかでの法の展開というものを、そこでも右の三つの課題領域の展開に則しつつ、通時的に理解しようとせねばならない。
以下の節では、法史学のこの二つの課題につき、若干の考察を加えてみることとしたい。

Ⅳ

過去の法体系を探究していくとやがて次のような問題にぶつかることになる。

1　法秩序それ自体を理解すること。

（1）過去に存在していた法秩序を再構成しようとする法史学者が直面することになる第一の課題は、そうした法秩序の内容について何かを学び取りうるように史料を捜し出すことである。

しかしそこには最初の困難が待ちうけている。史料の集成に取りかかるためには、当該時代に法源とみなされていたものがいったい何であり、どのようなものが法だと考えられていたのかということを、あらかじめ知っておかねばならないのである。

こうした困難の理由は、超歴史的な意味を有する法源理論が存在していないということにある。時代が変われば、法源とは何かということについての考え方も変わってしまうのである。問題の所在を知るためには、われわれ自身が生きている時代における、制定法と並ぶ、裁判官法の法源としての発展を想起しさえすれば十分であろう。

なんらかのかたちで法史学者にとって役立つものと言えば、われわれに知られている文化史のなかに現われてきたもろもろの法源のさまざまな形態についての理念型論くらいのものである。

そうした理念型論は、まず第一に、たとえば一九世紀の国家における制定法とか、一七～一九世紀のイングランドの裁判官法とか、中世の普通法 Ius Commune における大学で研究・教育されていた法学とか、共和政末期のローマ法における名望家の判決といった、その時代時代にあって類型として有力であった法源の種類と結合している。この種の類型概念は、当面しているもろもろの法現象を描き出すのに役立つのみならず、いったい何に止目すべきかということをも指し示してくれるので、そのかぎりにおいてではあるが、索出的な価値をも有しているのである。

法源との関連で、そうした類型概念がもたらすであろう、もうひとつの別の観点は、多元主義的法観と単一的法観との対立ということであろう。単一的法観という類型は、ただひとつの法源だけが承認され、それが排他的に妥当するものだとされている点に特徴がある。たとえば、たとえ専制君主のものであれ、人民ないしその代表者のそれであれ、主権者の意思といったものがそれに当たる。理論的には、このような法観はオースチンの一般法理学において最も際立った表現を見出すことができる。これに対しては、たんに事実的に（領国的とか等族的とか）さまざまな相異なった法秩序が相互に併存しているという法観や、それのみならず政治的に見れば、その国でいまだ一度も実効的であったことのないような規則であっても、法的問題を解決するためにそれに立ち戻ることも可能であるとする法観が対立している。そうした法観は、たとえば中世末期にヨーロッパ大陸で見られたものである。そもそものような法観が存在していて初めてローマ法は「書かれた理性 ratio scripta」としてそこで妥当しえたのである。しかもこの法観は、たとえば現代イギリスの法観においても、条例とか先例といった拘束力ある法規定と並んで「説得力ある権威 persuasive authorities」として、ただの一度も正式に法的妥当力の付与が宣言されていないにもかかわらず、認められているのである。

ある時代がその法観に照らして法源だとみなしていたものに到達するためには、その時代が法だとみなしていたものについて、当該時代が何と言っていたのかということを、右で述べたような理念型に照らして検討せねばならない。

そうすることによって、そうした法源を個々別々に特徴づけるというさらなる課題へと進んでいくことができるのである。これについてはひとつだけ例を挙げておくことにしよう。もしある特定の時代に、包括的な制定法の集成が、第一の法源ないし唯一の排他的な法源だとみなされていたという結論が得られたとすれば、次にそうした制定法の集成の特性、類型を把握することが肝要なこととなってくる。ヨーロッパ法史の枠のなかでなら、啓蒙以降の編纂法典の類型は、とりわけユスティニアヌスの勅法彙纂 Codex（さらには、皇帝の書〔＝メルフィの勅法〕Liber Augustalis やグレゴリウス九世の教皇勅令）といった権威的な法集成の類型からは区別されねばならない。後者の類型に対しては権威的な教科書の類（ユスティニアヌスの編纂法典中の法学提要 Institutio とか、スペイン法史学上の「七部法典 Siete Partidas」）が対置されるべきであろう、等々。そうすることによって初めて、伝えられてきた法源の特性も確定されるのである。

（2）法史学者の第二の、解決しておくべき予備的課題は、時代の法的思考を把握し、それと同時に研究の対象となっている法がいかなる文化段階にあるのかということを確定するということである。

（a）このような関連から、法律的思考の諸要素は個々別々に考察されねばならない。問題となっている文化は、いかなる範囲にわたって、独自の技術的な法言語を発展させていたのか、そうした言語上の術語はどの程度まで拘束的なかたちで確定されていたのか、つまり、その文化は自らの法的思考を厳密に確定された規則というかたちにまで結晶化させていたのであろうか？　そうした規則をその文化は包括的かつ体系的なかたちで叙述しようと努めていたのであろうか？

判決とか規則とかを根拠づけるために、どのような議論がなされていたのか？　人格的権威が妥当していたのか、合理的根拠づけが存在していたのか、確たる伝統に依拠していたのか、等々。書式とか、場合によっては方式書とかが、どのような役割を果たしていたのか？

以上はこの段階で理解されるべき問題のうちの若干の例にすぎない。

（b）ここでもまたさらに、現在すでに用いられているような類型概念が役立つことになる。ただしそうした類型概念はなおいっそう使い易くされる必要がある。たとえば、アクチオ法的思考と実体法的思考との対立、科学的な法思考と科学以前の法思考との対立、そして——科学内部では——演繹的‐体系的な取り扱いと、討議的（トピク的）な取り扱いとか、経験的な取り扱いとかとの対立をまず挙げておくことができよう。また、歴史的検討や社会学的検討に依拠しつつ決定的な議論を展開する法学と概念的言語的観点に立脚しようとする学問との対立もこれに付け加えることができよう。

（3）以上のような予備的問題を解明し、これに照らしあわせることによって初めて、個々の制度や規則を理解するという試みに着手できることになる。

法史学の方法論的考察において、こうした試みを遂行するという課題に対しては、先に述べた二つのものに対してよりも、より大きな注意が払われてきた。とりわけ過去の法規を解釈するさいの準拠枠組みの問題は繰り返し議論されてきたのである。概念法律学は、時代を超えて妥当する法概念の存続ということに、そのような準拠枠組みを見出したのである。本稿の導入部Ⅰで引用した、法史学者には構成的に把握されえぬ死せる素材だけが残されているとのブルンナーの言葉はこのことを指しているのである。このような概念法律学流の理論は、当然のことながら、例の永遠に妥当する法概念が存在するという前提――もちろん仮説である――のもとに成立したものであり、その前提のゆえに躓くことになるのである。

加うるに、歴史的資料であっても原則として近代的法概念に照らして理解されねばならず、そうした近代的法概念を用いて分析されるべきであるとのテーゼも主張された。しかしそのようなテーゼに賛同しうるのは、近代的法概念が、個々の事例において、歴史的法規と関連する、当面の問題を解決するのにふさわしい場合に限られている。たとえば、契約法上の歴史的法規を研究するにさいして、それが契約における危険分担や、いわゆる未完了給付などと関連しているということを明らかにすることは有益でありえよう。しかし近代的法概念をそのまま超歴史的な準拠枠組みとして取り扱おうというのであれば、それは歴史的解釈（ヘルメノイティク）学の根本原則に完全に相反していることになってしまうことになろう。したがって、細心の注意をもって、近代的法概念は比較法的考察という意味においてのみ用いられねばならないのである。

同様に、右のごとき考え方は法史学者自身の法経験とも関連している。たしかに法史学者が法曹としての職業上の経験を利用しうるのであれば、そのことは法史学者にとって有益であると言えよう。というのも、たとえば、秩序問題に対する感覚、評価の定まった秩序法規を適用したり、限定したりすることの困難性を理解する感覚が覚醒され、研ぎ澄まされるからである。しかしながら、法史学者としては法律家（ユリステン）はけっしてそのような職業上の経験だけを研究の基礎としているわけにはいかないのである。なぜなら、法史学者は近代的な見地から学問上許されないような仕方でその史料を平然と解釈・歪曲するなどという危険を冒すわけにはいかないからである。

（4）右のごとき考え方に対しては、私見によれば、過去の、法規をそれに固有の諸前提のもとで把握すること、つまり過去の法規をその時代の秩序問題の解決として理解することが重要となってくる。この点において、解釈学的（ヘルメノイティッシュ）には、法秩序それ自体を理解することはそうした秩序の歴史的諸前提を理解することと不可分のかたちで結びついているということが示されることになる。そうした諸前提からのみ、法史学者は自らが研究の対象としている法秩序が解答を与えようとしていた問題が何であったのかを知ることができるのである。

このような関連からすれば、いつの時代においてもじつにさまざまなかたちの尊厳ときわめて多様な広がりを有する秩序問題が存在し、また存在していたということを明らかにすることが何よりもまず重要なことであるように思われる。一方の側には政治秩序とか、経済秩序とか、個々の階級間や集団間の秩序とかいった大問題があり、他方の側には技術的問題、たとえば契約における債務者責任の規則とか、より専門的なものとしては、遅滞条件などの法律上の個別問題が存在している。私見では、法史学はそのいずれの側の問題群をも視野に収めていかねばならないのである。マルク・ブロック Marc Bloch はその著『歴史のための弁明 Apologie pour l'histoire』において、たまたまこう記している。「法史学の範囲は法律家（ユリステン）が携わってきた問題が存する範囲である」と。だが、このようなブロック流の考え方では、本質的に第二の問題群、すなわち技術的問題、個別問題しかわれわれには見えてこないであろう。そのような見解は誤っていると私は思う。個別問題の解決は多くの点で、ある社会とかある法体系のなかで大きな秩序問題がどのようなかたちで解決されているかということに左右されており、このことだけからしてもそれは正しいとは言えないのである。技術的な問題は法技術者、すなわち法律家に委ねられてはいるが、個々の制度や制度群についての基準となる根本的な考え方は民族精神のなかに生きている――歴史法学派はこのように考えたわけであるが、私の見るところ、このようなテーゼを立てたことによって彼らがここでも事態を正しく見抜いていたと言えるのである。

しかし当然のことながら、大きな秩序問題を折り込んでいく場合には、二つの問題設定がわれわれをまったく異なった方向へと導いていくのだということは、はっきりさせておかねばならない。ある時代の大きな秩序問題とは、その時代の政治的、経済的、社会史的特性からのみ把握されるべきものではないのである。これに対して個別問題、すなわち法律学 Jurisprudenz 上の技術的問題を追求していくと、そのユリステン時代にすでに教養ある法律家身分が成立しているような場合には、法通暁者の狭い世界とか、法律家の技術的世界が立ち現われてくることになる。しかしそうした状況も法史学者が前述の二つの問題に取り組むようになることを妨げることはできない。もしそうでなければ法史学者は生活のなかに存続してきたもろもろの連関をその研究のなかで見失ってしまうことであろう。

法規を秩序問題に対する解答として理解するのであれば、自らの社会のすべての秩序問題をまったく新しいかたちで解決せねばならぬといった課題に直面した時代というものはほとんどなかったことをさらに明らかにしておかねばならない。この種の例として挙げうるのは、一九一七年の十月革命以降のロシアぐらいのものであろう。フランス革命のような変革の企てのもとにあってすら、たとえば契約法や家族法においてそうであったように、それまでずっと存続してきた解決がなお受け継がれていた、あるいは少なくともそうした解決と接合していたのである。フランス民法典 Code Civil が革命以前の法と接合しえたのは唯一この理由からだったのである。「文化の価値基盤をその根底からまったく新しく構築し直すことなどけっしてできることではなく、つねにわれわれは文化内部からのみ発展していくことができるだけなのである」[29]とフォン・ハイエクは強調したが、そうした彼の考察の正しさがここで確証されたと言えよう。

以上のような観察から言えることは、秩序問題だと言っても、そのために固有の解決を図らねばならぬ新しい秩序問題だとその時代が感じていたのか、それとも、既存の法のなかでふさわしいかたちで解決されているように見えるそれだったのか、が区別されねばならないということである。換言するならば、そのように区別することによって、研究対象となっているある一定の法秩序が構築されるにさいして、一方において伝統が、他方において改革がそれぞれに担った役割を相対化することが可能となってくるのである。ある時代がいかなる問題が伝統によって解決されているとみなし、いかなる問題については新しい解決を求めたのかということを、その時どきに確定するようわれわれはつとめねばならないのである。

もっとはっきりさせるために、大きな秩序問題と技術的な局面とのそれぞれの分野から若干の問題を例として取り上げてみることとしたい。中世盛期の国制問題の領域には、たとえばグレゴリウス七世以降の教会改革によって不可避となったような世俗君主と教会との関係についての新たな秩序づけといった問題が存在している。つまり、宗教改革以後、ヨーロッパ諸国には新旧の異なったキリスト教信仰が併存していたのだが、たとえばフランスにおけるナントの勅令（一五九八年）、ドイツにおける一五五五年のアウグスブルクの宗教和議といったものに見られたように、それらを規制することが一六世紀の秩序問題だったのである。これに対して、新しい法技術上の問題の分野においては、一九世紀には、市場経済に則して技術的に組織された経済のために新しい企業形態を創出するという問題が出現していたのである。契約法の分野では、これと同様の目的を既存の解決に立ち戻ることで達成しえた、つまり、伝統をよりいっそう発展させるだけで済んだのである。

当然のことながら、伝統の継承という分野には、既存の解決を個々の新しい問題に適合させるということも含まれている。法律的伝統とは、たんに既存の解決を継承するだけではなく、まさしく新しいかたちの解決をすでに存在している規則に接合するということでもあったのである。

周知のように、法律的伝統や制度的伝統の意味については、繰り返し繰り返し歴史学者によって非常に異なった評価が加えられてきた。マルク・ブロックの著作のなかには次のような懐疑的な言葉を見出せる。「人間というものはいろいろなメカニズムを組み立てるのに時間を費やし、今度はその虜となったままでいるものである」[30]と。このような懐疑に対して、生ける法律的伝統なら、そのような懐疑の念を晴らすことのできる機能を有しているということを指摘することができよう。だが、このような判断もまた、過去の法秩序を理解せんとする歴史学者にとっては、不要のものかもしれない。いずれにせよ、法秩序がどの程度まで伝統に立脚しており、またどの程度まで新たに発見された解決を基礎に構築されているのかということを明らかにすることは決定的な意義を有しているのである。

最後に指摘しておくべきことは、以上のことと関連している。事情によっては過去の時代の秩序問題を当時の人びと自身とは異なったかたちで見ているということを、法史学者がはっきりと自覚していることは、何よりもまず重要なことのように私には思われる。たしかに、そうした秩序問題につき、後世になると ex post 当時の人びとよりもふさわしい評価ができるということはしばしばある。しかし、それだけに、現代からの知見にもとづくわれわれ自身の知識と、当時の人びとが見ていたもの、ないし見ることのできたものとを厳密に区別しておくことが重要であるように思われるのである。そして、この後者の方だけが歴史的な法秩序を理解するための基礎として良いものなのである。これに対し、前者のわれわれ自身の知識の方は過去を評価するための基礎となるにすぎない。いずれにせよ、この二つのものは混同されてはならないのである。

2　法秩序の諸前提

（1）全体文化を構成している生の表現形態が相互に孤立しているということはない。文化という生の領域においてはすべてのものはなんらかのかたちで関連しあっている。個々の生の部分も各々が生の全体と関連しあっている。まさしくこのことこそがディルタイによって繰り返し強調されたことなのである。[31] 同様に、法秩序というものも、つねに、それが妥当していた社会の理念的かつ物質的全体状況との関連から観察され、分析されねばならないのである。たとえば、政治的権力状況、正当性の諸観念、経済的文化（生産諸関係）、社会学的階層構成、教育水準（ある時代の識字率が法教育に大きな意味を有していたこととか、学問的訓練を受けた法律家身分（ユリステン）の存在とかを想起されたい）、宗教的および道徳的観念、さらにはまた自然認識の水準とか、呪術的観念がなお現実に力を有していたとか——ちなみに、こうしたことは呪術による加害といった犯罪の認容のかたちで法秩序のなかで明確に表現されることになる——、等々。このようなことを視野に収めることなく、法秩序というものを理解しようと試みても、それは詮のないことなのである。

（2）法秩序が社会の全体状況とそのようなかたちで関連しあっているということについては、おそらくすぐにでも一致することができよう。問題なのは、そのような全体状況を、他ならぬ法秩序といかに関連させつつ探究し、叙述することができるのかということである。その第一歩が、考察の対象となっている時代のさまざまな要素から概括的なひとつの像を法史学者が創り出そうとすることであり、またその叙述にさいして、彼がその素描を法秩序の本来の叙述のための一種のリードとして前置きすることであることは確実である。しかしそこに、「一般的叙述」と特殊的な法規にかんする叙述とが、程度の差こそあれ、相互に無関係なかたちで併列されてしまうという危険が生じてくることになる。政治的事件を叙述するにあたって、併せて一般的状況の叙述をも書き加えようとする政治史学者にとっても、そうした危険は似たようなかたちで生じてくる。ブローデルのような第一級の歴史家ですら、そうした危険から免れていないことは、その大著『フィリップ二世時代の地中海および地中海沿岸地域 La méditeranée et le monde méditeranéen à l'époque Philippe II』において窺えるほどなのである。したがって法史学者にとって本来的な問題とは、もろもろの文化要素全体のなかから、いかにして法秩序というものを理解するために重要な要素を選び出し、いかにしてそれらの要素を法秩序それ自体と結びつけていくのかということなのである。

以上のような危険と並んで、法史学者が自己自身の世界観的前提に左右されてしまうといった危険も存在している。理念の自己展開力というものを信じている観念論者なら、ミッタイスの有名な言葉を借りると「法史とは、法理念が歴史のなかで展開する過程である」と理解しているので、それぞれの時代の倫理的理念を何よりもまず探究し、その成果を自己の法分析の基礎に据えようとすることであろう——ちなみに、この言葉を述べたハインリッヒ・ミッタイス自身は必ずしもそうした危険を避けようとはしなかった。また唯物論的歴史哲学の立場をとる者なら、当該法秩序を理解するために、何よりもまず、経済状態、すなわち生産関係に注目することであろう。

法秩序を理解するために、一方において道徳的理念が、他方において支配的経済様式がきわめて重要であるということは否定しえないが、しかしそのような一面的な研究方法に固執することは避けねばならないことと思われる。したがって私にはトインビーが歴史研究に導入した方法から出発することこそがより合目的的であるように思われる。なぜなら、この方法は研究が取るべき方向をオープンなままにしておけるというメリットを有しているからである。すなわち、「チャレンジ」と「レスポンス」、つまり「挑戦」と「解決」、あるいは文化的所産を理解するための基礎としての問題設定と解決という著名な方法がそれである。[32] この結果、当該法秩序を形成した時代によって感得されていた特定の秩序問題の解決として法秩序というものを理解するという、すでに論及した問題設定にふたたびたどり着いたのである。

このトインビーの提案に従うならば、さらに法秩序のなかに具現化されている解決を、当該文化の他の一定の基本的要素と全体として結びつけるべきなのか、それとも法律規則とか制度とかを一定の法外的な現象と特殊的に関連づけるべきなのかという問題が次に立ち現われてくることになる。

前者の全体として結びつける方法とは、精神科学的立場からすれば、たとえば歴史法学派におけるように、法制度をローマ人とかゲルマン人とかの民族精神と直接的に関連づけたり、あるいはある時代の精神とかスタイルとかいったものに関連づけたりするものである。これに対して社会経済的な志向を有する立場からすれば、それはたとえば次のような仮説に行き着くことになろう。すなわち、ローマ法の継受は中世盛期から末期にかけての都市における商業と貨幣経済の発展、あるいは「初期資本主義」との関連から説明されるべきである、と。

全体として関連づけようとするこのような方法は、研究が概念実在論的なものとなってしまい、国民の精神、時代のスタイル、初期資本主義といった現象がなんと言ってもまずは歴史家により構成されたものだということを看過してしまう危険にたいへん陥り易いように思われる。他方、全体的な関連づけのために個々の立証を首尾一貫して行なうということは通常は不可能であり、したがってそれらは仮説の域を出はしない。もちろん多くの場合に反証は可能である。たとえば、前述のごとき経済的原因を継受の基礎だとみるテーゼは広く行き渡っているけれど、商人という制度は継受のずっと前から存在しており、継受の後も独自の発展を遂げたということ、それどころか、商法は普通法 Ius Commune に取り込まれた最後の法領域のひとつであり、しかも取り込まれたときにも本来的な経済法の制度はローマ法から導出されたのではなく、経済実務からローマ法へと取り込まれ、融合させられたという事実はこれに対する反証の材料となっている。

したがって、それぞれの特殊的な結びつきを追求することの方が私には正しいように思われる。私見によれば、そのようなやり方だけが「チャレンジ」と「レスポンス」という方法によって表現された綱領に合致する。このやり方が意味しているのは、ある一定の規範を全体文化のなかでまったく特殊的な要素に関連づけることである。そのさい、私のやり方は、そうすることによって、個々の事例に則して関連を立証することとなのである。このテーゼについても若干の例によって説明することにしたい。一三世紀にはヨーロッパにおける手続き法は決定的な変化を遂げた。決闘と神明裁判に代わって合理的な証拠手続きが登場したのである。大陸におけるローマ＝カノン法の継受、イングランドにおけるジュリー〔陪審〕の出現がそれであるが、当初は、自己の知見にもとづいて証言する隣人集団がジュリー〔陪審〕の役割を果たしていた。このような転換の基礎を問うなら、「一二世紀のルネッサンス」が意味していた精神的変化をまず最初に指摘することもできようし、さらに、都市や商人階級の擡頭を挙げることもできよう。それがここで「全体的な（グローバル）」関連づけだとしたものであろう。

これに対して特殊的に関連づける方法とは、当該時代の資料にもとづいて、誰が、いかなる理由からして、神明裁判を批判したのかということを個別的に叙述するものである。そうすることによって、実際に、都市市民が神明裁判や決闘裁判の廃止を要求したという資料を見出すことになろう。ユーペルン市はそのように特権を請い、一一一六年にそれを獲得した。だが何よりも重要なのは、司祭が神明裁判に関与することを禁じた一二一五年の第四回ラテラノ公会議の第一八決議（カノン）である。改革がそこに由来しているがゆえに、当然のことながら、改革のもうひとつの原因を当時の神学上の教説に求めることも必要となってくる。実際、次のような事実がある。すなわち、ヨハンネス・フォン・ザリスブリー Johannes von Salisbury とか、ラドルフス・ニガー Radulfus Niger といった神学者は、人間が神を試すこととなるという神学上の見地から、神明裁判に批判を加えているということである。このように、一三世紀に新しい秩序によって解決されねばならなかったような問題は、宗教思想からも生じてきていたのである。このようなかたちで確定していくことによって、法的な変化を一定の法外的な要因と関連づけていくためのより確実な方法が拓かれ、同時に仮説が経験的に検証しうるようになるのである。

以上との関連において、合理的な法改革をなすためのそれに応じたしかるべき努力を経済（ホモ・エコノミクス）人の合理性から一般的なかたちで導出することがいかに不確実なことであるかということを示す事実を指摘しておきたい。前述のごとく、商人も古来からの挙証手続きに好意的であったわけではない。しかし彼らは自分流のやり方で古来の挙証手続きと折り合いをつけていた。ザンクト・オーメル市には商人の組合があったが、組合員は組合の共同倉庫に醵金して、決闘によって決着をつけねばならぬような訴訟が提起されざるをえぬ事態に備えており、そのような事態にさいしては、ふさわしい戦士が雇われたのである。このような抜け道は、法律家が時代遅れだとみなしているような法とも、経済（ホモ・エコノミクス）人は驚くべき方法でしばしば折り合いをつけるということの一例である――この種の抜け道はおそらく他にもあったことであろう。それゆえに、ローマ＝カノン法の継受という現象を先ほど述べたようなかたちで説明しようとする試みの基礎とされていた帰結、つまり合理的な法の形成を商人の要求というものから一般的に導出することには、はなはだ問題があるように思われる。[33]

一九世紀の法政策家や法理論が行なった、既存の法を彼らが理解したところの「取引の利益」に適合させようとした例においては、もちろん事情は異なっている。

第二の例として、一九世紀ドイツにおける土地登記簿制度と不動産担保権の形成を取り上げておくこととしたい。ここではもちろん、市場経済、とくに信用経済と法とを全体として関連づけつつ叙述するのは容易なことであるし、またこの事例の場合には原則上も正しいと言えよう。だがそれにもかかわらず、立法史を個別的に分析してみると次のようなことが明らかとなってくる。[34] すなわち、一方で、そのような法制度はきわめて明確に経済政策的状況と関連していた。つまり、産業化するためには農業の合理化が先行せねばならぬという見解と結びついていたのであって、そのような見解から、ハンブルクやメクレンブルクの不動産担保権といった既存のモデルに完全に従った、きわめて明確な法政策的要求が導出されたのである。しかし他方で明らかとなってくるのは、結局のところそうした綱領の背後にはきわめて明確な利害が存在していたということ、つまり、一定の土地所有者が存在しており、彼らはそのような制度なくしては、発展しつつある産業によって資本市場が独占されてしまうであろうということを危惧していたということなのである。かくしてこれにより特殊的に関連づけようとする試みはようやく本当に明確な関連像を提示できるのである。

以上のような考察から私としては、こう結論しておきたい。法史学者がある法律的な解決とその時代の一般的要因とを関連づけるという課題に取り組む時に、そしてまさにその時にこそ、問題となっているテクストを解釈学的（ヘルメノイティッシュ）に取り扱うことから出発せねばならない、と。これに対してはそのような解釈は、何よりもまず、立法者の、より一般的な言い方をするなら、当該規則の起草者の意図を解明するものであって、そうすることによって、既存の社会経済的状況との関連づけにまではいたらないとの批判がなされている。しかし私の考えでは、それは逆なのであって、そのような規範の起草者の意図をまさに解釈学的（ヘルメノイティッシュ）に問うことによってこそ、それらの規則を個別的に規定しているもろもろの理念的力や社会的力を解明することができるのである。それゆえに、近代法史においてはとくにそうなのだが、議会や官僚機構のなかで一定の立法に関与した人物について詳しく研究することも重要なことなのである。もちろん、特殊的な関連づけというこのような方法を取ることができるのは、近代法史が通常そうであるように、資料状況がとくに良好である場合に限られていることは、強調されておかねばならない。必要な資料が欠けている場合には、全体的な関連づけを内容とする仮説の構築以上のことをなすことは多くの場合不可能であろう。

3　法の実行という問題をここで取り扱うことにする。

（1）この関連において法史学者が問うべき第一のものは、私の考えるところによれば、当該法秩序を支えているのがいかなる権力かという問題である。ここでもまた、現在を基準に描き出されたそれぞれの時代の像に捕われぬようにせねばならない。一二〜一三世紀にはカトリック教会が、おそらく当時の社会にあっては最も実効的であった法体系の担い手だった。法を貫徹させるために国家機関が当てられるようになるのは諸侯国家以後になってからのことである。

（2）次いで法史学者が問題とすべきは、一定の法秩序において法の実行を委ねられている制度上の諸機関、つまり裁判所、（もし存在しているとすれば）行政機関、強制執行機関、等々である。ここにいたって法史はもろもろの大制度の歴史となり、官庁の歴史となる。そのさいに重要なのは、そうした組織がもろもろの規範からいかにして形成されてきたのかということだけではなく、ある時に創設された制度が実際にはいかにして機能してきたのかということ、たとえば、ある一定の裁判所はどのような事案に対して判決を下してきたのかということなのである。

（3）右で述べた問題と密接に結びついているのが、当該諸制度のなかで法の実行のために活動していた人間の問題である。すなわち、彼らの社会的出自、教養、経済的地位、等々である。

（4）かくてついに、歴史的な実像を捉えるためにはきわめて重要であるが、しかしそれに対しては答えることが著しく難しい問題、つまり、そのような組織の実効性の問題が問われることになる。訴訟にはどのくらい時間がかかったのか。賄賂はどの程度にまかり通っていたのか。裁判に訴えたのはいかなる類の者たちだったのか、等々がそれである。

（5）結局のところ、法の実行という問題領域には、今日われわれが近代法のもとで法の事実と呼んでいる複合的事象の総体が含まれている。法に服する人びとは法秩序によって享受可能とされた制度をどのように利用しているのか。夫婦財産契約はどのようなものと見られているのか、あるいは遺言はどうなのか。どの制度は「死文 Lettres mortes」にとどまっていたのか。

このような問題領域こそ、明らかにフランスやイギリスにおける時代の法史学が格別の関心を注いで研究してきたものなのである。

V　法史と法発展

1　われわれが法的発展の探求というものを視野に収めんとするさい、まずもって必要となるのは、法史においても繰り返し用いられている「発展」という多義的な表現そのものに厳密な分析を加えることである。(35) この「発展」という表現には、歴史法学派の理論のなかで特殊な意味が与えられている。つまりそれは、一定の歴史哲学的、法哲学的世界観の影響を受けているのであって、そのような歴史哲学的連想を避けたければ、この表現そのものと正面から向き合わねばならないのである。

周知のようにサヴィニーは、法史は内的かつ静的な力によって動かされる、というテーゼを立てた。彼はまた、個々の法制度の有機的な展開についても述べている。彼のこうした言葉の背後にある政治的な意図はさておき、その方法論的な意義をのみ問うてみるならば、おそらくその根底には二つの観念が存在しているであろう。ひとつは、有機的な仕方で展開する法理念を、法史を進展させる力として捉えているということ。もうひとつは、ゆっくりとした植物的な発展の観念が想起されているということ。それは、断絶もなく、根本的な転換や変化もない、静かな発展である。

こうした観念と、法史がわれわれに伝える事実と、どの程度まで一致しているのか、われわれが知っている事実に鑑みて、こうした観念がどの程度までもっともなものだと言えるのか、問題にしなければならない。

おそらくサヴィニー自身、このテーゼを、あるひとつの歴史哲学的見地にのみもとづいて獲得したのではないだろう。彼が念頭に置いていたのは、元首制時代すなわち古典古代の法発展の時代におけるローマ法の発展である。[36] ローマ法史のこの一時期は、たしかに、サヴィニーの描写とある程度符合する時代である。元首制の創設についていくつかの重大な政治的決定が下されたという点で、それは法発展の時代であった。とはいえこの時代は、経済政策上の新秩序といった問題が立てられることはなく、すでに与えられている状況が受け入れられ、大規模かつ積極的な経済政策などとは無縁であった。私法、刑法、訴訟法などの、より技術的な分野においてもまた、すでに共和制時代に、とくに法務官法を通じて、またとりわけローマ法学が開始されることによって、その土台が用意されていた。この時代に与えられた課題とは、事実的、法律的な類の特殊専門的な問題を、手本とすべき判決根拠にしたがって解決することにあったのである。この時代はそういう意味で、法の静的な継続的形成の時代であった。

法史には、このようにして法が継続的に形成された時代が他にも存在する。それにもかかわらず、私見によれば、歴史法学派が行なった説明は不十分なものであって、依然として弊害は排されていないのである。弊害の第一は、有機的な発展という図式がひとつの事実を覆い隠しているということである。つまり、前述した静的な時代においてさえも、これまでの解決とは異なる解決を得ようとする議論や、なんらかの解決を得るために下される判決を通じて、法の発展が進行していたという事実である。このようにして発展を進行させた例としては、古典期ローマの著述家たちがおり——伝えられている多くの論議を想起されたい——一九世紀のフランス行政法や、一七、一八、一九世紀のイングランドの判例といった、長きにわたって静的な法発展をとげた時代についても同様である。第二に、ある特定の法理念の自己展開という思想は、形而上学的な前提、すなわち観念論哲学を自明なものとして前提とすることとなるのであり、それゆえ法を研究する者が他の影響、とりわけ社会・経済的な要因というものに対して目を閉ざしてしまうといった事態がもたらされる。したがって、法史学においてこの「発展」という便利な表現を用いる場合、哲学的文脈から入念に切り離す必要がある。法学の発展や、「事案に即した理由づけ reasoning from case to case」による判例の発展を通じて確認される、法における長期的な変化の簡約語としてのみ、「発展」という表現を用いるべきなのである。

とはいえ、当然のように、法史においてもけっしていま述べたような遅々とした変化のみが見られるわけではない。一般史におけるのと同様に、むしろ、大変革や根本的な転換というものも存在する。すなわち、およそ発展という概念によって表現することが困難となってしまうような現象も見られるのである。

法史における断絶というものは、とりわけ革命や改革といったものの所産である。フランス革命における立法、啓蒙絶対主義ないし改革時代に制定され、後に自由主義時代をもたらした改革的制定法、ロシア十月革命以降の社会主義的法秩序の構築、これらは発展ではなく、新たな始まりなのである。当然、そうした新たな始まりにも、長きにわたる前史が付属してはいる。すなわち、ヨーゼフ二世やフランス革命によって貫徹された法政策プログラムも、それはそれで長いこと進展していた理念的、事実的発展に起因していたのである。そして、このような発展が、やがてある特定の瞬間に、実定法秩序の（革命的ないし改革的）変革へと結びつくのであり、それによって初めて、その発展は法史的な効力を有するのである。しかしながら、こうした実定法秩序の変形という事態は、法の歴史においてはまさしく断絶に他ならない。貴族や聖職者の特権というものは、一八世紀のフランスにおいてはすでに久しく法政策上の批判を受ける対象となっていたことはたしかなところである。けれども、そうした特権は、一七八九年八月八日の諸決議を待ってようやく廃止されるに到ったのであって、こうした決議によって初めて伝統的な法との断絶というものが見られたのである。

法史における時代の根本的な転換もまた同様に、絶え間ない発展という観念によって覆い隠されることがあってはならない。スコラ哲学の時代の法は、一八世紀の法とは根本的に異なり、しかも、そうした一八世紀の法もまた、一九世紀末に出現した法状況とは異なっているのである。こうした根本的な転換をもたらす要因には多くのものがある。つまり私が述べたいのは、たとえば新たな学問的思想の登場のことであり、たとえば、スコラ法学の方法とは対照的に、体系的演繹的に諸原理にしたがって考え出された方法のことである。それは、社会における価値観の変化であり、経済学の方法に言うところの物的要因の変化――例として、ある部族の定住化や、一九世紀における産業化といった現象を想起されたい――である。以上のような根本的な転換というものを法史学者は見て取らねばならないのであって、しかも、たとえば近世法史におけるように、外見上は、ボローニャから一九世紀のドイツ・パンデクテン法学にまで到る普通法のごとき法律的伝統が、もろもろの時代の転換にもかかわらず連綿と存続しているかのように見える場合であっても、まさしくそうした態度で研究に臨まなければならないのである。

2　発展という概念と密接に結びついているのが、法史における因果性の問題である。しかし、この問題を扱うと、方法論上の概観を与えるという本稿の目標範囲を大きく超えることになってしまう。したがって、以下では若干の示唆を行なうにとどめざるをえない。

法史学においては、一般史学においてもそうであるが[37]、あらかじめ承知されている概念としての因果性概念を用いて研究が行なわれる。それはあたかも日常言語として用いられているかのようである。この原因の概念は、人間の行為がもたらす作用という観念から強い影響を受けている。それゆえ、精確さや厳密さを欠いているのである。

とはいえ、自然科学における因果性概念を用いるというのであれば、法史における現象というものは、一定の臨界条件のもとで一定の法則が作用することによってもたらされうるものだとの前提を与えることになってしまうであろう。だが、法史において問題となっている現象が有する複合的性質に鑑みるなら、このように前提することはきわめて困難だと言えるのであって、これまでに首尾よくいったためしがなく、おそらくは将来にわたってもけっしてうまくいくことがないのではないかと思われる[38]。

3　このような事態に対して、法史学者がまずもって行なうべきは、先に詳述した意味において、一定の制度や法規範や変化といったものと、文化的発展という法律外的な要因とを、しっかりと関連づける作業であると思われる。そのさいには、最大限の公然性が要求される。観念論的あるいは唯物論的な歴史形而上学に固執することは避けるべきであろう。ヨーロッパ文化圏における法史上の大テーマのひとつは、さまざまな時代――ローマ帝国末期、ゲルマンの継承諸国の時代、中世盛期、近世諸侯国家の時代（および啓蒙期以降、法が脱キリスト教化した時代）――における法とキリスト教の関係である。にもかかわらず、もっぱら経済的な構造にのみ目を向けながら、いかにしてそのようなテーマと取り組もうというのであろうか？　法史学者は、ブローデルが発した以下の警告を肝に銘じるべきであろう。「経済学主義、地理学主義、社会学主義、歴史学主義といった、いずれもきわめて素朴ではあるが、とはいえその意図するところにはもっともな面もあり、それどころか必要なものだとすら言えるような、さまざまな帝国主義がかつて存在したし、今もなお存在しているのであって、少なくともそうした攻撃的な性質がそれなりの利点を有した時期もあったのである。しかしながらおそらく今日では、こういった状況には終止符を打つべきであろう[39]」と。したがって法史学者は、政治的、宗教・道徳的、学問的な発展のみを顧慮するのではなく、社会統計学的、経済学的、地理学的な実情と構造にも目を向けなければならないのである。私見によれば、いま述べた最後の点において、フランスの歴史学派「アナール」や、イギリスおよびアメリカの「ニュー・リーガル・ヒストリー」などがもたらした成果は、法史学の発展にとって格別の意義を有している[40]。

4　法の発展を追求しようとする法史学者もまた、法発展における三つの領域を研究するという課題に直面することとなる。つまり、先ほど所与の法体系を分析したさいに分類した、法秩序それ自体、法秩序の諸前提、法秩序の実行、という三つの領域である。たとえば私法、経済法、労働法における一九世紀の法発展については、市場経済の発展、産業化の諸段階、労働者階級の成立といったものと関連させたかたちで考察されねばならない。中世初期および盛期の法発展というものは、さまざまな局面におけるキリスト教とゲルマンの法伝統との間の長期にわたる論争に、絶えず注意を払って初めて理解しうる。一八、一九世紀における裁判権の発展を理解するためには、法史学者は、官僚制的諸侯国家における裁判組織の発展とその形成とを概観しなければならない。

狭義の法的領域においては、さまざまな時代における法観や法思想、法の内的状態、およびもろもろの規則や制度そのもの、さらにはそうした規則や制度の発展や変化について考察がなされねばならない。法の内的状態というものに含まれる事柄としては、とりわけ、法学の成立とその後の展開、法学における問題の立て方と方法が挙げられるが、さらに加えて、法の比較研究において、ある法体系のなかで支配的な様式と呼ばれてきたものもこれには含まれるのである。[41] 以上のように、法の発展を追求しようとする法史学者に与えられている数多くの課題のうちから、ここでは三つの個別的問題——すなわち、法発展の研究を行なうさいの枠組みの問題、法発展を担う人的ないし社会学的な担い手の問題、継受の意味——にのみ、手短かに触れておくこととしよう。

(1) 法発展を探求するにあたっては、純粋に法的な領域で個別的な研究を行なうにせよ、また、法の発展というものを文化全体のなかへ折り込んで問題に取り組むにせよ、研究枠組み——トインビーの言葉に倣うならば、「研究領域 field of study」——というものを正確に画定しておくことが重要である。このさいにかかわってくるのが、本稿の冒頭で触れたアミラの講演以来、長きにわたってゲルマニステンの関心事となり、また「古代法史」の問題と関連したかたちで長らくロマニステンの注目の的にもなってきた問題なのである。すなわち、ローマ法の発展については、それをひとり孤立させたかたちで考察することには意義があるのか、それとも、古代の法文化全体という枠組みのなかでこれを探求しなければならないのか。とりわけ重要だと思われるのが、近代法史にかんする次の問題である。すなわち、近代法史を「国民国家的」法史として研究することに意義があるのか、あるいは、むしろ、継受によって成立したラテン的法文化から出発し、そうしたラテン的法文化の伝播した領域を研究の枠組みとすべきなのか[42]、という問題である。歴史的現象の有する特性——つまり研究対象となる法文化の発展が有するそれ——に最もふさわしいと言える枠組みはいかなるものかということは、決定的な問題とならざるをえない。共通の基礎が現に存在していること、共通の精神的潮流によって教育がなされているということ、同様の経済的現象（たとえば産業経済への移行）について議論しているということ、これらは研究にさいしていかなる枠組みを選択すべきかを規定する要因となりうるのである。

（2）かくのごとき問題と密接な関係にあるのが、継受という現象である。法の発展を分析するという枠組みのなかで、法史学者は、継受という現象、すなわち、異なる文化的諸連関のなかで成立した法秩序や解決が受け継がれるという現象に、再三にわたって取り組むことになるであろう。このような継受が実際に行なわれたさいの諸条件と態様、方式は、個々別々に相異なっている。中世末期にイタリア外の諸国で見られたローマ＝カノン法の継受が呈していた特色は、オスマン・トルコ帝国からの分離を果たして以降バルカン諸国で生じた中部および西部ヨーロッパ法の継受や、トルコないし日本でのヨーロッパ制定法の継受が呈したそれとは、また異なっているのである。ここには、比較法史学にとっての広大な領野が開かれている。継受の類型学へと到達することが、目標とされなければならないのである。

(3) 法は自己展開を遂げるというようなものではない。いかなる法発展といえども、人間がそのきっかけを与え、人間がこれを担っているのである。したがって法史学者は、この決定的な社会学上の集団である人間というものをも問題としなければならないのである。クンケル Kunkel がローマの法律家の社会的出自にかんして著したモノグラフィのおかげで、古代ローマ法に対するわれわれの理解は、まさに決定的なかたちでその欠を埋めることができた。また、アイケ・フォン・レプゴウ Eike von Repgow の教養水準にかんする研究は、新たな視野を切り拓くことに貢献した。継受を研究するにさいして、職業集団としての法律家の教育にかんする研究は不可欠のものであるし、また、一九世紀の諸改革を理解するにあたって大きな妨げとなっているのは、当時の官僚機構や議会のなかで決定的な影響力を有していた人びとがいかなる者たちであったのかについて、われわれがきわめてわずかな学問的認識をしか有していないということなのである。全ヨーロッパ次元での諸連関を認識するにさいしても、以上のような問題は多大なる意義を有しているのであって、たとえば、ある一定の時代に法律家の養成を行なうにあたって、国際的に中心的地位を占めるような存在が見られたのかどうか、見られたとすればそれはいかなるものであったのか、といった問題が挙げられるのである。

5 さて、法史においてなされる法の発展の叙述は、一般史と同様に、全体叙述とモノグラフィのかたちで行なわれる。ただし全体叙述では、法史の枠組みのなかで、他の時代とは異なる特徴（法源、法思想、解決されるべき問題等）をもつ特定の時代の代表的側面を叙述することだけが可能である。そのさい、他の特殊文化が発展する領域と同じように、法の発展は固有の発展法則をもったため、事情によっては、一般史、経済史と異なった時代区分が採用されることとなる。法の発展においては、近代の発展は中世盛期、後期における両学識法の発展と区別されないのである。

そのような叙述にとって困難な問題のひとつは、叙述を基礎づけるべき体系の問題である。単純に現代法から出発するべきではない。たしかに、現代法から出発することによって過去の法秩序の重要な部分が、ある程度——つまり、現代法に対応するかぎりで——把握されうるであろう。しかしこの場合、初期には大きな意義をもっていたが消滅した制度——ここで想起されるのはたとえばレーエン法、世襲財産法、グーツヘルシャフト等の現象——を把握できない、という危険を冒すことになる。一方で、それぞれの時代に固有の体系を基礎として用いることも、ほとんど困難である。というのも、個々の時代の比較可能性、そして個々の発展の始点、終点を認識することはできないだろうからである。したがって、生活領域の観照と法的秩序の基本問題とを指向した、網羅的な体系が必要とされる。私の考えでは、現代法の領域における比較法の成果は、ここにおいて、有益な存在となりうるのである。

法的概念、規則、制度の発展にかんする個別研究においては、[43] 今日とくに議論の余地のある分野、いわゆる教養学史（ドグメンゲシヒテ）が問題となる。思うに、「ドグマ」という表現は、法律学の領域では不幸なものであったが、しかし（その語が示すように）事柄自体はなくてはならないものである。この表現はもともと、宗教史に起源をもつ。そこではドグマとは宗教の内容をまとめた信仰命題であり、宗教の真理を含むがゆえに[44]、信者によって受け入れられ、信仰されるべきものであった。またドグマは、疑う余地のない絶対的な妥当性が要求された。しかしまさにこの妥当性を、法律的「ドグマ」と呼ばれている命題はもっていないのである。通例ドグマは、論理的にも倫理的にも必要ではなく、むしろ所与の法秩序と、その法秩序が設定する目的の枠内で発展するものである。そしてドグマは、この枠内で機能的に有意義であるかぎりにおいて、つまり再三再四検討されるかぎりにおいて、妥当性を要求しうる。つまり、その性質はまったく道具的なのである。したがって神学的表現がその特殊な語義とともに、おもに法律学に利用されたことは、たしかに良いことではなかった。かつてフォン・ケメラー v. Cammerer は至言を述べた。ドグマに拘束されるのはドグマを作り出した者である、と。

しかし、個々の概念、学説、規則の歴史を扱う研究活動においては、事情はそれとは異なる。これらは、私の考えでは、必要不可欠なものであり、まさにこれによって法史は現行法の解釈に本質的な寄与をなしうるのである。つまり、そこにおいて法史は、しばしば観察されるような、概念や学説を絶対視しようとする傾向と闘い、それらをつねに相対化するのである。

もちろん前提として、法的概念、学説、規則は、特定の秩序問題を解決するために発展させられるということを、法史そのものが念頭に置いておかなければならない。これらの起源を把握することが肝要であり、扱っている概念等がさらに同じ問題領域にも適用されているかどうか、あるいはその概念等を実践的に適用するさいの前提が変化しているかどうか、そして秩序全体において、その概念等のもつ機能が変化しているかどうか、ということを繰り返し問うことが肝要である。言い換えれば、規則がもつそのつどの機能的意義を無視するべきではない。そうして初めて、法律的概念史は、現行法の適用にとって、しばしば欠くことのできないものとなるのである。

私の考えでは、この種の研究がもつ特別な意義は、判決の分析のさいに顕著となる。判決を根拠づける規則を定立した裁判官は、具体的な事案——彼が判断せねばならないもの——がもつ特性から心証を受けながら判決行為を行なっている。この規則が他の判決に受け継がれる場合、しばしば、最初の判決の状況が正確に考察されないまま受け継がれる。規則はこのようにしてある種の絶対性を帯びるのである。多くの例のなかのひとつとしてここでは、一九一四年のライヒ最高裁判所民事判例集八四集二一四頁に触れておくのがよいであろう。これは、ドイツ信託法にいわゆる直接性原理を導入した判決である。この判決の前提となっている厳格に狭く解釈された信託概念は、時間の経過とともに妥当でないと認識されるようになっているにもかかわらず、判決の成果は今日もなお維持されているのである。(45)

発展の跡を調査し、重要な先例の制約条件を確認することは、法史が現在の法になしうる貢献のひとつである。(46) いわゆるドグメンゲシヒテも、扱っている規則のコンテクストを——法源の状況がその解明を許すときには——無視してはならないのである。

VI

法史において比較的手法は特別の意味をもっている。(47)

1　というのも第一に、法は広範な部分で正確に言葉の置き換えが可能であり、たとえ隔絶した秩序問題であってもそれはあてはまるからである。つまりさまざまな時代や文化にあっても、類似の、あるいは同様の形式をとっているからである。たとえば売買契約の形式や訴訟上の証拠の形式が挙げられる。そのような場合、いくつかのすでに見出されている解決の比較は、個々の法秩序の特色を把握するために最適な方法となる。あたかも同様のあるいは類似の鋲釘が使われている建築物を比較することで成り立っている建築美術史のように、法史がそれを放棄することはほとんど不可能である。それゆえ比較的手法はまず、特定の問題、たとえば物の瑕疵、権利の瑕疵に対する売り手の責任というような問題について、歴史上のもろもろの法秩序においてなされた解決を相互に比較するというふうに用いられる。その比較のさいの法史学者の仕事は、現代の法秩序を相互に比較している研究者の仕事と原則的に異ならない。とりわけ、現代の比較法学者のような研究者は、比較を機能的に行なうだろう。この——解決の比較を話題にする——歴史的法比較という方法は、それゆえ一般的な法比較に完全に適合し、また現代の法にかんする法比較と結びつけることも可能である。ほかならぬ、エルンスト・ラベルは史的な法比較を、現行法の領域での法比較と結びつけたのである。

こうしてみると、法史は、歴史的に繰り返されてきた問題とその解決に対する注意を促すという点で貢献しており、とりわけ高度に発展した法においても、全体的に法制度が特殊化する状況に反して、過去の「原始的な」解決への遡及が繰り返し行なわれるという点でも貢献しうるのである。この現象については、近年とくにマイヤー＝マリー Mayer-Maly が当然のこととして指摘している。[48] 担保目的での信託の利用や、死亡をもって効力を発する生前の贈与が例として挙げられる。

2　もちろん以前から、史的研究に寄与するというかぎりにおいて、比較という手法は一般に用いられている。ここではとりわけ、シーダー Schieder が区別した意味での「個別的」および「総合的」比較について考えてみたい。そこでは法的な発展と構造が比較されている。たとえばハンス・ペーター Hans Peter はイングランドの令状システムの発生とローマ法の訴権システムの発生について比較したが、この試みは、訴権法から統一的な訴訟法への発展と実体的な私法への発展とを、イングランド法および古典古代ローマ法において比較するという方向へ拡大した。そのような研究の別の例としては、ここではさらにハインリヒ・ミッタイスのレーエン法研究が参照されよう。それは、一方ではフランク王国とイングランドにおいての、一方ではドイツにおいてのレーエン法の発展を分析対象としている。

そのような研究の外側に続くのは、根本的に異なる文化圏における類似の法制度の比較であり、たとえば、ほかでもないレーエン制について、あるいはたとえば家父長制的な家族制度について比較することである。かかる研究を介して、明らかに比較法史は民族学へと流れ込み、場合によっては、社会的ないし社会史的類型とその法則性の発展をもたらすのである。たとえばレーエン制の社会類型などがそうである。法史学者によって探究されるか、民族学者によってなされるか、社会史学者によってなされるかにかかわらず、その成果こそが法史学者にとって重大な意味をもつ。というのも、まさにそうした研究を通じて、法史学者が研究すべき個々の制度の大まかな前提に対する洞察が磨かれるからである。広義のレーエン制に関係するそのような研究の例として、ここでは、指標的な経済要因の分析を挙げることができる。たとえば、ヒックス Hicks が自身の経済史理論のなかで行なったものである。(49) ここまで述べてきた根本問題をさらに突き詰めると、結局、ある文化圏において法の形成はそもそもどのような意味をもつのか、という問いに帰着する。そしてそれによって、歴史人類学ないし文化人類学への広大な展望が開け、人類とその文化の特色を規定するさいにふさわしいものして法をとらえることが可能となるのである。

3　さまざまな法体系において同様のあるいは類似の解決が現出していることを比較法史が確認したとすれば、そうした同様性または類似性の原因が問題となるわけで、法史はこの問題を取り上げざるをえない。ここでは基本的に三つのモデルが用立てられる。並行的発展の問題、考察中の当該機関あるいは制度に共通する起源の問題、そして、ひとつの法体系から別の法体系へ解決を引き継ぐ問題、つまり、継受の問題である。

個々の事例においていかなる変種が存在するかは、そのつどきわめて綿密な吟味を施さなければならない。法史が学問として発展する以前は、まさにこうした領域において、しばしば格別大規模な研究が行なわれたのである。——たとえば、いまなお多くの人文主義的著述家たちによって主張されている周知のテーゼ、レーエン制はその核心においてすでにローマ法の古典的形態と同一である、というテーゼを想起されたい。現代の研究者は、他の二つのモデルのうちいずれかが実在したことを実証できないかぎり、並行的発展の仮説から出発するであろう。とりわけ継受の仮説は、それに対応する法源をいくつか示すことによって、実証されるか、あるいは少なくとも蓋然性が認められなければならない。原則として実証に必要とされるのは、継受国において当該制度を形成した人びとが、範型であったと思われる国外の制度に精通していたという事実である。個々の事例においては、そのような知識を有していたことについて蓋然性が認められれば十分であろう。継受にともなう諸問題の扱いがたさを示す例は、とりわけ大陸の法発展との関係におけるイングランド法史のなかに見られる。たとえば、一六七七年の詐欺防止法はフランス法の影響を受けていた、というラベルのテーゼを挙げよう。これにかんしてはシンプソン Simpson[50] が異議を唱え、詐欺防止法の起草者たちがそもそもフランスの規定に対する知識を有していたことを示す歴史的事実はまったく見られない、としたのである。また、引受訴訟が一六世紀に契約訴訟一般にまで発展するにつきカノン法による影響を受けていたかどうかという周知の問題にかんしては、先頃ヘルムホルツ Helmholz が、訴答の構成と訴訟原因とを比較することにより、そのような影響の蓋然性がきわめて高いことを確認している。[51] さらに周知のとおり、ダンツィッヒ Danzig が、一九世紀のイングランド損害賠償法の形成にポティエ Pothier の損害賠償理論が直接影響していたことを実証できたのは、有名なハドレー対バクスンデール事件 Hadley v. Baxendale 判決を分析することによっていた。[52]

個々の事例の実証抜きで雑駁に唱えられる継受論には、きわめて用心深い対処が必要とされるのである。

VII

1　歴史家一般と同様、法史学者にとっても、自らが研究する諸現象についての価値判断を避けることはできない。それは、歴史家が世界の評価者たることを求められているからではない（残念ながら多くの歴史家は自らの任務をそのようにとらえているが）。歴史家の研究すべき現象の特性は、質が相違していることに存するのであって、それゆえ価値判断を避けることができないのである。文化史の領域で各々の価値判断を回避しようとするものは、その結果として、対象を完全に理解できないであろうし、研究する現象の本質的特性に気づかないであろう。不適切な英雄崇拝に堕さずとも、いかなる政治史家も否定しえないことがある。自らの使命を全うした政治的ないし軍事的指導者が存在した一方で、それとは異なる指導者も存在した、ということである。一八世紀ヨーロッパの政治史について記述する者は、ある国、たとえばオーストリアに、マリア・テレジア、ヨーゼフ二世、レオポルト二世という三人の重要な君主が相前後して存在し、一方で同時代のフランスにはルイ十五世、十六世という無能な君主が存在した、という事実を看過することはできないのである。もちろん同様のことは、専門史学の歴史家にも当てはまる。とりわけそれは、芸術史においていっそう際立つ。芸術史があえて芸術上の偉大な業績に対象を限定せず、またそうすべきでないにしても、けっして質の相違を無視することはできないだろうし、それでこそ芸術史はその機能を果たしていることになる。フィレンツェのブルネレスキによる聖ロレンツォとピエンツァのロッサリーノによる大聖堂の間には、様相や形式のみならず、質の相違が存在するのである。もちろん、必要な変更を加えれば、これはあらゆる専門史学に妥当することである。教会史は、信仰の篤い時代と、宗教の退廃の時代との区別を度外視できないし、これまでもけっして度外視したことはないのである。これについては、アドルフ・フォン・ハルナック Adolf von Harnack が五、六世紀のキリスト教会にかんして下した「オリエントにおいて、それは魔除け・偶像崇拝・魔術の宗教であり、イエス・キリストの教義上の霊魂はその上を漂っている」[53]宗教であるとする厳然たる判断を引いておこう。

2　法史学者もまた、そうした判断を下さざるをえない。たとえば、法の技術的な発展状態を判断せねばならないし、同じ文化圏における異なる発展段階の法を相互に比較する場合はとくにそうである。たとえば、術語、体系の規則化、論拠立ての方法等の発展状態を相互に比較し、あるときは原始的もしくは古典的な法であり、あるときは文明的な法であるという判断を導く。さらに、法秩序に内在する道徳的に指標となる価値を研究し、評価の根拠づけを行ない、最終的には、所与の法秩序が当該社会のなかで適用されるさいに実際にどの程度の役割を果たしているのか、という問題を避けることはできない。法史学者は、自らが研究する法体系が、例のマコーレー Macaulay が提起した、法の上に立つものはなく、またその保護を欠くものもなかるべし、という公準に合致しているかどうか自問しなければならない。いずれにせよ法史学者は、評価を行なっているのである。

3　評価にさいして、法史学者は、特定の価値観念をあてにせざるをえない。過去の精神的所産を把握しうるのは、唯一自らの精神構造に立ち戻るときである、という解釈学の根本命題の不可避性が、私見では、ここに示されているのである。そこに主観的な判断が差し挟まれる危険が存在することは明白である。とはいえ私自身は、二つの観点に留意すれば、この危険を限定できると考えている。法史学者は、基準を明確に規定、提示しないかぎり、いかなる価値判断もなすべきではない。そのような基準になりうるのは、ある一定の法律用語の発展であったり、あるいはいましがた引用したマコーレーの命題のような道徳原理であったり、あるいは最終的には、清廉潔白さ、偏見のなさ等、裁判官の道徳的な質をめぐる観念となるかもしれない。第二に、法史学者は、評価を発表するさいも、それに対応する事実証明を免除されることはなく、きちんと提示しなければならない。法史学者は、事実の確定のためにするのとまったく同様に、当該の判断のためにも、史料にかんする立証をなさねばならないのである。したがってたとえば、ある特定の時代のある特定の社会における裁判官は買収することができたという証明にさいしては、法史学者がその主張のために個々の事例を挙げるのみならず、現存する史料にもとづいた統計学的立証をなして初めて、よりいっそうその判断は信頼できるものとなる。

この二つの基準が満たされれば、価値判断は必ず再検証可能となる。個々に裏づけられない判断などおよそありえないからである。当然、別の研究者が評価基準そのものを論駁することもありうる。ただし、用いられる基準が受け入れられ、評価が間主観的に検証可能であることが前提となる。

まとめ

法史学者の眼前に広がるのは膨大な研究課題である。さまざまな素質をもった人びとやさまざまな方法的な端緒に発展の可能性を与える研究課題である。いかなる方法論争であっても、問題設定の幅を狭めるべきではない。むしろ、ここで示してきたようなさまざまな局面のすべてが学問的究明に値するのである。

ここに挙げた領域の多くで、法史学者は、一般史研究や、あるいはその分科である経済史や宗教史などの成果に頼らざるをえない。場合によっては、一般史家と法史学者は共同して、あるいは競争して作業を行なうことになる。たとえば、社会集団としての法曹の歴史もしくは官吏の歴史が挙げられる。他方、そのつどに妥当している秩序を、基礎となる判決と個々の解決との関連で問題にすることは、法史学者に特化した使命である。私の考えでは、このような問題設定によって、歴史総合研究の不可欠の構成要素が形成されるのである。近代の歴史研究が立てたこのような目的、つまり人類の歴史を全体として生き生きとした表現のなかに描き出すというこの目的が肯定されて初めて、法史は歴史研究の全体的連関において欠くことのできないものになる。人類が定立し、そのなかで生活しているところの法秩序なくして、人類の歴史を描くことはできない。政治、経済的な出来事と構造、あるいは哲学や宗教、芸術のような偉大な文化領域と同様に、この秩序は人類文化の全体像に属しているのである。

註

（1） Vgl. Friedrich Carl v. Savigny, Vom Beruf unserer Zeit für Gesetzgebung und Rechtswissenschaft, unveränderter Nachdruck der Ausgabe J. Stern 1914, Darmstadt 1959, S. 77.

（2） a. a. O., S. 140.

（3） きわめて詳細な分析を含む論集として、Burno Paradisi, Apologia della storia giuridica, Bologna 1973.

（4） たとえば、Rudolf v. Jhering, Unsere Aufgabe, in: JherJB 1 (1857) S. 1-52.

（5） Forschungen zur Geschichte des deutschen und französischen Rechts, Stuttgart 1894, S. 2.

（6） これについては、Helmut Coing, Die Treuhand als privates Rechtsgeschäft, München 1973, S. 11-15, 28-40.

（7） Über Zweck und Mittel der germanischen Rechtsgeschichte, München 1876.

（8） Vgl. Leopold Wenger, Wesen und Ziele der antiken Rechtsgeschichte, Studi Bonfante II, Mailand 1930, S. 463-477: Römische und Antike Rechtsgeschichte, Graz 1905.

（9） Vom Lebenswert der Rechtsgeschichte, Weimar 1947. 林毅訳『法史学の生存価値』（創文社）。

（10） Vgl. Uwe Wesel, Zur Methode der Rechtsgeschichte, Kritische Justiz 1974, S. 337ff., Peter Landau, Rechtsgeschichte und Soziologie, Vj. -Schrift für Sozial- und Wirtschaftsgeschichte 61 (1974) S. 145ff.; Franz Wieacker, Notizen zur rechtshistorischen Hermeneutik, Nachr. AK. Göttingen, Phil.-hist. Klasse Jg. 1963/1; Der gegenwärtige Stand der Disziplin der neueren

Privatrechtgeschichte, Eranion Maridakis I, Athen 1963, S. 339ff.; Privatrechtsgeschichte der Neuzeit, 2. Auf. Göttingen 1967, S. 13ff., 423ff.; Rechtsgeschichte, in: Fischer-Lexikon Recht, Neuausgabe Frankfurt/M. 1971, S. 137ff. Apologie der Rechtsgeschichte, Besprechung von Bruno Paradisi, Apologia della storia giuridica, Bologna 1973, in: Göttingische Gelehrte Anseigen, 227. Jg. (1975), S. 104-117; Dieter Simon, Rechtsgeschichte, in: Handlexikon für Rechtswissenschaft, herausgegeben von A. Görlitz, München 1972, S. 314-318.; Dieter Grimm, Rechtswissenschaft und Geschichte, in: Rechtswissenschaft und Nachbarwissenschaften 2, München 1976, S. 9-34.; Johannes-Michael Scholz, Historische Rechtshistorie. Reflexionen anhand französischer Historik, in: Johannes-Michael Scholz (Hrsg.), Vorstudium zur Rechtshistorik (Ius Commune, Sonderheft 6) Verlag V. Klostermann, Frankfurt/M.

(11) とりわけ Max Kaser の講演での指摘を参照。Zur Glaubwürdigkeit römischen Rechtsquellen, in: La critica del testo, Florenz 1971, S. 291-370. さらに、反復される事案形成と解決の問題については、とくに Theo Mayer-Mary がその著作の各所で指摘をしている。たとえば、Die Wiederkehr der Culpa levissima, in: AcP. 163 (1964) S. 135f の結語、あるいは Die Wiederkehr von Rechtsfiguren, JZ 1971, S. 1-3 を参照。

(12) Erick Rothacker, Logik und Systematik der Geisteswissenschaften, München 1927 の分析を参照。それにのみ限られているわけではないが、とくにドイツの発展に関連している。

(13) しかるがゆえに、筆者としては、自らがドイツにおいてディルタイとその学派によって展開された文化科学的方法から出発していること、――したがって、筆者の方法の背景には形而上学的な生の哲学とそこから展開されたマックス・シェーラー Max Scheler の哲学的人間学が存在していることについては、詳しくは拙著『法哲学綱要』(Grundzüge der Rechtsphilosophie, 3. Aufl. Berlin 1976) の第二、三章を参照されたい。本稿で取り扱われている複合的な問題との関連で、この世界観にもとづく、本質的に重要と思われる見解につき、改めてここで明確化しておきたい。

①文化史学はその対象のゆえに人間の生の表現形態と関連している。

②文化史学はこの人間の生の表現形態を有意味的なものとして理解することを課題としている。

③この課題は原理的に解決可能である。なぜなら、人間の意識、人間の思考、感情、行為の基本的傾向には――一

定の限度内で——一様なものが存在しているので、過去の人間の置かれていた状況や意識を追体験しつつ解釈することが可能だからである。

そうすることによって、とりわけ、過去の時代の人間の秩序観——正義観や実践的に設定された目標を再構成しつつ理解しようとする試みが可能となるのである。

④精神的生や霊的な生の基本傾向とか構造とかにまで立ち戻ることによって、歴史的に理解することは精神的生の体系的ないし構造的考察と結合し、最終的には哲学的人間学と結びつくことになる。

⑤保存されてきた生についての史料の個々の解釈のためには、一般的な方法論上の規則と、特殊的な（各々の時代、各々の種類の史料のために特殊的に展開された）方法論上の規則とが存在している。

（14）　この点をヴィーアッカーは最近ふたたびロマニスティクのために強調しているが、正当である。Franz Wieacker, Textkritik und Sachforschung. Positionen in der gegenwärtigen Romanistik. in: SZ (Rom. Abteilung) 91 (1974) S. 1-40. insbesondere S. 27.

（15）　統計学的な方法の利用については、とくに vgl. Rechtsgeschichte und Quantitative Geschichte. Einige Arbeitsberichte (Ius Commune, Sonderheft 7) Verlag V. Klostermann, Frankfurt/M: なお Ius Commune, Sonderheft 7 には次の論稿も収録されている。Pierre-Clément Timbal, L'exploitation des archives du Parlerment de Paris: une méthode et ses résultats; De Lloyd J. Guth, How legal history survives constitutional history's demise (quantitative Untersuchung zu englischen Kirchengerichten im 15.-16. Jahrhundert); Jean-François Noël, Die reichshofrechtlichen Vota ad Imperatorem und das kaiserliche Richteramt zur Zeit Josephs II.; Filippo Ranieri, Versuch einer quantitativen Strukturanalyse des deutschen Rechtslebens im 16.-18. Jahrhundert anhand einer statistischen Untersuchung der Judikatur des Reichskammergerichts. Ein Arbeitsplan; Gero Dolezalek, Computer und Rechtsgeschichte; sowie Filippo Ranieri, Rechtsgeschichte und quantitative Geschichte. Die Verwendung historisch-quantitativer Methoden bei der Auswertung der Notariatspraxis in der neueren Privatrechtsgeschichte, in: Tijdschrift voor Rechtsgeschiedenis (1977).

（16）　たとえば、Wilhelm Dilthey, Das Verstehen anderer Personen und ihrer Lebensäußerungen, Gesammelte Schriften VII,

4. Aufl. Stuttgart 1965, S. 226.

(17) この点については個別に後述する。

(18) これについては、Emil Staiger, Die Kunst der Interpretation, Zürich 1955. さらに、Henri Irénée Marrou, De la connaissance historique. 3. Aufl. Paris 1958, S. 136f.

(19) この関連で重要な指摘は、Staiger, a. a. O., S. 19。解釈の多様な観点の収斂について述べられている。

(20) 本稿Ⅳ節2(2)三五頁参照。

(21) これに加えて重要なのは、Maurice Mandelbaum, The Problem of Historical Knowledge, An answer to relativism, New York 1938. および Marrou, a. a. O., S. 68.

(22) そのような変形が許されないとは思えない。というのは、ポパーにおいてもそれはしばしばなされていたからである。Vgl. Karl Popper, Logik der Forschung, 3. Aufl. Tübingen 1969, S. 12.

(23) Vgl. Heinrich Mitteis, Vom Lebenswert der Rechtsgeschichte, Weimar 1947, S. 35.

(24) Vgl. Wilhelm Dilthey, Aufbau in den Geisteswissenschaften der geschichtlichen Welt, Gesammelte Schriften VII, 4. Aufl. Stuttgart 1958, S. 145f.; Eduard Spranger, Lebensformen, 5. Aufl. Tübingen 1950 (1. Abschnitt); Marc Block, Apologie pour l'histoire ou métier d'historien. 6. Aufl. Paris 1967, S. 74f.

(25) Vgl. Die antike Kunst, Berlin 1913. Vorrede, S. VI.

(26) これらの問題については、Helmut Coing, Grundzüge der Rechtsphilosophie, 3. Aufl. Berlin 1976, S. 133-150.

(27) この問題につき原則的には、Max Scheler, Die Stellung des Menschen, im Kosmos. 6. Aufl. Bern 1962, S. 64ff.

(28) 法史学の課題領域をこのようなかたちで規定することについては、フランツ・ヴィーアッカーと私とは一致しているものと信ずる。ヴィーアッカーはロマニスティクの対象を「ローマ法に関連するすべての外的かつ内的な状況と出来事」だと規定している。Wieacker, Textkritik und Sachforschung, in: SZ (Rom. Abteilung) 91 (1974) S. 27.

(29) Friedrich August v. Hayek, Die lrrtümer des Konstruktivismus und die Grundlagen legitimer Kritik der gesellschaftlichen Gebilde, Tübingen 1975, S. 23.

（30） Apologie pour l'histoire ou métier d'historien, 6. Aufl. Paris 1967, S. 11.

（31） たとえば、Einleitung in die Geisteswissenschaften, Gesammelte Schriften I, 5. Aufl. Stuttgart 1959, S. 27f.

（32） しかしこのシェーマはトインビーとは独立したかたちでも利用される。たとえば、教会法史家であるヴェルナーはキリスト教のドグマの成立にかんする論文のなかでそうしている。Martin Werner, Die Entstehung des christlichen Dogmas, 2. Aufl. Stuttgart 1964.

（33） 引用した事実および合理的挙証手続きへの移行の問題全般については、Raoul C. van Caenegem, The Birth of the English Common Law, Cambridge 1973, pp. 68-70 により詳細な指摘が見られる。——Radulfus Niger や Johannes v. Salisbury の位置にかんしては、Ludwig Schmugge, Codicis Iustiniani et Institutionum baiulus, Eine neue Quelle zu Magister Pepo von Bologna, in; Ius Commune, Bd. VI, 1977 を挙げることができる。

（34） Stephan Buchholz, Abstraktionsprinzip und Immobiliarrecht. Zur Geschichte der Auflassung und der Grundschuld (Rentenschuld), Diss. Frankfurt 1974.

（35） 法史学において発展という概念を用いることに批判的な論評は、以下の著作にも見られる。Theo Mayer-Maly, Die Wiederkehr von Rechtsfiguren, JZ 1971, S. 1-3. ——一般史にかんしてはすでに以下の著作がある。Johan Gustav Droysen, Historik. Vorlesungen über Enzyklopädie und Methodoligie der Geschichte, 4. Aufl. München 1960 参照。

（36） Vgl. Vom Beruf unserer Zeit für Gesetzgebung und Rechtswissenschaft, unveränderter Nachdruck der Ausgabe J. Stern 1914, Darmstadt 1959, S. 116.

（37） この点にかんしてはとりわけ次の研究を参照されたい。Patric Gardiner, The nature of historical explanation, Oxford 1961. この論文で一般史について確認されていることは、私見では、法史にも当てはまる。

（38） この基本的な問題にかんしては、vgl. Friedrich August v. Hayeck, Die Theorie komplexer Phänomene, Tübingen 1972; derselebe, Mißbrauch und Verfall der Vernunft, Frankfurt/M. 1959.

（39） Fernand Braudel, La démographie et les dimensions des sciences de l'homme. ここでは次の全集から引用。"Ecrits sur l'histoire", Paris 1969, S. 193.

(40) 「アナール」学派について概観を与えるものとして、Georg G. Iggers, Die "Annales" und ihre Kritiker. Problem moderner französischer Sozialgeschichte, HZ 219 (1974) S. 578-609.

(41) この概念については vgl. Konrad Zweigert - Hein Kötz, Einführung in die Rechtsevergleichung auf dem Gebiet des Privatrechts, Tübingen 1969-71.

(42) この問題にかんしては、vgl. Helmut Coing, Die europäische Privatrechtsgeschichte der neueren Zeit als einheitliches Forschungsgebiet, Ius Commune I (1967) S. 1-33.

(43) 個々の規則と、規則や概念の総体としての制度――特定の生活現象に関連し、そして/あるいは、特定のより大きな目的と関連している制度（たとえば婚姻、売買契約、不当利得）――を区別することは適当であると思われる。

(44) Vgl. Adolf v. Harnack, Lehrbuch der Dogmengeschichte, unveränderter Nachdruck der 4. Aufl. Tübingen 1909-10, Darmstadt 1964, S. 2.

(45) これについては、Helmut Coing, Die Treuhand kraft privaten Rechtsgeschäfts, Münchn 1973, S. 45, 177ff.

(46) この種の模範的な研究として、次の研究を挙げておく。Richard Danzig, Hadley v. Baxendale, The Journal of Legal Studies IV (Chicago 1975) S. 249ff.

(47) 一般史における比較的手法の変遷については、Theodor Shieder, Geschichte als Wissenschaft, 2. Aufl. München 1968, S. 195-219.

(48) JZ 1971, S. 1-3; また Günther Jahr, AcP 168 (1968) S. 9-25 でも近代私法学に対するロマニストの寄与について述べられている。

(49) John Richard Hicks, A Theory of Economic History, Oxford 1969.

(50) Alfred W. B. Simpson, A History of the Common Law of Contract. The Rise of the Action of Assumpsit, Oxford 1975.

(51) Vgl. R. Hermholz, Assumpsit and fidei laesio, The Law Quarterly Review 91 (1975) S. 406ff.

(52) Richard Danzig, Hadley v. Baxendale, The Journal of Legal Studies IV (Chicago 1975) S. 249ff.

(53) Adolf von Harnack, Lehrbuch der Dogmengeschichte, a. a. O., Bd. 2, S. 439.

(河上倫逸訳)

訳者付記

本稿は、もともと、一九七六年一月一〇日にフランクフルト大学で行なわれた学術講演の記録に手が加えられたものである。

ヘルムート・コーイング(Helmut Coing 1912-2000)は、二〇世紀ドイツを代表する法学者の一人である。一二世紀の法学校・大学の成立と、歴史的・文化的・精神的な統一体としての「ヨーロッパ」形成の伝統に立脚しつつも、法・法史のありようにかんして、二〇世紀ヨーロッパの最もオーソドックスな到達点としての位置づけを示している。

自らその創設にも深く関わったマックス・プランク・ヨーロッパ法史研究所の初代所長、同研究所の母体であるマックス・プランク協会の副総裁をはじめ、フランクフルト大学法学部教授、同大学学長、ドイツ福音主義教会会議議員、ヘッセン裁判所参与、ドイツ学術会議会長、フリッツ・ティッセン財団学術会議顧問団長、等々の要職を歴任、バイエルン科学アカデミー会員、リヨン、モンペリエ、ウィーン、アバディーン、ブリュッセルの各大学の名誉博士号を有し、ドイツ連邦共和国大功労十字勲章、コメンダトーレ勲章(イタリア)、科学芸術功労賞、等を贈られている。

学術行政での手腕と並んで、研究面においても多くの比類なき業績を挙げており、とくに、(比較)法史学、法哲学、家族法等の分野を中心に、幅広いヨーロッパ文化という視野から法現象を研究した、第一級の世界ランクの「ユリスト」の一人である。ナチス支配体制のもとで、危険を顧みず、理性法・自然法を説き続けた数少ない法学者であって、いわば「ドイツの良心」と言ってもよいのであって、法史学を精神科学として叙述しようとし、「立法者でも遵守せざるをえぬ、歴史のなかで繰り返されてきた正義の部分構造としての自然法」を標榜することによって、ナチズムの不正からの解放と第二次大戦後のドイツの法体制の正当化とを、精神科学的に把握された法史によって根拠づけようとしてきたのである。わが国においてはすでに一九四〇年代よりその業績はさまざまに紹介されており、一九七八年、一九八二年にも来日し、日本大学、京都大学、等にて講演を行なっている。

法律学の科学化

ディーター・ジーモン

プロイセンの検察官キルヒマンが、「科学としての法律学 Jurisprudenz の無価値性」と題して講演を行なったのは一八四七年のことであった。そしてたちまち彼は当然とも言える強い反対に遭遇したのである。だが、一四〇年も前になされたこの古い講演に対して、今日にいたってもなお数々の反論がなされているという事実そのものが、件の検察官が必ずしも誤っていると決めつけるわけにはいかないのではないか、との思いにドイツの法律家たちが悩まされていることをはっきりと実証していると言えるのである。

たしかに、時として一種きどった自負心が支配的になることもある。たとえばある法律家はこんなことを言っている。法律学の科学性といった問題は「真に独創的か、あるいはそうであるかのように見える〔法律〕著作家にとって、最も人気のある、時を置いては何度も繰り返されてきた〝必須の規定課題〟のようなものである。なぜなら、法律家の仕事が『唯一可能なものと好んで称している科学概念の特定の解釈に適合しているかどうか』などということは『法律家にとってどうでもよいこと』だからである」、と。しかしこのオーストリアの作家ビドリンスキーにとっても、彼の研究が科学的知見を与えるものなのか、それともたんなる技術的情報を与えるものにすぎないのかということがどうでもよいことだったわけではない。だからこそ、法律学が「科学概念のお墨付きを受けることを放棄しえたところで、なんらの損失をも被ることはない」と再度強調した後に、法学 Rechtswissenschaft にかんして数千年にわたって確立されてきた一般的用語法が、なんらかの、特定の目的のためにはなはだ個人的な嗜好にもとづいて作りあげられた別の科学概念のために放棄されるべきであるなどということは「断じて根拠づけられることではない」と彼は言い切ったのである。

ここには、その仕事の本質と職務義務からして保守的な法律家が好んで用いる論法、すなわち、「それはずっと以前からそうなっており、したがっていまさら改めて『根拠づける』必要などない。なにゆえに別の仕方でせねばならないのか！」といった論法が用いられている。「法学」という術語について言うなら、ビドリンスキーの主張は明らかに誤っている。だがそれでもその主張がつまらぬものだと言うわけでもない。なぜなら、それは正当化のテーゼを表現しているからである。その存在が意識されるようになって以来（「数千年来」）、その観察者によって法律学が科学とみなされてきたこと、そしてこのような事実から、法律学を今日でも科学と呼ぶことを正当化していることなどがこのテーゼの内容なのである。

このテーゼの後半部分にかんしては、私としてはこれ以上立ち入るつもりはない。この点については、伝統に正当化する力のあることが認められることを前提としておきたい。というのは、一方で、具体的にはわがビドリンスキーにとっては、たしかに権威ある名称を正当化することが重要であるのみならず、そのような名称と結びついて制度化されてきたもの（大学、研究機関、等）を正当化することも重要なことだったからである。だが、他方、学術振興のために補助金というものも重要だったのである。そうした要請が正当であるかどうかについては論ずるつもりはない。だから、今日、法律学がその全部ないし一部につき科学として承認されうるか、あるいは承認されねばならないのか、またいかなる前提のもとでこのことは肯定されうるのかといったことについては私は棚上げしておくことにしたい。

しかしテーゼの前半部分、すなわち法律学を科学として認知すること、より正確に言えば、法律学の科学性をめぐる法律家たちの論争の歴史についてはいくぶん詳しいかたちで扱ってみたいと私は思っている。実践知の、科学という現象に携わる専門家により営々として積み重ねられてきた努力についての叙述にしても、おそらくは、「伝統文化と技術」というコロキウムの「テーマの」枠のなかで、完全なかたちで提示することはできないであろうが、少なくとも問題のアウトラインを示すくらいのところまでは行けるであろう。

I

前述したキルヒマンが、その行為を科学的 wissenschaftlich には無価値であるとして法律家を批判したのは、法律学が科学であるとされるようになって、いまだ五〇年も経たない時期であった。一八世紀も最後の一〇年頃になって初めて、法律学なる専門はようやく自らのイニシアティヴのもとで時代の「科学 Wissenschaft」と呼ばれた精神運動に参画するようになったのである。それは、「科学」という概念が、個人的学識という、かつての主観的意味合いを失い、次第に「理論 Lehre」とか「学科目 Disziplin」といった意味で使われるようになった時代のことであった。もちろん、このような意味の転換があったのは、なにも法律学だけのせいというわけではなく、科学観が一般に新しい方向に向きつつあったことの反映でもあった。そのような経緯のなかで、「科学」はたんなる「知識」から「ドイツの国民神」（シュレーゲル）にまで高められることになったのである。したがって、法律家が手を伸べたとき、彼らが把んだのは、その専門外ですでに普及していたものにすぎなかったわけである。

こうして法律学はその活動のために新たなパースペクティヴを表現する新しい〔法学＝法科学という〕名称を獲得した。このような科学観の転換にともない、成立したばかりの「法学 Rechtswissenschaft」にも根本的な変化が矢つぎばやに生じてくることになった。

まず第一に、従来とは異なった体系概念が導入されることとなった。科学史として法学を叙述しようとする法史学者たちは、そうした関連から、カントが科学と体系とを同一視していたことや、「原理によって秩序づけられた認識の全体」という彼の定義に、好んで言及してきた。もちろん、このような方向づけが必ずしも自然科学の形而上学的基礎に立脚するものであったとは言い切れない。なぜなら、当時の生物学者・化学者・医学者といった人びとも、法学者と同様に、各々の分野の知識の内的秩序を懸命に模索していたからである〔そうした基礎はいまだ確立されていなかった〕。およそ科学と呼ばれるものなら、そのすべてが体系を樹立しようと苦闘していた。法律家(ユリステン)はそうした問題に当時でもすでに二〇〇有余年の長きにわたって取り組んできたという実績を有していた。それは正確に言えば、中世以来なお権威として崇められて伝承されてきたユスティニアヌスのローマ法大全における皮相的な分類が初期の人文主義法律学によって解体され、法律家が自らが構想した体系を用い始めた時からの、懸案だったのである。

しかし、一八世紀末葉に求められていた解決はまったく新しいものであった。従来からの、多かれ少なかれ恣意的な、伝承されてきたローマの法素材の分類に代わって、うわべの秩序には左右されない内部構造を認識して叙述しようとする試みが出現してきたのである。今日にいたるまで通常行なわれているような各々の法分野ごとに法学を単位として区分するやり方はそのころ成立したものなのである。これに引き続いて重要な歩みをもたらしたのがサヴィニーであった。「法の素材は国民の全過去によって与えられるのであって、恣意によってではない。したがって、法の素材は、たまたまああであったり、こうであったりというものではありえず、国民自身の最深奥にある本質とその歴史から生じてきたものなのである」。サヴィニーはこのようなテーゼを立て、法学を初期歴史主義と結合したのである。

もちろんより重要だったのは、サヴィニーが科学研究をそのような方法にもとづいて歴史的に与えられた実定法に限定したということである。そのように限定することによって、彼は法学を自然法から切断し、かくして法律学に傷をつけることなく歴史的考察方法によってそれを徹底的に批判しうるものとし、さらに加うるに――その意図にはまったく反することであったが――そうすることによって、彼は法というものが制定・改変・廃止が可能なものだという考え方の基礎をも築き、そして不本意ながらも後の徹底した法実証主義の開拓者ともなったのである。近代社会の複合性の度合が高まるにつれ、慣習法という法源は消滅していく運命にあったと言えるのだが、極端な言い方をするならば、サヴィニーは慣習法――それは彼にとり最も重要なものであったはずである――にそのような運命をもたらす端緒となったのである。

次いでほぼ時を同じくして、サヴィニーの弟子であるプフタが最後の決定的な歩みを進めた。彼によって完成された概念構成主義は、同時代人の判断によれば、法学から宗教問題や政治問題をほぼ完全に一掃してしまい、そのような形式主義によって、後に一時期信じられるにいたったような、法律学の形而上学からの「最終的な」解放が達成されることになったのである。かくして法学は、見かけのうえでは、当時の自然科学的科学理念の控えの間に落ち着くことになったのである。

このような事態の推移を有益だと認めて、これに敬意を払うといった意思をキルヒマンはもちあわせていなかった。法律学の科学としての無価値性を主張するさいに、彼は完全に意図的に、二つの相異なる、しかしともにこのテーゼを補強するような要素を採用したのである。まず第一に、キルヒマンは、法律学が科学ではないこと、それゆえに科学のパースペクティヴからすれば無価値とみなさざるをえないという要素について述べようとした。すなわち、いわゆる「法学」は「偶然の従僕」であるがゆえに、科学性が欠けている。なぜなら、永遠なるものや絶対的なるものの代わりに、それは偶然的なるものや欠陥のあるものを対象としているからである。繰り返し引用され、ドクマーティッシュな方法を取るすべての法律家をつねに徹底的に惑わせてきた言葉、すなわち「すべての図書館の蔵書を反故にしてしまうような立法者の三つの言葉」なるものは、この点と関連しているのである。法律学の科学性の否定を根拠づけているのは、法、つまり実定法の歴史性なのである。

サヴィニーが主張したことと、これはまったく逆のことであった。その時どきの立法者の意思に依存しているがゆえに実定法は恣意的なものであるというカントのテーゼに対して、法素材は歴史的に与えられたものであるとの主張によりサヴィニーは反論したのである。彼は、歴史的に与えられたもののなかに「法」という対象の「必然性 necessitas」が根拠づけられていると考え、そのことによって法の科学性を正当化したのである。しかしながら、キルヒマンからすれば、ますます支配的となった歴史主義によって、この「必然性」なるものが形而上学の残滓にすぎぬことが暴露されてしまったのである。国家による規範定立の恣意性を指摘しつつ、彼は実定法の偶然性へと立ち戻ったわけである。もちろん、これと同時に、法律学の科学性もまた否定されることとなった。なぜなら、偶然的なるものを志向する「科学」なるものは、キルヒマンによって前提とされた「絶対的なるもの、真なるもの、必然的なるもの」を目的とする自然科学的な科学のパラダイムからすれば、存在する余地などありえないからである。

無価値性のテーゼの第二の構成要素は、法律学がその課題を達成するためには、それは必ずしも科学として営まれる必要はないという論拠によって支えられている。もし法律学が科学たらんとするならば、科学としては法律学がその対象を押し潰してしまっているがゆえに、無価値である。なぜなら「法は知識と感覚という契機を欠くわけにはいかない」からである。キルヒマンによれば、民族 Volk のなかに生きていることの要素は、法というものが科学的に取り扱われるようになったとき、学識のもつ破壊的な力によって不可避的に解体されてしまったのである。国民のなかで育まれてきた自然的な法は、代替するものもなく喪われていくのである。なぜなら「深刻な危機のなかで、新しいものの創造にさいして」法学には指導能力がないことが露呈されてしまったからである。「君侯や領民たちは……自らの手で必要なものを産み出さねばならなかった」。かくして、不幸にも科学性の名において法律学が押しつけられてきたものこそ、まさしく純粋性、形式性、実質的な目的自由性だった。「法律学が政治を自らの外に排除していることこそその欠陥の最たるものなのである」。

以上のことから、キルヒマンの廃れることのない現代性(アクチュアリテート)の原因がどこに求められるべきかということについては明らかになったことであろう。じつに巧みなかたちで、異なってはいるが、しかしいずれも根本的な二つの問題を彼は結合したのである。①法律学の科学としての資格、および②それを科学化することの有用性、がそれである。第一の問題については、一定の科学観が——いかなる基準によって科学は〔科学として〕規定されるべきかということが——議論されている。第二の問題は科学のパラダイムそのものについての議論であり、実践的文化次元の事柄を科学によって取り扱うことの合目的性がそこでは問われているのである。

II

法学におけるこれら二つの問題の歴史にさらにいささか詳しく立ち入る前に、法律学の概念の内容について確認しておくことが必要であろう。キルヒマンのテクストを読むと、彼により罵倒されている法律学 Jurisprudenz の担い手としての「法律家 Juristen」と彼が言う場合、「法律学者」、「裁判官」、そして「立法者」が考えられていたことがわかる。つまり、今日われわれが言うところの「理論」と「実践」とを彼は相互に結合していたのである。このことは、たとえば裁判官や検察官の活動を科学〔的活動〕として見るという発想をなす者が現代ではほとんどいないということからすれば、注目に値するものと言えよう。なるほど、これら三者の自己理解からしても、また第三者的な観察者の立場からしても、「仲裁することや裁くこと」、「契約書を作成すること」、「法廷で弁論をなすこと」などは、本来、法律行為であると言える。しかし、そこで問題となっているのは科学などではなく、別種の知識、すなわち「実践知」であるといった見解が共通の支配的な見解である。今日のわれわれの場合、「科学」に携わっているのはもっぱら教授たちだけである〔と考えられている〕。それゆえ、明らかに科学観においてある種の変化がここに生じていると言えよう。

しかし教授たちの間ですら事態がそれほどはっきりしているというわけではない。だからこそ、たとえば法律学の科学性の問題に取り組んだ現代の著者においてもわれわれは次のような概念規定を見るのである。『法律学』という術語によって考えられているのは法学の中核科目たる法律ドグマーティクである。この中核科目のみが……問題とされていることから、『法律学』と『法学』とが同義語として用いられているのである」。

このテクストのなかで法学の中核科目と呼ばれている「法律ドグマーティク」において、実際に重要となるのは法律家の特殊専門的な業績である。したがって、問題となるのは、目先の規範材料を整序して解釈すること（つまり、たとえば補充したり、限定したりすること）であり、また法形式的な判断の過程を相応の専門的な鑑定によって下調べし、これを批判的に検証することなのである。

中核科目なるものが存在するところでは、もちろん「周辺科目」の存在も想像しうる。事実、このような関連において、法哲学、法社会学、そして法史学はとくに取り上げられているのである。そのさい、この著書（Dreier, Göttingen）は、一八世紀末まで、すなわちグスタフ・フーゴー（一七六四—一八四四）にまで遡る定義の伝統を守っている。この一八世紀末というのがまさしく法律学がそれ自身を科学であると定義した時代であったことをわれわれはすでに知っている。しかしながら、注目に値するのは、フーゴーがかの「周辺科目」たる法哲学と法史学——ただし、この両者だけであるが——をはっきりと「固有の」科学的な学科目であると規定し、これに対していわゆる法律ドグマーティクを非科学的なものとして排除したということである。つまり、彼は明らかに法律ドグマーティクの対象の偶然性についてのカントの見解に共鳴しており、それゆえに、法律ドグマーティクを「実務」の側に組み込んだのである。このようにして、当時すでに隆盛であった運動を彼は活性化したのである。

　そうした運動は、法律的知識の集成（コルプス）を徹底的に再構成する方向に進んでいたが、この専門分野（ファッハ）にとってまさしく劇的な効果をもたらしたのである。法「学」の出現にいたるまでは、法律的知識の集成（コルプス）は理論的法律学と実務法律学より成り立っていた。理論的法律学は権利と義務にかんする理論、つまり歴史や倫理や政治をも含む法律ドグマーティクであった。これに対して、実務法律学は法律活動のありとあらゆる分野の、とりわけ公証技術、鑑定技術・判決技術、弁護理論、文書作成技術・登記技術、手続き法などの技術を包摂するものであった。

　そうした規則はすべて、わずか数十年の間に、科学性を欠いているとの理由から、「法学の補助知識」という低い地位に置かれることになった。それらの規則は法学を全体的に叙述したものからは排除され、（手続き法を除いて）大学における法学教育から姿を消してしまったのである。爾来、今日にいたるまでそれらは旧に復していないのである。ドイツの法律家にとって、そうした規則についての内容〔＝「補助知識」〕は、現代では、実務修習の時期や就任したばかりの頃に経験する種々の局面で、見よう見まねで体得したり、実務についての中間的な文献などを介して知ることのできるものであり、場合によっては（たとえば法廷におけるレトリックのように）、そもそもまったく教えられていないものもあるのである。もしフーゴーの見解が完全に受け入れられたとするならば、必ずや法律ドグマーティクもこれと同様の運命をたどったに相違ない。しかし彼の提言は受け入れられなかったのである。

すでに明らかとなったと思われるが、「固有の法学」の救世主としての役割をサヴィニーは果たしたのである。法律ドグマーティク自体を哲学との関連から説明し、それを「歴史法学」として王座の地位に就けることによって、結果的にサヴィニーは法律ドグマーティクの科学性を救済したのである。これにともない、倫理と政治は、法典編纂がなされた後には法史学や法社会学なども、「周辺科目」へと追いやられたのである。この後、法律ドグマーティクは、実務——司法、行政、経済、政治における法律家の営為——に対立する、(大学で涵養されている)「法理論」として妥当することになったし、多くの科学理論家には不可思議なことなのだが今日でもなお妥当しているのである。

このいわゆる法理論——すなわち法律ドグマーティク——が科学的営為たりうるのかどうかという問題は、あいかわらず法律家が科学的に自己理解するうえでの中心問題である。この問題の背後では、法哲学、法理論、法史学、刑事学、等々といった「蔓植物」が、すでにフーゴーによって作られていた垣に巻きつき大いに蔓を伸ばしていた。場合によっては、それらがドグマーティクについて疑念を抱くことはあったとしても、しかし、それらの「蔓植物」が、「法-○○学」といったハイフン付き科学自体の研究上の論理に従うということについては、ずっと以前から異論のないところであったので、それら自身の科学性について疑念を抱くようなことはなかったのである。

III

ところで、「カントとその遺産」といった表現によって、以上の科学性の問題をある程度まで適切なかたちで説明しうると考えようとしたと言うのであれば、もちろんそれは重大な誤りであろう。なんとなれば、科学史をさらに遡ってみると、この科学性の問題は、法律家によって優に四〇〇年もの間、すなわち一四世紀の中葉以来、ずっと議論され続けてきたものであることがわかってくるからである。方法論的に先行していた医学者を、ある場合には模倣し、ある場合には彼らとポレーミッシュに対決しながらも、当時すでに法律家は象牙の塔的理論と社会的実践との間の危機的対立を回避するために、それにふさわしい方法を構想しようと努力を重ねていたのである。当時、医学も同様の状況のもとにあったことは周知のことであるが、そうした医学によって結局のところ提起された道、すなわち（理論医学としての）科学 scientia と（臨床的な医療技術 ars medicativa としての）技術 ars とを二分するという方法は、事案に直接関連づけられた論証という長い伝統のゆえに、法律家にはとても取ることのできないもののように思われた。かくて、大学が創設されるや、それとほとんど時を同じくして、一方では法律ドグマーティクが実践と連関する必然性とその度合の問題が、他方では適用にかんする法理論の評価の問題が、法律科学史における持続的なテーマとなった。

そうした昔の——ヨーロッパ科学史の黎明期の——課題把握においては、科学性や唯一整合的で真である科学について、科学化を追求しがいのあるものとする前提を背景としつつ、問題が立てられていたということは以上のことから明らかである。

ローマ法の実務的継受によって初めて——しかしなんともうその段階ですでに！——ドイツにおいてはそのような見方に新たなアクセントが付け加えられた。一五世紀後半以降、周知のごとく、初期ドイツ法はますます押しやられ、ローマ法を専門とする法律家が、徐々に形成されつつあった領域国家の理論と実践を支配し始めたのである。後世において整合的科学性の問題と科学化することの正当性の問題がつねにいっしょに論じられるようになるのだが、これはその端緒となった。このような発展を、外面的ではあるが、しかし直截に例証しているのは、〔誤った方針を選んでしまったことについて思い悩んだ〕法律家たちによって好んで収集された、法律家に対する変わることなき悪評を盛り込んだ数々の格言である。そこでは民衆Volkの法観と法専門家の法観との間の喰い違いの記録を見ることができるのである。

「科学を事とする法律家に国民はうんざりしきっているのだ」というキルヒマンの言葉——それは後には引用されることがまったくなくなってしまった——こそ、まさしくこの点を鋭く衝くものだった。かくして、裁判官や立法者に対して加えられたキルヒマンの批判の意味は完全に明らかとなってくる。すなわち、古くからの、そしていまや国民国家を創出しようとする運動やロマン主義に根ざすようになった、社会的実践の一局面〔たる法現象の見方〕の科学化に対する抗議の表現——これがその意味である。

同時代の人びとは、そうしたキルヒマンの政治的信条の告白をきわめて良く理解していたし、当然のことながら一八四八年という時期においては、法律学の科学性を可能とする条件についての問題よりもそうした信条告白の方に興味を示した。「四八年革命の加担者」としての法律家たちとの論議では、それゆえ、彼らの関心は政治問題をめぐるものへと集中していったのである。

その論議がどのようなものであったのかということの詳細にはこれ以上ここでは立ち入るべきではない。一八四八年に刊行されたもろもろの著作にざっと眼を通してみればわかることだが、「科学」は合理性、客観性、普遍性といった一定の価値を保証するものとして認識されており、その結果、科学化の軌道を修正することは必然的に、非合理主義、主観主義、個人主義といったものへの回帰という好ましからざる結果をもたらさざるをえないと考えられていた。そこでは、科学が実際にそれらの価値を保証するものだということが、それ以上なんらの根拠づけも必要がないものとして前提されていたのである。実はそうとは言えないのではないかと考えることは、たしかにまったく新しい考え方であり、なにゆえに最近になって世界中で科学的思考それ自体が批判的に分析されるようになったのかということの理由のひとつであることも確実である。

Ⅳ

科学性や科学化というモチーフを二〇世紀初頭から今日にいたるまで概略的にたどってみると、事情が複雑かつ見極めがたいことがわかる。だが、いささか強引なかたちで、つまり体系的にこの藪に道をつけようと試みていると、無数の討議や論争が総計四つの、互いに関連しあってはいるものの、比較的はっきりと区別しうる問題領域に関わるものであったということもわかってくるのである。問題となってくるのは以下の四点である。

1　法律ドグマーティクは存在すべきなのか。

わずかばかりの例外を除けば、法律ドグマーティクが望ましいものであったかどうかという問いに対しては、ここ一〇〇年間ほどは一貫して肯定的な解答が与えられてきた。そのさい、つい先ほど要約したような法律ドグマーティクの成果、つまり規範を整序する機能や規範を記述する機能、制定法 lege lata や法制定 lege ferenda にかんするその解釈上の成果も、司法実務や行政実務に対する批判的態度と併せて強調された。したがって、法律家の間で、法律実務に対するドグマーティクのザッハリッヒな実利性についてのコンセンサスが存在しているという点からわれわれは出発しても良いであろう。法律ドグマーティクとは、抽象化し、そうすることによって単純化し、そして思考の経済をはかる法システムの自己記述に他ならないのである。

2　法律ドグマーティクは科学であるべきか。

この問いにおいては、理論／実務問題と科学化についての問題は止揚されている。この問いは、今世紀になってもほとんど取り上げられることはなかったし、たまたま言及されたとしても、「合理的・技術的に機能している社会秩序にとって」ないしは「今日の法生活という条件のもとで」、で、付随的に言及されたり紋切り型の言及がなされたにすぎない。法律ドグマーティクによって追求されてきた課題を解釈することを、場合によっては、実務が自分でできるかもしれないという考え方は、ますます成立しがたいものになってきているように思われる。

この世には、法秩序の機能がもはや科学的に訓練された法律家によって統御されていないような巨大な領域が存在しているという、時どきなされてきた経験的観察にもとづく指摘が、科学化〔という問題〕について批判的な議論を活発に展開するのにふさわしいものでなかったことは明らかなことである。

科学は真理や整合性と当然同一のものであるという考えは、一〇〇年前に比べて、いよいよ自明視されるようになってきている。よしんばそうした確信が時おり破綻せざるをえなかったとしても、また法律ドグマーティクは〔大学ではなく〕専門学校に移管されるべきであるといった声すら散発的にあがったとしても、法律学をその困難を極める科学性〔という問題〕から解放しようとする傾向が一般的なかたちで、見てとれるということはないのである。法律学はすでに科学化されており、それは当然そうであり続けるべきだとされている。それゆえ、もし法律ドグマーティクが――実利的なものであるがゆえに――存在すべきであり、かつそれが――併せて理性的で――科学的でもあらねばならぬとしたら、ヒュームの定理を功利主義的に裏返すことによって、当然ながらただちに、存在すべきものは存在しうるのかどうかについて検討してみる必要が生じてくることになる。

次の問いはこの点について述べたものである。

3　法律ドグマーティクは科学的たりうるのか。

この点については、今世紀になってからは、格段の注意が払われるようになってきたのだが、それでも、議論のなかに見られた肯定的な答えであれ、否定的な答えであれ、それらが紛うかたなく伝統的なものであるということには、人びとはなかなか思いいたらなかった。そうした問いにつき、皮相な問題しか議論されていないことが確認された（N. Neumann）のは、ようやく一九七六年にいたってからのことであった。〔ノイマンは言う。〕「各々の学科の科学性を判断するうえで必要かつ十分な基準を集めたカタログに対するコンセンサスが存在しないかぎり」、そうした問いに対する答えは「法学にかんする主張ではなく、『科学』というものに想定されている意味にかんする言明でしかない」と。

意外にも、正当かつ無害なこの見解に対してただちに反駁が加えられた。しかもそこで〔反駁の〕論拠とされたのは、科学性それ自体の基準にもとづくものであった。いずれにせよ、そうした反論がなされたことによって、すでに六〇〇年余にわたって続けられてきた法律学の科学的性格についての論争の継続性が保たれることになった。もし反論がなされず、論争が中断されたとすれば、そうした論争に費やされてきた六〇〇年余の歳月の重みを考慮すれば、大きな損失であったに相違ない。ともあれこれによって、もしいつの日か何びとかによってこの論争史がさらに書き継がれる時には、二〇世紀の議論の歴史は、この時代のありとあらゆる科学観が描き込められた自然主義的絵画のように見えることであろう。その絵のなかには、実証主義、観念論、現象学、言語哲学、実存主義、社会学的システム論なども色鮮やかに登場することであろう。

しかしながら、ここ数年、〔この問題に対する〕ある種の倦怠感が広がっている。いまや、科学の主業績としてその合理性の保証機能を強調することが大方のやり方である。明確な科学概念を確定することのないまま、そこでは個々の合理性の基準なるものが論議されているのである。その結果、たいていは、たとえば法律ドグマーティクとは規範を記述的に叙述するものなのか、あるいはそれは規範を従うべきものとして措定するものなのかといった、その異なる使命につき、当該法律ドグマーティクがいったいどのような態度を取っているかということに科学性が左右されてしまうことになるのである。

しかしこれらにともない、（2で検討したような）「法律ドグマーティクは全体として科学的であるに相違ない」という楽観的なスローガンは密やかに葬り去られたのである。だが最も興味深い第四の問題領域がなお残されている。それは次のような問いである。

4　法律ドグマーティクは法学であるべきなのか。

ただちに気づくのは、この問いが従来の問いとはまったく別の領分にあるものだということである。ここではもはや、問題は、法律ドグマーティクというある一定の法律的活動が一定の科学概念あるいは別の科学概念を満足させるかどうかということにではなく、そうした法律的活動が法学〔＝法科学〕Rechtswissenschaft という概念を満足させるためにはどういうものであるべきかということに関わるものとなっているのである。

換言すると、議論の対象となっているのは、あいかわらず支配的であり続けているサヴィニーの法学モデルなのである。サヴィニー自身におけるごとく、しかもこれまでに述べてきた場合におけるよりもさらに決定的なかたちで、これに関連するテクストにおいては、より広い意味で政策的なねらいをもつ科学観にもとづく法律上の仕事の実務的＝政策的な決定因子が概念化されているのである。

各著者たちにより主張されている科学概念は当然のことながら多種多様である。しかしそれは決定的なことではない。決定的なのは、そのような多種多様な概念が、程度の差こそあれ不変的な役割を果たしている「法律ドグマーティク」と関連づけられるのではなく、法律学の対象領域と課題とが科学概念からモデル化されているということなのである。つまり、法理論的概念化ということがそこでは問題なのである。

端的に言うならば、法学は法〔科〕学そのものではなく、社会政策的かつ国家政策的ヴィジョンの反映なのである。

V

右のテーゼを説明および証明するために、私としては、これに関連ある多くの著作のなかから、本コロキウムの共通テーマ〔伝統文化と技術〕におそらく最もふさわしいと思われるテーマ領域を取り上げることとしたい。すなわち、精神科学としての法学の自己理解とその叙述である。
この両者の関係には、法学が自らを精神科学とみなし、また他からもそのように分類されていたような、古くからの、いまや終焉に向かいつつある段階と、そのような旧来からの把握が消滅しつつあるように見える比較的新しい段階との二段階が存在している。

A

1 前の段階の時期として、私は、時間的にも現実的にも相互に懸け離れた三つの具体例を選ぶことにするが、その趣旨は精神諸科学が法理論によってどのように利用されたのかを明らかにすることにある。

（a）第一の例は、エミール・クンツェ（一八二四―九四）という名の一九世紀の法律家にかんするものであるが、彼こそが――おそらく最初に――法学を明確に精神科学であると宣言した人物である。多くの同時代人と同様に、クンツェも、科学の領域で進行している未曾有の分化の過程の目撃者であるという意識を有していた。すなわち、自然科学と精神科学の分化という現象が彼にも反映していたのである。一八五六年に公刊された『法学における転換期』という書物の冒頭において、彼はこう述べている。「自然研究は力強くかつ堂々たるかたちで展開してきたが、〔ブルドーザーのような〕その力はすさまじいもので、科学の構造全体をなぎ倒し、あるいは変形しようとしているかのごとくである。人間精神の達成したそのような偉業と大変革を目の当たりにすれば、科学はさながら新たに組織化し直される必要があるかのように感ぜられる」と。

クンツェは、自己の専門である法学という分野でそうした新たな組織化に寄与することを望んでいた。法学が重大な危機に見舞われているという見解を彼が抱いていただけに、彼にはその必要が切実なものだと思われたのである。しばらくたって、〔クンツェよりも〕より成功し、正当にもより高名となった法律家ルドルフ・フォン・イェーリング（一八一八―九二）が概念法律学だと嘲笑したことによって、この問題は顕在化した。

具体的に問題となったのは、つとにキルヒマンが告発していたかの法形式主義であった。法学的形式主義の概念構成的方法こそが、クンツェの判断によれば、「技巧を生み出す超越論的唯心論」をもたらしたものだったのである。したがって、時下の急務として、そのような法律学の「現実」「生活」「自然」との絆を回復すべきだという主張は首尾一貫しているように思われた。科学上の隣人の方から法律学に向かって吹いていたのは初期実証主義という微風だったのであり、それを感じ取ることは容易であった。事実また、クンツェは「現在、生活や科学の全領域を水浸しにしてしまっている一般的で現実主義的な流れ」について語っている。この法律家はそうした流れに法学をゆだねてしまおうとはしなかったが、しかし彼はそうした流れを確固たる自然主義のために利用しようとしたのである。

以上のような考察を基礎として、法律学の胸の内で精神と自然を有和させるために立てられた構想につき、私はこれ以上立ち入ろうとは思わない。古くから信奉してきた神々に対して、イェーリングがはっきりと訣別を宣言し、倫理化された目的思想をその後継の地位に据えたことは、法律家社会に真底強い印象を与えることになり、しかもその影響は今世紀に入ってもなお続いているのである。

結局のところ、クンツェは、若きイェーリングの悪評嘖々で有名な自然主義的方法を真の自然科学を通じて精神科学的に改良するということを企てたことになるのだが、自己の構成主義を自然科学的隠喩法だと見抜くようになった大家イェーリングの自己批判の犠牲となってしまい、そして忘れ去られてしまったのである。

しかしクンツェは、法学を一個の科学構想を援用して社会的に妥当なかたちに改革しようと努力した法理論上の構想のための、早い段階での良い実例なのである。

（b）第二の例は、法哲学者グスタフ・ラートブルフ（一八七八—一九四九）である。彼とともに、われわれの叙述も今世紀の前半に向かうことになるが、当時の多くの自己叙述に従えば、〔二〇世紀前半は〕法哲学の躍進の時代であった。しかしながら、そこで賞賛されたのは法哲学的感覚が一般に覚醒したということよりも、むしろきわめて限定的な特定の問題設定がふたたび出現してきたということなのであり、それが人びとの心を動かしたのである。その問題とは、法の正当性の基準にかんするものであった。かつてこの問題に取り組んだのは自然法であったが、しかしそれはおおむね形而上学的懐疑に陥ってしまったのである。

しかしながら、ラートブルフが指摘したように、形而上学的な思弁からの解放が、「制定法の内部において不正なる法と正なる法とを区別する判断」のための基準が存在するのかどうか、という問題に解決を与えるものでなかったことは明らかである。

しかしながら、この種の区別をなそうとするための十分な動機は与えられていたようである。なぜなら、クンツェにおいて観察しえたように、一九世紀の後半に徐々に形を成しつつあった「現実の生活諸関係に無頓着な『ドグマーティク』……の独裁に対する反抗」(ラスク)は、その自己理解に反して、抽象的な形式主義それ自体に対して向けられていたというより、むしろ急速に工業化されつつあった社会の要求に対して法律学が対応できなかったことに向けられていたからである。

方法上の無能力ではなく、政治的プログラマーティクが問題であったのだということを今でも明確に示しているのが、一八九五年から一九一五年の間の二〇年間、法律家の世界を興奮させた、いわゆる自由法運動の浮上である。「構成主義」や「概念法律学」に対して仕掛けられた自由法論者の鋭いポレミークは、同じく、表面的には法学的解釈の方法論にも向けられていた。しかし実際のところ、議論の的となっていたのは、裁判官の判決実務と、それにともなう社会的部分システムの政策行為としての司法行為だったのである。

したがって、そのような背景のもとでは、法的正当性と正義という問題をもう一度論究してみるということもまったく妥当なことと言えた。しかし自然法に立ち戻ろうとするのでないならば、残された可能な道は二つしかなかったように思われる。すなわち、経験的観察と説明を通じて実質的な基準のための尺度を獲得するために社会的事実性に依存するか、あるいは形式主義をあくまで継続し、そうすることによって、正当性の問題から法学を完全に解放してやるか、このいずれかの道がそれであった。自然主義は第一の道をとり、ネオ実証主義は第二の道をとったのである。

これに対して、自然主義と自然法の間を媒介しようとする傾向を示したのがラートブルフであった。そのための法理論的抜け道は、法学を〈理解〉の文化科学とする構想によって開かれるはずであった。このためにラートブルフは新カント主義に左袒したのである。文化の王国のなかで法は名誉ある地位を保持しており、そうした文化の王国においては、法は〈理解〉を通じて探究されるのである。法律家に対して推賞された〈理解の方法〉はシュライエルマッハーのヘルメノイティッシュな「解釈のカノン Canones der Auslegung」を利用することであった。文化の王国において〈理解〉により認識されたもろもろの価値は、自然法的に告知されるのではなく、科学的に選別され、そして主観的信条にもとづいてなされる個々人の選択のために提言されるというのである。

それゆえ、精神科学ないし文化科学としての法学の自己叙述は、そのような体系のなかでは、諸価値の理念の王国へと通ずる（理性によって開かれた）入口を介し、たとえ絶対的ではないにせよ、少なくとも相対的には正しい判断をなすための基準を提供する機能を有しているのである。

（c）最後の第三の例はヘルムート・コーイングである。第二次世界大戦後ただちに、ドイツ連邦共和国でその影響が後々にまで続くような自然法ルネッサンスを彼は引き起こした。その経緯の歴史的刺激性は明白であり、これ以上詳しく述べる必要もない。

あらゆる自然法的構想にとって中心的な問題は「道徳的諸価値が、独立的で理念的に崇高なもの、合理的に把握することが可能なものとして実在しているということ、そして、それと同時にそれらの価値に立脚した……もろもろの価値判断が合理的であるということ」を証明することであるが、そうするために、コーイングはディルタイが精神科学を歴史的に根拠づけようとするその認識論の構想に依拠しようとしたのである。ディルタイはその精神科学上の認識方法論をシュライエルマッハーの解釈学（ヘルメノイティク）に強く志向させていたので、そのかぎりでラートブルフと似たようなかたちで、コーイングも〈理解〉科学に到達したことになる。ただし、ラートブルフは〔コーイングとは異なり〕その哲学の後の段階でも倫理的形式主義には忠実であり続けた。理解することによって解明し、論究手段を用いて弁護すべきような超歴史的秩序原理がどういうものであるかという問題のために、コーイングは、西洋哲学史における価値哲学的傾向と、実質的価値倫理学におけるヒエラルヒー化の提言とに依拠したのである。このような構図のもとで、国家の復古主義的再建という最も枢要な局面を迎えていた一九五五年から一九六五年にかけて、法学はテクストを理解し、解釈学的（ヘルメノイティッシュ）＝釈義的な方法を取る精神科学としての自己叙述の全盛期を迎えたのである。

2　以上述べてきた法理論上の諸説をまとめてみると、危機として意識した状況のもとで法律家がつねに自己の学科目の精神科学性を自覚するようになったことを確認しうるのである。右のどの事例においてであれ、自己を精神科学者であるとする規定のよって来たる所以は、正当性を保証する価値内容が欠如しているとの体験を、「自然」「理性」「歴史」といった制度化された知の形態を引き合いに出すことによって、間接的に埋め合わせようとする要請なのである。

B

ところですでに述べたように、もし現代法学において「精神科学性」の要求が消え失せようとしているのであれば、その理由の一端は、多くの人びとにとってそうした主張が実質的規範性とか、正当化する力としては、もはや以前ほどには見込みのあるものではなくなってしまったということにもあるが、主たる理由は別にある。

たしかに、自然科学と精神科学という旧来の二分法が廃れてしまったことには争う余地がほとんどない。六〇年代初め以降、ちょうど一〇〇年経ったばかりの二分法は、さほどに喧伝されることもないままに、学界世論の意識のなかでは、自然科学・社会科学・精神科学という新しい三分法によって取って代わられるようになった。二分法が支配的であった時代には、法律学が精神科学の領域に属することはやむをえぬことであったのであろう。だが、そうした精神科学は「その対象のいかんによって、すでに、実務上の適用可能性や利用可能性によって定義することがまったく不可能なもの」(リッター)としていまや把握されるようになり、直接に社会的実践とかかわっており、またずっと前からかかわってきたに相違のない法律学にとっては、いまや魅力的とは言いがたいものとなってしまったのである。

しかしこのような事の経緯は、前線の大転換を引き起こすにはそれほど役に立つとも言えなかった。むしろ決定的だったのは、前述の三分法の形成される過程でいまやその場を得て、(三〇年代には力づくで中断させられた)社会科学が擡頭し、法学に内容的に介入し、後々まで持続的にこの学科に衝撃を与え続けるようになったことである。今世紀の初頭のころは全体としてはなおマージナルな法の事実研究にとどまっていた経験主義／自然主義の古き綱領（プログラム）が、擡頭しつつある社会科学の影響のもとで、巨大な現代性（アクチュアリテート）を獲得することになったのである。

形式法を社会的に適合的なかたちで再実質化しようという、イェーリングやギールケ以来ずっと存在してきた綱領は受け継がれるべきであるという前提のもとでは、社会科学的に根拠づけられている経験主義は、その本質からして、精神科学を援用するよりも、より見込みがありそうに思われた。

「社会科学としての法学」というスローガンをめぐって繰り広げられた闘いの混乱が、「法学と社会科学」という本質的にはより穏当な合い言葉のおかげで、あっという間に終息してしまったことをここで指摘しておけば十分であろう。どう見たところで、この闘いにおいて形式主義はさらに深手の傷を受けてしまったようなのである。

しかし当然のことながら、その主張者の多くの期待に反して、そのような意味での実質化が正当性の問題に寄与することができないという事実は、直視されねばならぬことである。それどころか逆に、性急な倫理化は――社会科学的に根拠づけられているといっても――当該社会の個人や集団の価値決定が多元化し、それとともにその各々が保護に値するものとなればなるほどに、ますます問題含みのものとなってくるのである。

したがって、法理論は、今後も十中八九は、価値志向的な基礎的判断を提言・叙述・正当化するというその課題を果たし続けていくことであろう。しかしながら、その場合、法理論が新たに〔三分された〕科学部門のひとつとしての精神科学に立ち戻って依拠するということはほとんどありそうもないことである。

ただ、このことは、「理性」とか「歴史」とかいった精神科学上の大テーマが、希望の担い手としては、法理論によって捨て去られてしまうということを意味しているわけではない。

論究理論においては、〔関心が〕判決の根拠づけに集中され、合意された規則の体系を通じて判決発見に合理性が確保されうることが望まれており、また手続き化の構想においては、形式主義や実質化は歴史的に消滅してしまった法構想の類型として弁証法的なかたちでその克服が試みられているわけであるが、いずれにおいても、あいかわらず「理性」という「大シンボル」には重きが置かれているのである。システム理論が要求しているような、「法の実定性を承認すること」を拒絶することによって、前述した諸理論は精神科学の「遺産」を抱え込んでしまっているのである。

Ⅵ

精神科学性という構想を手がかりとしつつたどってきた、法理論のモデルの生産現場をめぐるというこの旅を終えるにあたって、私としては、これまで述べてきたことをまとめておきたいと思う。

一四世紀以降、正しい科学概念なるものをめぐって、法律家たちは闘い続けてきた。まず最初は医学者たちと、だがまもなく法律家どうしの間で……。そしてこの議論にしてもすでに科学化の直接的帰結だった。なぜなら、それはより良き学術的な理論／実践構想をめぐってなされたものだからである。しかし実務的継受がなされた後になってようやく、そのような科学化の妥当性に対する疑念が生じてきた。

原理的にはこの争いは今日にいたるまで続いている。科学化という問題がそうこうするうちに表立って論じられなくなったことはたしかである。しかしそれは未解決のまま残されており、したがって、なお何世代もの大学教育の改革者たちを必要とすることが見込まれるのである。ごく最近、この戦場で、ドイツ連邦共和国において法律的一元統合モデルとして知られていた理論／実務構想が討ち死にして、ほんのちょっと前に、ひっそりと埋葬されたばかりなのである。

科学性の問題は（その理由が正しく理解されぬままに）独立してしまい、そしてある場合には概念のレヴェルで、またある場合には現代法律学の正当な内容というレヴェルで論議されている。概念論議は不毛である。内容についての論議においては、精神科学性の例から学び取れるように、科学性の問題は、社会政策的に正しい法理論の構想をめぐる議論の戦略的な付随現象として立ち現われてくるものなのである。

（河上倫逸訳）

訳者付記

本稿においてはWissenschaftは、文脈によっては「学問」の訳語がふさわしい場合でも「科学」として統一的に訳出した。またRechtsdogmatikとJuristische Dogmatikについては、いずれも「法律ドグマーティク」の語をあてた。お断りしておきたい。

サヴィニー「近世ヨーロッパ貴族法史への寄与」について

アルミン・ヴォルフ

マックス・プランク・ヨーロッパ法史研究所がサヴィニー生誕二〇〇年を祝ったさい、あるひとつの論文が考察の対象となった。それは――私が見知るかぎり初めて――「法史」と「ヨーロッパ」という概念を合わせて表題に盛り込んだものである。この論文「近世ヨーロッパ貴族法史への寄与」は、一八三六年一月二一日、ベルリン王立科学アカデミーにおいてサヴィニーが講演したもの(1)である。これは同年のアカデミー紀要に掲載され、一八五〇年のサヴィニー『論集』第四巻、「ドイツ法の歴史」の章にもう一度掲載されている。

以下で行なう考察の課題は、次のようになる。すなわち、①サヴィニーの時代までに発展していた学説に対し、彼の研究はどの点で凌駕していたのか、②サヴィニーは自己の学説をいかにして基礎づけたのか、③それはどのような影響を及ぼしたのか、を明らかにすることである。

そのさい考慮すべきは、サヴィニーが学説を基礎づけるうえで、法政策的観点と実際の資料とをいかにして一致させたのか、という点である。それゆえ、貴族法史という論文の主題は、とりわけサヴィニーの時代の歴史的状況と学問的議論のなかに位置づけられねばならないのである。(2)

I

一八三六年当時のドイツにおいて、貴族法史はどの程度の時事性を有していたのであろうか。

ここで前もって、いくつかの周知の事実を思い起こしておこう。フランスにおいては、あらゆる復古への努力をものともせず、アンシャン・レジームの終焉とともに法的意味での貴族は存在しなくなったが、ドイツにおいては、旧帝国の崩壊後も法的意味での貴族が存続した。一八〇三年の還俗化、一八〇六年の陪臣化、一八一五年のドイツ同盟規約、そしてドイツ諸国家の改革立法を通じて、貴族の立場は大きく様変わりし、多くの貴族特権が廃止されたことはたしかだが、すべてがそうであったわけではない。

ドイツの貴族は上級貴族と下級貴族に分類される。一八一五年以降に上級貴族を構成したのは、主権を有する諸侯、いわゆるシュタンデスヘルである。ドイツ同盟規約の定義によれば、彼らは一八〇六年以来「直属となった帝国等族ないし帝国臣民」である。彼らには出生同格の権利等々が残された。彼らとその家族は「彼らが属していた(3)」当時の国家内で明確に「特権階級」を形成した。下級貴族もまた――農民解放、軍事・財政・税制改革を乗り越えて――土地所有権、領主裁判権、保護権、出生同格、官職就任にさいしての優先権を保持していた。しかしながら、貴族の法的優位性は絶えず危機に晒され、新たな改革立法によって縮減され、最終的には完全に廃止されたのである。(4)

このような状況において、貴族の歴史的起源の問題が法政策的な意味で重要となった。(5) とりわけ議論の対象とされたのは、貴族とは当初から独立した権利であったのか、あるいはただ貸与され、返還される類の代物なのか、ということであった。(6) フランス革命後ではなく、すでに一七七八年の時点で、ドイツの百科事典は「貴族」を「出生のみならず官職に付随して生じる優越的な名誉と尊厳を有する人」(7) と定義している。この尊厳は、ランデスヘルによって授けられ、慣行的に世襲されるとしている。絶対君主の時代には、貴族の指導的役割は特権として解釈されていたが、貴族概念は次第に限定され、すでに革命前の貴族には、その歴史的基礎の一部が失われていたのである。(8)

このような議論の状況はフランス革命による大変革を通じていっそう激しくなった。復古期には貴族の成立の問題について、大きく分けて二つの対立する解釈があった。

ひとつは、貴族とは「ゲルマンの原貴族」ないしタキトゥス Tacitus の時代にまで遡る、というものである。この見解は、とりわけカール・フリードリッヒ・アイヒホルン Karl Friedrich Eichhorn（一七八一―一八五四）の『ドイツ国家＝法史』(9)、ヤーコプ・グリム Jacob Grimm（一七八五―一八六三）の『ドイツ法古事誌』(10)、そしてサヴィニーの『中世ローマ法史』(11) に代表される。これらは当時の支配的見解とされていた。アイヒホルン、グリム、サヴィニーらはそろって、当時もっとも有名であったベルリン王立科学アカデミーにおける哲学・歴史学科の構成員であった。(12)

他方に位置するのは、ハイデルベルク準備議会でのちに議長を務めたカール・ミッターマイアー（一七八七—一八六七）である。彼がランヅフートの若き教授であった頃からすでに主張していた見解は、古代ゲルマンには「たんに想念上の貴族、つまり勇気と力にもとづく貴族」が存在したにすぎず、フランク時代にも「真の世襲貴族」は認められず、カロリング朝の男系が途絶えたあと初めて、世襲貴族が次第に登場してきた、というものである。(13)

より決定的であったのはカール・ヴェルッカー Carl Welcker（一七九〇—一八六九）で、彼は一八三四年に出版された『国家事典』の第一巻、「貴族」の項で「ゲルマン史の最初の千年間には真の世襲貴族は存在しない」(14)と書いている。これによって彼は、アイヒホルン、グリム、サヴィニーを激しく論駁したのである。(15)ヴェルッカーによれば、貴族の「漸次的形成」は、一〇世紀以降の(16)「封建＝専制」国家の枠組みにおいて初めて見出される。(17)ヴェルッカーの説は、たしかに支配的ではなかったけれども、俗受けするものではあった。この二年前、彼は自身の出版の自由を守るために、フライブルク大学の教職を辞し、その後四十二年にわたって職に就かなかったのである。

ヴェルッカーの見解によると、まず最初に上級貴族ないし帝国貴族が登場した。彼らは、「強権によって」(18)財産を殖やすと解される。続いて、「ランデスホーハイトおよびラント等族資格の形成にともない」(19)下級貴族が登場した。千年前には、ヴェルッカーによれば、自由と隷属しか存在しなかった。自由を基準に、「財産を解放されながら隷属状態にある半市民」と「土地を所有する完全市民、自由な国家市民」とをヴェルッカーは区別した。(20)

「自由に生活し、勇敢で民主的な人間」(21)や「誇り高く、正直で、自由な共和主義者」(22)は、ヴェルッカーによれば、貴族身分ではなかった。仮に文献のなかに nobiles や adelingen についての話があったとしても、それはただ「市民的、土地所有的、完全市民」を意味するにすぎない。[23] タキトゥスやヒンクマルが用いた呼称「principes」にあたるものは、ヴェルッカーによれば「貴族カーストではなく、選ばれた聖俗の官吏」にすぎない。[24]

ヴェルッカーによるきわめて激しい歴史批判的論証はさらに――古いフランス文献においても同様に――続いている。「われわれのほとんどが知っており、無数の文献も存在する」二つのゲルマン民族、つまりドイツ史の最初の千年からフランクとランゴバルトが存在しているにもかかわらず、世襲的貴族身分については、ただの一度も言及がみられない。[25] そのかわりにはっきりしていることは、この論争が根本的に政治理念の提示ないし現代的な要請と関係しており、より良き原状を回復することに関係しているということである。「自由こそが原貴族、つまりわれわれドイツの先人の唯一の貴族なのである」。[26]

II

以上のような状況において政治的、歴史的議論が交わされていたさなかの一八三六年、サヴィニーの「近世ヨーロッパ貴族法史への寄与」[27] が登場した。サヴィニーにとって、貴族とは一定の特権と永続的地位をともなう身分のことである。それは世襲するものであり、一代かぎりの貴族はたんなる「人為的な模造品」にすぎない。しかしまた彼によれば、世襲貴族の基本的性質は「多様な修正とも合致しうるものであった。つまり、ある時は多めに、ある時は少なめに閉鎖することによって、他者がその地位に加わることを容易にしたり、あるいは困難にしたり、あるいは完全に不可能にしたりしたのである。[28]」この点から明らかになるのは、サヴィニーがヴェルッカーによって論難された「貴族カースト」[29]ではなく、可変の世襲貴族の存在を弁護している、ということである。サヴィニーは貴族を完全に隔離された集団としてではなく、「自由人身分に属する、より高い階層のもの」と捉えている。[30]これによって、絶対的に閉鎖的な貴族カーストに対するヴェルッカーの論証は空疎なものとされた。

サヴィニーはヴェルッカーの論説を明らかに読んではいなかった。いずれにせよ、この講演のちょうど一年後、彼はヤーコプ・グリムに宛てて次のように書いている。「貴族にかんするヴェルッカーの論説の存在を私はつい最近になって聞いたが、それを見てみたいとはまったく思わない」[31]。それにもかかわらず、サヴィニーの舌鋒がヴェルッカーの方向へと向けられていたことは周知のとおりである。というのもサヴィニーはいろいろな場所で、匿名で「幾人かの新しい著述家」について次のように言及しているからである。彼らは人命金の額から「本来的対等性を見つけだそうとし」[32]たり、あるいは上級貴族や下級貴族における出生同格という「重要かつ今日なお有効な原則」をたんに「政治的目的のための新発明」とみなそうとしたりしている、[33]と。

サヴィニーの論文は、圧倒的に一次文献にもとづいている。一二四の引用のうち、六八が古典古代あるいは中世のテキストからのもので、わずかに五六が同時代人による二次文献からのものである。この五六の引用文献のうち、その大部分、四二の引用がサヴィニーの主たる支持者からのものである。その内訳はアイヒホルンの『ドイツ国家＝法史』から二七回、グリムの『ドイツ法古事誌』から八回、サヴィニーの『中世ローマ法史』から七回となっている。ニーブール Niebuhr の『ローマ史』を一回引用しているが、これはローマ都市貴族の性格を「完全に閉鎖的な世襲貴族」として証明するためのもので、「ローマ古典古代との対比」としてサヴィニーに引用されている。

それに対し、敵対する著述家の見解が引用されたのは、わずかに計九回だけである。ガウプ Gaupp『テューリンゲンの古法典』（四回）、ハインリッヒ・レオ Heinrich Leo『イタリア諸国の歴史』（三回）、テュルク Türk『ランゴバルト』（二回）。メーザー Möser の『オスナブリュック史』は批判的に二回、肯定的に一回引用されている。系譜学的な研究にも一度引用されている。ルートヴィヒ・シュレーダー Ludwig Schrader が一八三二年に著した、ライネ川、ヴェーザー川とディーメル川間における古き王系にかんする論文である。

六八の一次引用文献の内訳は次のとおりである。タキトゥス（一一回）、民族法（三六回）、さまざまな中世盛期のテキスト（二一回）。引用文献のこのような割合は、サヴィニーがその論文の三つの章で用いた時代区分と一致している。太古、民族法の時代、そして近世である。サヴィニーはこの論文の冒頭で方法論的に重要な指摘をしている。「貴族史の時代区分は、貴族の地位の変遷によって決定されるのではなく、われわれが自由に使える情報によって決定される。[34]」彼は結果的に伝統的な時代区分と一致した区分を採用したが、一方でそれが偶然であることもわかっていた。それゆえ、文献証拠は古びた研究対象ではなく、歴史的な認識媒介であるという問題から彼は出発したのである。

第一節で、サヴィニーが取り上げたのは、タキトゥスにより区分された四身分、nobiles, ingenui, libertini, servi である。(35) そこで彼は、libertini を解放奴隷、すなわち永続的身分ではなく、servi と ingenui との間の過渡的なものとして理解し、後に再発見する三身分への分類へといたる。

nobiles が貴族「すなわち自由人のなかのたんなる上流階級ないし名望家といった曖昧な存在ではなく、明確に区別された世襲身分である」ことの証拠としてサヴィニーが挙げているのは、古代イタリアの歴史である。「ケルスキー人使節がローマへ出向いたのは、そこに住んでいるアルミニウスの甥をケルスキー族の王にと切に望んだからであった。というのも、彼こそは内紛で落命した nobiles のうちの唯一の生き残りであったからである。(36)」

タキトゥスの時代の世襲身分としての貴族をサヴィニーは二重の方法で特徴づけた。ひとつは従者、もうひとつは体制内における重要な(政治的)特権である。(37)

第二節でサヴィニーは、さまざまな身分にかんする呼称と、民族移動時代およびカロリング朝時代の民族法における人命金の多少についての報告にもとづいて、貴族の存在証明を試みている。きわめて体系的な単純化によって、奴隷の上の諸身分が三つに区分されることを彼は再三にわたって強調している。ザクセン人の場合、Edhilingi/principes/nobiles : Frilingi : Lazzi ＝人命金割合12(各4):2:1、フリース人の場合、nobiles : liber : litus ＝9:6:4、チューリンゲン人の場合、Adalingi : Liberi(第三の身分は存在しない)＝3:1、アレマン人の場合、Primus : Medius :

Minoflidus＝6：5：4、バイエルン人の場合、nobiles : liberi : (aldiones)＝2：2：?.、フランク人の場合、antrustio : Freigeborene : litus（それぞれローマの convivia regis : possessor : tributarius に相当する）＝6：2：1、そして最後にランゴバルト人の場合、Adalingi/primi : Arimanni/exercitalis homo : aldiones〔この箇所は原文に割合の記載がない〕[38]にそれぞれ分けられる。

ここは、民族移動時代の身分区分を批判的に調査する場所ではない。問題は、自由人のなかで際立った存在である貴族を証明する作業にさいしてサヴィニーがとった方法の先進性である。諸身分の呼称と人命金の額はすでにサヴィニー以前にもアイヒホルンやグリムによって利用されていたが、それらはサヴィニーのような体系的一貫性と天才的単純化においてではなかった。それゆえ、彼の論旨はきわめて明快であるが、サヴィニーはひたむきに三身分の分類を志向したのである。それでも時おり、細部において矛盾が生じている。たとえば、ランゴバルトにおける Arimanni を（単純な）自由人として、貴族の対極にあるものとして位置づける一方で、――同時に――原貴族そのものとしても説明している。[39] しかもこうした論証は、サヴィニーがすでに『中世ローマ法史』の第二版において取り上げて以来、[40] それに対して否定的な疑義が一度ならずと差し挟まれているのだが、[41] そのたびに変動している。同様に、言葉として同じ概念が、数世紀にわたって、あるいは地域を越えて、相互に無制限に結びつけられている。[42]

サヴィニーはまた、自説を基礎づけるために、さまざまな時代に「一致した基本的特徴」が存在するという観念を大胆に用いている。[43] 彼は――歴史家にしては異例ではあったが、しかし首尾よく――「規則」と「修正あるいは例外」を利用している。[44] 同時に彼は「近世の状態からの逆推論」[45]と歴史的証明方法としての「類推」を用いている。[46] しかも類推は、当時すでに一世紀以上にわたって議論されていた、フランク人に貴族は存在したかという問題に結論を下すさいにも利用されているのである。[47]

最終的に彼は、方法的原理として「比較」を効果的に用いている。それによってサヴィニーは論文の第二章において、民族移動期の各身分間の、ならびにそれらとタキトゥスによって見出された状態との間の共通点と相違点を検討している。「共通点は、それらに三身分が存在することである。もちろんそこには若干の差異をともなっており、それらの最下層の非自由人身分が、民族の実質的な構成要素として必ずしもつねに存在したわけではなく、また、そもそも非自由人にもさまざまな段階が見出されるのである。それぞれの民族の身分間の相違点は、身分の高低に応じて決定される人命金にはっきりと現われている。しかしながら、われわれはこれらの共通点を採用すべきではない。どのみち人命金の額の割合は各民族ごとにまちまちであるからである」。[48]

方法としての比較はサヴィニーにとって目的ではなかった。それは歴史的証明方法として用いられていたのである。民族法に描き出された状態はタキトゥスの頃のものとどのような関係にあるのか、という問題の取り扱いにさいして、サヴィニーはまず彼に反対の意見について理論的に考察している。「タキトゥスの諸身分が跡形もなく滅亡したという事態がありえたとすれば、後にまったく新しい諸身分が登場したことになる」。この見解を打ち消すために、サヴィニーはけっして満たしえない前提条件を設定している。「これら〔貴族の没落と興隆〕が考察の対象になりうるとすれば、それはあるひとつの国家について、そこで生じたいくつかの大きな変革が引き起こす状態の抜本的な変化を説明しうるような話が存在する場合であろう」。（三身分分類という）比較の成果は、ただ貴族の没落と興隆の可能性を排除するためにのみ用いられた。このことは「さまざまな運命をくぐり抜けてきた、多くの同系民族においてのみ考えられるわけではない」。そしてサヴィニーは論理的に結論を引き出す。「つまり、民族法の Nobiles はタキトゥスの Nobiles と同一であると私は信じる。そして全体に占める地位と、その全体の一部を構成する個別の種族とは同一であると言える。」[49]

思考の流れの明快さは魅力的であり、誰もサヴィニーに対して、硬直した体系を作り上げたことを批判することができない。というのも、彼がすかさず「修正」を示唆しているからである。「多くの種族は死滅あるいは没落し、逆に貴族に昇格する者も少なくない。しかし、圧倒的多数は疑いなく、古代の国家貴族の系譜を継いだ種族に属するのであって、新たに加わった種族は残存していた核ではなく、そこに継ぎ足されるのである。」[50]

貴族の発生という困難な問題をサヴィニーは未解決のままにしている。彼は二つの可能性——先史時代の征服、あるいは「少数ではあるが高度に組織された部族の移住」——を考慮している。二つの場合において、彼は「貴族の存在を本来的な部族の多様性と結びつけ、そうすることがそもそも非常に事実に即している」[51]と考えている。サヴィニーの論拠のひとつは、限定された婚姻縁組、出生同格の原則であり、彼はそれにかんする文献を[52]——今日なお引用されている——九世紀のザクセンに見出した。[53]

最終第三章では、中世、サヴィニーの言葉で言えば「近世」を扱っている。[54]

サヴィニーの方法は、隔たった期間について単純化して大きな連続性を作り上げるもので、明らかに彼が最初に説明した選択原理に由来している。「私の意図は、近世がどこでそれより前の時代と結びついたのか、同時に何によってわれわれは以前の状態を知ることができるのか、その箇所を浮き彫りにすることにもある。[55]」それゆえカロリング時代以降のヨーロッパ貴族を完全に叙述することを彼はしていない。

サヴィニーの考えでは、二つの制度が、この時期以降の「全ヨーロッパ世界にひとつの新しい形を与えている」。レーエン制と騎士制度である。[56] レーエン制はサヴィニーによれば「太古以来の従士制度が発展したもの」である。その弁別的特徴は次の二点にある。①自由な夫役と土地所有との結合、およびそれによって生じる固定的な継続性、つまり後の世襲制、②しばしば非常に広範囲に及ぶ階級、そこでは封臣が同時にまた封主として現われる。騎士制度については「永続的、排他的な経歴としての武術」に、比較的古い時代との継続性をサヴィニーは見出している。ただし今と違うのは武器の特殊な用い方にある。

さらにサヴィニーはひとつの「法則」を発見した。騎士身分外のレーエン、レーエンを所有しない騎士がたしかに存在する。しかしながら両者の結合はやはり「有力な法則を形成するのである[57]」と。

そこでサヴィニーは、古い三身分がレーエン制と騎士制度というこの新しい生活形式に対していかなる関係にあるのか、という問題を提起した。そのさい、彼は話をほぼ完全にドイツに限定している。イタリアだけはまだ短く扱われているが、フランスやイギリスは軽く触れられているだけであり、スペイン、スカンジナヴィア、東欧にいたってはまったく考慮されていない。

ドイツでは古い三身分が生き続けていた、とサヴィニーは見る。古い貴族はいまや帝国諸侯から自由領主（フライエ・ヘレン）までの領主身分として現われる。「両者の身分的権利の根拠は原貴族の門閥からの派生」であり、特徴は既得のランデスホーハイトにあるとサヴィニーは考えている。レーエンという制度においては、この身分は「通常」帝国の封臣として現われる。[58] この身分は第二グループ、すなわち騎士身分の封主である。第二グループは、サヴィニーによれば、民族移動期の自由人の後継者である。それゆえサヴィニーは、原貴族に適用した区分をこの時代にもこじつけ、「下級貴族」という周知の称号をいっさい用いることなく騎士身分について語っている。[59] 最後に第三の身分、すなわち非自由人は、「非自由のきわめて多様な様式と段階とにおいて永続している」。[60]

古い三身分を明白に区別するものとしての人命金が次第に姿を消した後、近世における弁別的表徴として、出生同格の原則が広範囲に登場した。これをサヴィニーは九世紀のザクセンについて証明し、[61]「近世の状態からの逆推論」という手法によって普遍的なものとみなした。[62] それゆえそれは彼にとって、貴族と非自由人が「最古の法的身分から途切れることのない血統を有すること」の論拠となっている。[63]

かくして法政策的に望ましい結果が得られる。それは言明はされていないが、補足することはできる。貴族は始原的なものであり、固有の権利に由来する。それは国家から授与されたものではないし、それゆえ国家によって簡単に剥奪されうるものでもない。

貴族の性質についてのサヴィニーの論文を理解するためには、彼自身の家族の出自について彼が有していたイメージもまた考慮しなければならない。彼の家族を遺漏のないところまで遡ると、一六二二年にメッツで生まれ、一六三〇年に八歳の孤児として、そのプロテスタント信仰のために、(親類の?)グラーフ・フィリップ Graf Philipp とともに、ライニンゲン-ヴェスターブルクからドイツに来たポール・フォン・サヴィニー Paul von Savigny と、同じく(一六二三年に)メッツで亡くなったその父ピエール・ド・サヴィニー Pierre de Savigny にまでいたる。それ以上遡ると、この家族は明らかに一三五三年に亡くなったヴァリー・ド・パローエ Varry de Parroye を先祖にしている。この人物はモイアーテ(ロートリンゲン)のボアプレ・シトー会修道院にある墓碑によれば、初代シル・ド・サヴィニー Sire de Savigny と呼ばれ、アンドレ・ド・パローエ André de Parroye の息子であり、メッツ、リューネビル、ダクスブルクのグラーフ一族の直接の子孫で、右の教会の最初の創設者であったようである。(64) このことは、本稿との関連で重要な意味をもっている。というのも、ダクスブルクのグラーフ家は、上級貴族であり、母方は王と皇帝の系統に属するからである。(65)

原貴族の家系に属するというサヴィニーの意識の表出として彼の貴族法史論を見ることは、たしかに表面的にすぎるかもしれない。しかしながら、以下の点については確認されるべきであろう。(66) サヴィニーが代表した貴族世界が、彼が研究した初期の世紀の諸関係と同様であったはずはない。なぜなら近代世界は法的に平等な市民社会であって、フランスにおいてはそれがすでに法典化され、ドイツにおいてもサヴィニーよりひとつ下の世代の人間がそれを望んでいる状態にあったからである。それらの歴史的観察において、たしかにいずれの立場とも政治的な偏見を抱いていたかもしれないが、しかしながらサヴィニーはこの偏見のうちに身を置いていたがゆえにこそ、彼の敵対者よりもより歴史的に真実へ近づくことができたのではないだろうか。

III

最終節ではサヴィニーの貴族法史研究が及ぼした影響について考察したい。

一八三六年八月、サヴィニーはこの論文を多くのコピーとともにゲッティンゲンのヤーコプ・グリムへ送り、彼に頼んでそれらのコピーをフーゴー Hugo やゲッシェン Göschen、カール・フォン・リヒトホーフェン Karl von Richthofen らに渡してもらっている。(67)

注目に値するのは、サヴィニーがそれらの抜き刷りを著名なベテランの同僚や大学教授仲間だけに送ったのではなく、その一部を当時まだ二五歳の学生にすぎなかったリヒトホーフェンにまで送っていることである。(68)

われわれが知るかぎりでは、グリムは次のような反応を示している。「あなたの貴族法史にかんする論文を拝読いたしまして、まず印象に残りましたのは、あなたが扱うそれぞれの素材には一貫してひとつの上品な明快さがあるということです。他の人びとによる多くの卓越した研究があなたの手を通じて出てくることが期待されますし、不足もなく過度でもないこの悠然たる叙述の一部でも見ることが人びとに推奨されるでしょう」。その後はすでに詳述したヴェルッカーについて、そしてグリム自身の研究について述べている。「あなたは私の知識を訂正し、良い面が見えるようにしてくれました」[69]。

しかしながら公の学問的議論においては、サヴィニーの論文はすぐに厳しい批判を受けた。サヴィニーのアカデミー講演のすぐ翌年、ヴィルヘルム・エドゥアルト・ヴィルダ Wilhelm Eduard Wilda（一八〇〇—一八五六）の筆による長文の批評が『ドイツ法学時評年鑑』に掲載された。[70] ヴィルダはサヴィニーより二一歳若く、当時ハレ大学法学部の員外教授の職にあり、後に四八年革命の同調者となった人物であるが、当初から「歴史的探求に偏見がないことが厳密に捕捉されるのは、著者の政治的見解ないし政治的指向のもとにおいてである」ことを認識していた。[71]「学問貴族 Fürst の一人が自身の学問的発言にあてはめるべくなした考察」を傷つけるために批評するのではないことを、彼はあらかじめ断っている。[72]

サヴィニーととは対照的に、ヴィルダはタキトゥスの principes を「民族によって選ばれた裁判機構の幹部」[73]と理解し、「閉鎖的で、特権をまとった世襲貴族」が成立したことを否定する。[74] 民族移動期の primi については、貴族ではなく「自由な土地所有者」と見ている。[75] サヴィニーと異なり、ヴィルダによれば、贖罪金や人命金の多寡からは「本来的な身分の相違ではなく」、ただ「一般的に土地所有の有無」による相違のみを推論することが「許される」[76]。ここでわれわれが目にするのは、法的‐政治的要素と経済的要素から区別された考察であるが、おそらくそれは一九世紀以降には可能かもしれないが、最初期の時代には不適当なものであろう。

ヴィルダは「学問貴族」を非難している。「法文献、歴史文献を歪曲している」と。[77] しかしサヴィニーの——ときおり過度に単純すぎるかもしれない——明快さは、しばしば理解しがたいヴィルダの乱雑さとは対照的である。たとえば、ヴィルダにしたがえば、ノルウェーのゲルマン部族所有地にいる人間 Odalsmänner はたしかにいかなる「政治的特権」をも享受していなかったが、それでも「優越」していた。ノルウェーのハウルドー Hauldr は「アテリンゲ Athelinge という名称を名乗ることができていたにもかかわらず」、「貴族」ではなかった。[78] ヴィルダによれば、多くの人びとのおかげで、ある人物の「高い名声」は「子孫にもある程度伝承される、たとえその人がある種の世襲制について」話していなくてもである。[79] デンマーク人の場合、「太古には貴族のいかなる形跡」も見あたらないが、にもかかわらず、「貴族という名称はけっしてこの民族に無縁ではない」。[80]

アレマン人の primi あるいは meliorissimi、ブルグント人の optimates nobiles は、ヴィルダによれば「主として官吏」であった。それゆえヴィルダは「われわれの意味における真の門閥貴族は、ゲルマン人にとっては概して無縁であった」[81] と結論づけた。ランデスホーハイトの始まりにともない初めて、「真の世襲貴族が形成された」[82] というわけである。

サヴィニーが初期ザクセンに見出した婚姻の出生同格原則にかんする証拠について、ヴィルダは「たんなる不信以上の態度で」[83] 接した。サヴィニーがこれらの証拠書類を類推を用いて一般化したのに対し、ヴィルダはそれを——方法論的にはなお疑わしく——不当前提であるとして否認する。「ゲルマン人の完全な国家体制と、一般に個人の自由を制限する法律とはもはや釣り合わないように見える」[84] と。

けれどもサヴィニーはヴィルダに対し批判を加えなかった。[85] 五年後、ヴィルダはサヴィニーおよびヤーコプ・グリムの推薦でブレスラウに正教授の職を得た。

サヴィニーに対するヴィルダの批判以上に影響が大きかったのは、ボンの歴史家ヨハン・ヴィルヘルム・レーベル Johann Wilhelm Loebell（一七八六―一八六三）の批判で、彼は一八三九年にグレゴール・フォン・ツールズとその時代にかんする本を公刊した。レーベルは貴族が世襲の身分であることは否定しなかったが、その政治的特権については異論を唱えた。(86) 彼は、タキトゥスの principes と nobiles とは同一であるとするサヴィニーの見解の誤りを修正しようとした。レーベルによれば、nobiles だけが生まれながらの貴族であり、principes は貴族か否かに左右されない選ばれた官吏であった。(87) 貴族はけっしておびただしい人数ではなかったし、(88)「裕福な土地所有者の一族とて一様な存在ではありえなかった」(89) というのである。そして多くの部族においては、古い貴族は消滅し、新しい貴族が生じた、としている。(90)

批判的な研究に続いて登場した研究は、サヴィニーについて黙秘するものであった。ヴァイスケ Weiske『法律辞典』（一八三九年）の「貴族」の項では、サヴィニーのアカデミー講演がまったく引用されておらず、貴族の存在がタキトゥス以来のものか、あるいは中世盛期以来のものかという論争への立場表明を総じて避けている。(91)

一八四〇年に出版されたアカデミー講演録は、サヴィニーの友人であり、アカデミーの同僚であり、大学の同志でもあるカール・フリードリッヒ・アイヒホルンがベルリンで行なった講演で、自由人階級にかんするものであるが、それですらサヴィニーの論文については一言も言及していない。(92)

アイヒホルンは一八四三年に出版された『ドイツ国家＝法史』の改訂第五版においてのみ、サヴィニーの貴族研究に言及している。その脚注は、民族法において「自由人には少なくとも高い武装金に象徴される階級が含まれていた」[93]という一節に付されている。

フォン・ストランツ v. Stranz による『ドイツ貴族史』全三巻（一八四五―）は、サヴィニーの論文について何ひとつ言及していない。[94]

サヴィニーの見解について友好的な評価あるいはたんなる無視を越えた新たな議論が始まったのは、サヴィニーのアカデミー講演から八年後であった。キール大学の歴史学教授ゲオルク・ヴァイツ Georg Waitz（一八一三―一八八六）は、『ドイツ国制史』（一八四四年）の第一巻で、「すでに最初期において」貴族が存在したという点においてのみサヴィニーとアイヒホルンに賛同した。が、「ドイツ貴族の本質を誤解しない」よう注意せねばならないとしている。このことは、ヴァイツの脚注の補足によると、同時にサヴィニーの論文に対する評価でもあるようだ。「総じて彼は私と同じ見解だが、細部においては異なっているように思われる。[95]」ヴァイツのヴィルダに対する評価はまったく正反対である。ヴィルダのサヴィニー批判については「細部においては多くの見るべきものを含んでいるが、全体としては事実を見落としているように私には思われる[96]」と。

ラディカルなヴェルッカーやヴィルダとは対照的に、ヴァイツは最初期以来の貴族の存在、そしてその多額の人命金[97]という点でサヴィニーの説をたしかに是認するが、レーベル同様、貴族の意味については軽視している。「個々の部族の場合、貴族の門閥はけっして多くはない[98]」と。さらにヴァイツは、サヴィニーとは逆に、「貴族（すなわち優位性と特権）と呼称されるのは諸侯である[99]」と明確に述べている。ヴァイツが「官吏」と呼ぶところの諸侯[100]は、「貴族とはまったく異なり[102]」、民族集会によって選ばれる。[101]貴族たることは、諸侯に昇格するための必要条件ではないというのである。「あらゆる政治的権力」は、ヴァイツによれば、その「起源と中心」を完全な権利を有する自由人にもつ。貴族は「国家において、より高い権利」を有しない。(103)

ヴァイツの見解は急速に受け入れられた――たとえば一八四六年には法律実習生コンラート・マウラー Konrad Maurer の法学学位論文で引用された(104)――が、さらなる影響を与えるにはなお長い時間を要した。現代になって初めて、ヴァイツの観察にもとづく仮説が明白に理解され叙述されるようになった。「市民的・立憲的制度ないし官僚制国家を彼や彼の同時代人は理想として念頭に置いていた。それを彼は古代ゲルマンに探し求めた――そして言うまでもなくそこに見出した――のである。(105)」パウルス教会の世代にとっては、「そのような仮説ははなはだ不快なものであった。ゲルマン人の場合、公権力が存在し、それは全自由人の協力を拒否し、出生以外の何物によっても正当化されない貴族による任意の意思決定に依存している(106)」。

より強固な民主主義的理想を抱いていたカール・ヴェルッカーは、『国家事典』の改訂第二版(一八四五年)においてすでに、貴族の存在を初期からその後にわたって完全に否定している。彼によれば、「ドイツ民族」とは元来非自由人のみならず、「主権を有する民族集会における共和主義的完全市民」であった。(107)「ちなみにサヴィニーの最新の研究は、古代ドイツの世襲貴族の存在を擁護するものである」が、彼の議論は一貫して「概して希望的な処理がなされている(108)」。

歴史学が同時代にいかなる寄与をなすとヴェルッカーは考えているのか、それはヨハン・ゲオルク・アウグスト・ヴィルト Johann Georg August Wirth(一七九八―一八四八)への彼の批判から明白である。そこで彼は、ドイツ史における「はるか昔のおそろしく圧政的な貴族支配と民衆の隷属という身震いを招くような構図」を描き、そのように歴史を叙述することは「自由のために実際上有益」であるとする。「私〔ヴェルッカー〕はもちろんそれをはるかに高貴で勇壮なひとつの民衆とみなす。それが昔は隷属身分でなかったと確認されれば、隷属身分は卑しい出自から生じたということになり、そうではなくて隷属身分が昔から存在したのなら、彼らの先祖は高貴で威厳のある地位を占めていたものの、それがたんに簒奪的抑圧によって強奪されたということになるのであり、所属する祖国の自由をふたたび取り戻し、それを再形成することが、祖国の歴史的基盤にしたがって彼らに与えられた権利であり、義務である。[109]」

サヴィニーの貴族法史論が一方で当時の政治的コンテクストを内包していたことは、プロイセン国王フリードリッヒ・ヴィルヘルム四世が一八四六年、サヴィニーに下級貴族階級の増加による貴族諸関係の修正を委託したことから明らかである。[110]その草案は一八四七年一月に完成したが、国王はその案をラドヴィッツ議会にかけた状態で放置した。

ハインリッヒ・ツェプフル Heinrich Zoepfl（一八〇七—一八七七）は、サヴィニーの論文を是認した。彼は『ドイツ国家＝法史』の第七論文「最古の身分・貴族・自由人」（一八四七年）の章でサヴィニーを引用している。ツェプフルは当時ハイデルベルクの正教授をしており、保守的な国法学者として知られていた。彼はヴァイツに明確に反対し、サヴィニーには暗に同意して、「最初期の貴族が固有の政治的優位性をもっていたことは否定できず、それはすなわち特権階級以外の何ものでもなかった」のであり、同時に「世襲の大土地所有者であったことは否定できない」と考えていた。[111]

逆にサヴィニーに対する反論は、新たにマールブルク大学に赴任したばかりの法学教授パウル・

ロート Paul Roth（一八二〇―一八九二）から出された。彼はその著『恩給制度の歴史』（一八五〇年）のなかで、「〔タキトゥスの〕principes は選ばれた官吏ではなくひとつの身分」とサヴィニーが説明したことに反対した。[112] [113] 彼の説の他の異同はともかくとして、ロートとヴァイツはこの点では一致している。

一八五〇年、サヴィニーは『論集』にこの講演論文を再録し、その前言で「多くの論難」に対する自己弁護を展開している。彼はそのさいとくに出生同格制度すなわち「上級貴族の人間は同じ身分の人間とのみ完全な婚姻関係を結びうる」という原則について論じている。出生同格の端緒がいかなる法律に存するのかは明白ではない。サヴィニーは「どのようにして同一が生じたか」という問いを立て、その答えとして二つの統一的な命題を提示した。近代の上級貴族と原貴族との史的連関、そして原貴族における出生同格原則の存在、その根拠を彼は九世紀のザクセンに見出した。つまり彼は一八五〇年にこう結論づけた。「二つの主張には異論が出た。しかしながら私が見るかぎり、私が解決しようとした問いを、別のやり方で解決したり、あるいは解決を試みた敵対者は誰一人としていない」[114]と。

一八五七年、ヨハン・カスパー・ブルンチュリ Johann Casper Bluntschli（一八〇八―一八八一）による『ドイツ国家辞典』の「貴族」の項で、サヴィニーの論文はまたも引用された。彼はサヴィニーの先輩にあたり、ミュンヘンでドイツ私法・刑法の正教授を務めていた。初期の貴族を否定する見解に対して、ブルンチュリは適切かつ流麗な文体でこう述べている。「この身分の萌芽はそもそもゲルマン的な民族気質の始原的性向に属するもので、貴族観念はゲルマン精神にとって無縁なものではないと思われる」と。サヴィニーによって主張された、タキトゥスの貴族から現代のまでの直接的な連関に対しては、ブルンチュリは極力慎重に述べる。「現代の貴族のうちごくわずかの諸侯一族しか、それらとの関連を有しえない」[115]と。

四八年革命後に登場した『ドイツ法史』第三版（一八五八年）においてツェプフルは、サヴィニー・アイヒホルン側と、ヴァイツ・マウラー側の中間的な立場をとった。たしかに民族移動期以前については私法・刑法における貴族門閥の人的特権は証明しえないが、しかし門閥の高い威厳の継続性はただ世襲の大土地所有にのみもとづきうるのであり、しかもそのなかには——ヴァイツによっては考慮されていない——政治的要素も存在する、[116]と。

ツェプフルが懐疑的に述べているのは、貴族の成立にかんしてサヴィニーが抱いているイメージについてである。「この見解に従えば、ドイツにおける貴族は、ドイツ民族の個々の部族から史的必然性をともなって自然に発展した制度か、むしろそこに強引に押し込まれた敵対的要素として表われる」[117]と。

ベルリンの法学教授アレクサンダー・フォン・ダニエルス Alexander von Daniels（一八〇〇—一八六八）は、一八五九年に『ドイツ帝国＝国法史ハンドブック』においてサヴィニーの論文を引用している。サヴィニー同様、彼はタキトゥスの nobilitas をすべてのゲルマン部族に認められる身分区分のひとつと考えている。そして残りの自由人に対する優越は出生によって基礎づけられた、としている。[118]

サヴィニーの死（一八六一年）後、貴族法史論文はもう一度全面的な拒絶を受ける。ギーセンから後にテュービンゲンに移った法史学者フリードリッヒ・テュディヒュム Friedrich Thudichum（一八三一年生まれ）が、一八六二年に出した古代ドイツ国家にかんする論文に書いているところでは、「かつてアイヒホルンやサヴィニーが唱えた、principes が特権を与えられた貴族階級であったという見解」はその独特の説明とレーベルやヴァイツ、ロートによる「反証の欠如」[119]とに支えられている。そのうえ彼が三つの呼称の議論を用いたことは、古代のドイツ人が貴族をそもそも知らなかったということを証明している。[120]

一般に当時有力であったのは、ゲオルク・ヴァイツの中間的見解[121]であった。つまり、貴族はたしかに存在したがその意義は小さく、その主眼は自由人、後に一般自由人と呼ばれる存在に置かれていた、[122]という見解である。

ハインリッヒ・ブルンナー Heinrich Brunner（一八四〇―一九一五）もまた、『ドイツ法史』[123]や『ドイツ法史の基礎』[124]でサヴィニーの論文を考慮し引用した。「ゲルマン時代」にかんする節において、ブルンナーは「自由人のなかで貴族は上流階級として際立っている」として、ここでは詳しく挙げないが、サヴィニーの定式にほぼ忠実に従っている。[125]

しかしながらブルンナーは同時に、自由人に対する貴族の意義を些細なものとみなすヴァイツ以来の伝統に与している。「一般自由人が民族の範囲と核を形成する」[126]と。貴族が「ある世襲的な特権によって」自由人から抜け出したのかどうかは、ブルンナーによれば、ゲルマン期については証明できない。高貴な家系は王位の実質的前提でもなかった。[127]民族移動後初めて「多くのドイツ部族において貴族の身分上の閉鎖性」が、その多額の人命金に象徴的に見られるとおり、確立された。[128]

フランク期にかんする節で、ブルンナーがサヴィニーを引用しているのは、サヴィニーの見解を否定する詳細な問題においてのみである。(129) サヴィニーの出生同格原則の証明をブルンナーが採り上げた箇所では、それがたとえザクセンに限定したものでも、サヴィニーの名前に言及していない。(130) ちなみに、nobiles にかんする一般的な叙述にさいして、ブルンナーの立場はけっして明確ではない。一方で彼は——ドイツ民族をひとつの系列に限定することで——サヴィニーと同様の見解を表明している。「多額の人命金や他の身分的特権」を享受する nobiles は、「一般自由人から抜きん出た立場」、「門閥貴族」であると。(131) しかしながら他方で、フランク法や歴史文献の nobiles は、「貴族身分でもなく、一般自由人とまったく同一でもない」(132) とも述べている。

ここでの課題は、いまなお解明されていない貴族の法源、法的地位そして歴史にかんする果てしない学問的論争を再現することではない。ここではただこの論争史におけるサヴィニーの位置の問題だけが重要である。

アロイス・シュルテ Aloys Schulte は、「固有の意味における貴族の形成」について論じるなかで、(133) サヴィニーをまったく引用していない。(134) ハインリヒ・ブルンナー以降のドイツ法史の教科書においても、サヴィニー論文の引用は見られない。フォン・シュヴェリン von Schwerin によるもの、(135) ブルンナー／フォン・シュヴェリンによるもの、(136) シュヴェリン／ティーメ Thieme によるもの、(137) プラニッツ Planitz ／エッカールト Eckarrdt によるもの、(138) コンラート Conrad によるもの、(139) ミッタイス Mitteis ／リーベリッヒ Lieberich によるもの、(140) いずれの教科書においても同様である。

そのうえ、第一次世界大戦後、ドイツとオーストリアにおいて残りの貴族的特権が廃止されるにいたった。それにより、このテーマの考察方法は歴史的になり、より法政策的でないものとなった。しかしなお、一九二七年、オットー・フォン・ドゥンゲルン Otto von Dungern は主張した。「中世における貴族について実際的に研究することは、とりわけわれわれにとって難しい状況にある。何が貴族的とされ、あるいはそう呼ばれているかといったことすべてに対する個人の立場が、容易に入り込んでしまうのだ(141)」と。

貴族の連続性にかんするサヴィニーの見解は、アカデミー講演から約百年を経て復活した。歴史家のハインリッヒ・ダンネンバウアー Heinrich Dannenbauer は、ゲルマン人における貴族・城・支配にかんする論文で、民族の核としての一般自由人という通説を震撼させた。それらの通説のなかに彼は一九世紀の自由主義的理想観念を見出していた。新たな引用のもとで、考古学的方法もまた貴族支配の像を再生した。幾度となく議論されてきたタキトゥス(十三章)の一節の解釈について、ダンネンバウアーはこう書いている。「古代の法史文献家やサヴィニー、アイヒホルン、その同時代人は、この節をそのまま理解した。その後この解釈はG・ヴァイツによってほぼ完全に駆逐された(142)」。

ダンネンバウアーが論文を一九四一年に公表しようとしたとき、自由なゲルマン人の観念が当時支配的であったため、多くの雑誌で掲載を断られた。馬鹿げた自由には限界があった(143)、というわけである。結局、論文はゲーレス社 Görres-Gesellschaft の『歴史年鑑』に載った。一九五六年に増補され、それ以来幾度か版を重ねられた。そうこうするうちに通説のなかに取り込まれ(144)、最近では近世貴族研究の創始としての栄誉を得ている。「ハインリッヒ・ダンネンバウアー以来、中世の世界は貴族的な世界として認知され、貴族支配のなかにこそ、古代以来のゲルマン民族に特有な、いわば彼らの本質に即した国家形態が見出されたのであり、貴族ないし貴族支配の研究はドイツ中世研究の中心テーマのひとつとなったのである」[145]。

われわれはたとえば、ミッタイス＝リーベリッヒの『ドイツ法史』の最新版（一九七六年）のなかに、部分的にサヴィニーと非常に似通った貴族理解を見ることができるが、そこで彼の名が挙げられて引用されているわけではない。「ゲルマンの貴族は古い門閥からなっていた。貴族の法的に特別な地位は、しばしば不当に制限されはしたが、民会や司法における指導的権力と従士の独占を拠り所としている。貴族支配は国制史のもっとも強固な持続的要素となった」[146]。さらに、フランク期の貴族についてはこう書かれている。「フランク人の場合、通説によれば、初期の部族貴族は完全に消滅し、国王に仕える従事貴族に取って代わられた。けれども国王従事とは、古来の貴族がその生物的実態を維持していった新しい法形態にすぎなかったのではないか」[147]。また、中世においても貴族は依然として「あらゆる政治的決定権の担い手であり続けた。……そして出生同格の原則に従って、貴族は互いに婚姻関係を結んだ……」[148]。

サヴィニーが民族法から浮き彫りにした身分の三分類は、近代の研究においても――とりわけ細分化されて――再現されている[149]。

サヴィニー貴族法史論文の影響史を、われわれは時間的に以下の五つの段階に区別できる[150]。オフィシャルな反応の第一は厳しい批判であった（ヴィルダ、レーベル）。続いて沈黙（ヴァイスケ、フォン・ストランツ）、そしてアカデミー講演から約八年を経た頃から、詳細な論争――一部は受容、一部は拒絶——が続いた（ヴァイツ、ヴェルッカー、ツェプフル等々）。この局面はサヴィニーの死から約四〇年後、ハインリッヒ・ブルンナーの引用をもって終結した。その後、サヴィニーの見解のほんの一部が通説に取り入れられ、大部分は拒絶され、論文そのものは忘れられた。けれども沈黙のさらに四〇年後、サヴィニーの見解は新たに再確認され、その修正形態が通説の変容をもたらした。つまりサヴィニーの見解は結局のところ受容されたのである。たとえそこにサヴィニーの名前や論文が関連づけて挙げられていなかったとしても、である。

たしかにこの間サヴィニーを越えて多くの貴族研究が登場したが、[151] ほとんどはまだ議論・研究の余地がある。とりわけ貴族法史にかんしては、ハインリッヒ・ミッタイスが嘆いたように（一九五一年）、包括的、比較的叙述が依然として欠けている。[152] ミッタイスが貴族支配に見出したのは、「歴史的連続性の現象への範型」であった。ここには大きな未来の課題が存しているのである。すなわち貴族法史は、「全ヨーロッパの過去を通底する一本の巨大な線として追跡されねばならない」。[153]

新たな学問的認識にもかかわらず、サヴィニーによって最初に定式化された「近世ヨーロッパ貴族法史」というテーマは、依然として解決されていない。この課題がいかに重大であるか、それを明白にわれわれに知らしめるのは、一八三六年の講演を締めくくるサヴィニーの言葉である。「個々の貴族階級や騎士階級の門閥を批判的に振り返ることによって初めて、まったく新しい研究基盤が形成されることになるだろう」[154]。

註

（1） Friedrich Carl von Savigny, Beitrag zur Rechtsgeschichte des Adels im neuern Europa, Philosophisch-historische Abhandlungen der Königlichen Akademie der Wissenschaften zu Berlin. Aus dem Jahre 1836. Berlin 1838, S. 1-39. 以下はすべてこの版からの引用。本全体は一八三八年出版とされているのであるが、この「寄与」は、遅くとも一八三六年八月に出版されていたはずである（註67付近を参照のこと）。

（2） Werner Conze, Adel, in: Geschichtliche Grundbegriffe, Historisches Lexikon zur politisch-sozialen Sprache in Deutschland, Band I, Stuttgart 1972. S. 34.

（3） Deutsche Bundesakte von 1815, Art. XIV.

（4） Conze (1972) S. 35.

（5） Vgl. Konrad Huber, Feudalität und Untertanenverband. Ein Beitrag zur Entwicklungsgeschichte der Verfassungsgeschichtsschreibung, Festschrift für Ernst Rudolf Huber, Göttingen 1973, S. 17-55, insbesondere S. 18:「貴族の政治的正当性は、政治的な自覚をもち、その正当性によって規定される第三の身分がどこに存在するのか、という問題にまずはなってくる」。

（6） Carl von Rotteck, Staatsrecht der constitutionellen Monarchie, 2. Aufl. Band 3, Leipzig 1840, S. 18では、たしかに貴族に「何か私法的なものが相続され、獲得される」ことは語られていないが、貴族には「全体の承認なしに継続してはいるが、いざとなれば立法権力によって撤回されうるもの以外の肯定的特権」は帰属しえないとしている。Conze (wie Anm. 2) S. 35.

（7） Deutsche Encyclopädie, Band I (1778) S. 217f. Zitiert nach Conze (wie Anm. 2) S. 21.

（8） Robert Scheyhing, Adel, in: HRG I (1964) col. 50.

（9） Karl Friedrich Eichhorn, Deutsche Staats- und Rechtsgeschichte, hier zitiert nach der von Savigny herangezogen 4, Ausgabe Göttingen 1834-1836, I.

（10） Jacob Grimm, Deutsch Rechtsalterthümer, Göttingen 1828, S. 265-281.

（11） Friedrich Carl von Savigny, Geschichte des römischen Rechts im Mittelalter, Erster Band 2, Ausgabe Göttingen 1834, Nachdruck Darmstadt 1956, S. 188-190, 214, 223-224. ここで主張された、貴族は国制上ないし司法上いかなる優越権も有しないという見解は、後の「貴族法史への寄与」とは異なっている。

（12） 一八三六年当時、ほぼ三十人の構成員のうち前述した三人以外に、哲学者 Friedrich Wilhelm Schlegel や Victor Cousin、天文学者 Ludwig Ideler、歴史家 Friedrich von Raumer、Leopold von Ranke、Arnold Heeren、古典ギリシア史家 August Böckh、Augst Immanuel Bekkaer、August Meineke、東洋学およびプロイセン修史家 Friedrich Wilhelm Wirken、言語学者 Franz Bopp、August Wilhelm von Schlegel、独語学者 Karl Lachmann、地理学者 Carl Ritter が属していた。サヴィニーは一八一一年四月二九日にアカデミーに招かれており、すでにベテランであった。

（13） Karl J. A. Mittermaier, Adel, in: Allgemeine Encyclopädie der Wissenschaft und Künste, hrsg. von J. S. Ersch, und J. G. Gruber, Erster Theil, Leipzig 1818, S. 380-381.

（14） Carl Welcker, Adel in: Staats-Lexikon oder Encyclopädie der Staatswissenschaften, hrsg. von Carl von Rotteck und Carl Welcker, Erster Band, Altona 1834, S. 257-354, das Zitat von der Nichtexistenz des Adelsstandes S. 278.

（15） Welcker (1834) S. 278-311.

（16） Welcker (1834) S. 322.

（17） Welcker (1834) S. 313.

（18） Welcker (1834) S. 313.

（19） Welcker (1834) S. 315.

（20） Welcker (1834) S. 281.

（21） Welcker (1834) S. 286.

（22） Welcker (1834) S. 290.

（23） Welcker (1834) S. 303.

(24) Welcker (1834) S. 300.

(25) Welcker (1834) S. 294. フランク人にすでに貴族が存在したか、という問いにかんする古いフランス文献については、フーバー（前掲註5）および後掲註47を参照。

(26) Welcker (1834) S. 312.

(27) ちなみに同じ年に出版されたのは Christian Thierbach, Über den germanischen Erbadel. Beitrag zur Geschichte des Ursprungs der Stände in Deutschland, Gotha 1836. エルフルトのギムナジウムの教授であり上席教諭であった著者による同書は、明らかにサヴィニーとは関係のないところで成立しているが、内容的には多くの箇所で関連している（たとえば五〇頁以下）。彼はタキトゥスの時代以来の世襲貴族を支持し、その好戦的性質を強調し、農業に従事する田舎貴族的人びとの観念を初期の時代については否定した。

(28) Savigny (1836) S. 2.

(29) Welcker (1834) S. 300 und 306, vgl. 342.

(30) Savigny (1836) S. 27. Vgl. auch unten Anm. 122.

(31) Brief Savignys an Jacob Grimm vom 9. Januar 1837. Adolf Stoll, Friedrich Karl von Savigny, Zweiter Band, Berlin 1929, S. 494. グリムは一八三六年一二月二八日の書簡で、サヴィニーに対し貴族研究を送付してくれたことの礼を述べ、ヴェルッカーのことを示唆している。「先般、国家辞典に掲載されたヴェルッカーのどうしようもなく間違った論文をあなたが読んだかどうかは知りませんが、それは図らずもあなたの論文をきっかけにした可能性があるにもかかわらず、道義を逸した業績であるように思われます」。

(32) Savigny (1836) S. 25.

(33) Savigny (1836) S. 34.

(34) Savigny (1836) S. 2.

(35) Savigny (1836) S. 2.

(36) Savigny (1836) S. 3 Vgl. Tacitus, Annalen XI 16.

（37） Savigny (1836) S. 6.

（38） Savigny (1836) S. 7-24 はすでにかなり簡潔な叙述であるが、ここではやむをえずさらに簡潔にした。ちなみに「最古の時代からずっと三様の出生身分 Edle, Freye, Knechte が存在していた」という見解は、Johann Stephan Pütter, Über den Unterschiede der Stände besonders des hohen und niedern Adels in Teutschland, Göttingen 1795, S. 43 にも見られる。この四〇～四二頁で民族法を引用したピュッターであるが、この三分類についてはサヴィニーのような徹底した論証を試みてはいない。

（39） Savigny (1836) S. 24.

（40） Carl Friedlich von Savigny, Geschichte des römischen Rechts, Zweite Ausgabe, I (1834) S. 212.

（41） Welcker (1834) S. 294 Anm. 30.

（42） Savigny (1836) S. 24.

（43） Savigny (1836) S. 27.「自由人の身分が国民の本質を構成するという点から、まずは同一の基礎となる地位を私は見出した。そこから残る二つの身分を修正あるいは例外を用いて区別した。あるときは規則的に、あるときはそれ以外の方法で」。Vgl. S. 26.「この同一性が証明されうるのは、その基礎的特徴が両時代において見出される場合である」。

（44） Anm. 42 を見よ。

（45） Savigny (1836) S. 26.

（46） Savigny (1836) S. 13, 17, 39.

（47） Savigny (1836) S. 16-17.「(フランク人の) 法典において貴族あるいは nobiles がまったく言及されていないため、フランク人には国家帰属は存在せず、かつても存在しなかったと一般に考えがちである」。サヴィニーの見解以降、「原始ゲルマン貴族の類似性」にかんする議論が再燃した。古代のフランス文献をサヴィニーは引用していない。Schon Jean-Baptiste Dubos, Histoire critique de l'établissement de la monarchie française dans les Gaules, 1734, 2.Aufl. 1742 は、フランスには貴族は存在せず、ただ市民によるただひとつの身分だけが存在したというテーゼを立てている。

Montesquieu, De l'esprit des lois, Genf 1748, Buch 30 Kap. 25 (ed. Gonzague Truc, Paris 1956, Band II S. 341) は、逆に、これを貴族および王室に対する侮辱であるとしている。「これは家系の三分類がなくともわれわれの上につねに君臨している王室に対して侮辱的な主張である」。これについては、Huber (wie Anm. 5) S. 20-21 も参照。サリカ法典が貴族に高い人命金を保障していなかったという事実は、飢えた貴族が復讐の代わりに人命金を受け取っていたことから今日明らかである。Reinhard Wenskus, Adel, in: Hoopes Reallexikon der germanischen Altertumskunde, 2. Aufl. hrsg. von H. Beck, u. a., Band I, 1973, S. 67.

(48) Savigny (1836) S. 25.

(49) Savigny (1836) S. 26.

(50) Savigny (1836) S. 27.

(51) Savigny (1836) S. 29. 貴族の成立にさいして、「高度に形成された」象徴がいかなる影響を与えたかをここでは見てとることができる。

(52) z. B. Wenskus (wie Anm. 46) S. 70.

(53) Savigny (1836) S. 8 und 29. Das Zitat s. unten Anm. 59.

(54) Savigny (1836) S. 31-39.

(55) Savigny (1836) S. 31.

(56) Savigny (1836) S. 31.

(57) Savigny (1836) S. 32.

(58) Savigny (1836) S. 32.

(59) Savigny (1836) S. 33, 36.

(60) Savigny (1836) S. 33.

(61) Savigny (1836) S. 8. 「法律に定めるところでは、いかなる人間もその固有の身分による制限のうちで結婚契約を結ぶことができる。nobilis は nobilem と、liberam は libertus と、servus は ancillae と。ある人が自分の身分と一致しない人と結婚した場合、有罪となる」。Translastio S. Alexandri, MGH SS 2 (1829) 675.

（62） Savigny (1836) S. 26. 結論においてサヴィニーは古い伝統と一致している。Schon Johann Stephan Pütter, Über den Unterschied der Stände, besonders des hohen und niedern Adels in Teutschland, Göttingen 1795, S. 34-35 は早くもアルミニウスの時代に対して出生同格の原則を当てはめ、そのさい一八世紀の古い著者に従っている。サヴィニーの証明方法は新しいものである。

（63） Savigny (1836) S. 34.

（64） Adorf Friedrich Rudorff, Friedrich Carl von Savigny, Erinnerung an sein Wesen und Wirken, Zeitschrift für Rechtsgeschichte 2 (1863) S. 1-68, insbes. S. 47. 引用した墓碑はすでに一八世紀にAugustin Calmet によって公表されており、Rudorff が最初に発見したものではないため、サヴィニーもすでに知っていたであろう。ちなみに、サヴィニーの学問的遺稿を託されたルドルフが伝える情報は、サヴィニーによる家系的伝統と一致している。（ただし、ルドルフの五頁は一三一二年と一三五三年を混同している。）

（65） Erich Brandenburg, Die Nachkommen Karls des Großen, Leipzig 1935, Tafel 12, Nr. X 63ff. このグラーフェン・フォン・ダクスブルク Grafen von Dagsburg とシル・ド・サヴィニーとの関係がいかにして確立されたかは私にはわからない。Walther Möller, Stamm-Tafeln westdeutscher Adels-Geschlechter im Mittelalter, Band II, Darmstadt 1933, Tafel 49 (Lunéville, Metz und Bliescastel) にも詳細を見出すことはできない。たとえグラーフェン・フォン・ダクスブルクが一二一一年に男系を終焉させたとしても、女系のつながりはもちろん閉ざされなかった。貴族の連続性に対するサヴィニーのイメージは――ここでは扱わなかったが――サヴィニー家の実際の系譜から来ていたのではなく、サヴィニーが彼の家系に抱いていた意識に根ざしていた。ところで、この論文はEuropäischen Stammtafel Neue Folge, Band VII, hrsg. von Detlev Schwennicke, Marburg 1979 に、封建領主パローエ家の家系図（Tafel 2）付きで掲載された。そこでもサヴィニー家の墓碑に一三五三年に書かれているアンドレ・ド・パローエがシル・ド・サヴィニーの始祖父として挙げられている。しかしながら、グラーフェン・フォン・メッツ Grafen von Metz とグラーフェン・フォン・ダクスブルクの父系的帰属についての詳細は欠落している（Vgl. ebenso Georges Poull, Les Sires de Parroye, Rupt-Sur-Moselle 1972, S. 46 und

Tafel)。それにもかかわらず家系図は、女系においてひょっとしたら成立しているであろう血統を推察するのに役立つ。封建領主パローエ家の始祖父の最初の妻としては、一一四七／五二年に名を刻まれているマチルデ Mathilde が挙げられる。この始祖母はグラーフェン・フォン・ダクスブルクの血をひくものである。というのも、その名マチルデはダクスブルク家で確認されるもので、彼女の子供もまたダクスブルク家の名前アルベルト Albert を名乗っているからである。さらにアンドレ・ド・パローエの祖母で、一二三四／四七年に名を刻まれているアリックス Alix は、オーティニー Autigny（シュヴェンニッケ Schwennicke が書いているようなアンティニー Antigny ではない）の主君ディートリヒ・フォン・トートリンゲン Dietrich von Lothlingen と最初に結婚した。パローエ家の主君は、ロートリンゲン公爵家のような上流の婚姻縁組をした。二つの論拠が物語るのは、サヴィニー家の墓碑と後の家族伝統によって裏づけられたサヴィニー家の高い血統である。それはグラーフェン・フォン・メッツとダクスブルクから派生しているのだが、そのことは母系的にのみ理解されるのである。年代的には、パローエ家（後のサヴィニー家）の主君の始祖母マチルデが、グラーフ・アルベルツ・フォン・ダクスブルク Graf Alberts von Dagsburg の娘マチルデとヴォルマルス・フォン・メッツ Volmars von Metz との間の娘であった可能性がある。（Michel Parisse, La noblesse lorraine XIe-XIIIe s. Tome II, Lolle/Paris 1976, planche 41 はたしかにサヴィニー家には触れていないが、アルベルトの母マチルデもパローエ家の始祖母として挙げている。）

（66）サヴィニーの貴族論は、ピュッターの見解と比較されることで、古い帝国史の伝統にもある程度の影響を及ぼした（前掲註38および62参照）。ホメロスから啓蒙期までの初期ヨーロッパ貴族世界の継続性については以下を参照。Otto Brunner, Das “ganze Haus” und die alteuropäische “Ökonomik”, in: Neue Wege der Sozialgeschichte, Göttingen 1956, S. 49. Karl Bosl, “Adel” in: Staatslexikon, 6. Auflage, 1. Band, Freiburg/Br. 1957, col. 43.

（67）Brief Savignys an Jacob Grimm vom 9. August 1836, ed. Stoll (wie Anm. 30) II, S. 490-491.

（68）Karl Freiherr von Richthofen (1811-1888) は、一八四〇年に学位を取り、一八四一年に教授資格を得ている。彼はフリース諸島の法史研究者としてとくに名を馳せた。

（69）Brief der Brüder Grimm (wie Anm. 30) S. 384. サヴィニーはすでに挙げた一八三七年一月九日の書簡においてヤ

ーコプ・グリムに礼を述べている。「私の研究にあなたが参加を表明したことは、私にとって大変喜ばしいことです」。Stoll II (1929) S. 494.

(70) Wilhelm Eduard Wilda, in: Kritische Jahrbücher für deutsche Rechtswissenschaft 1 (1837) S. 322-351.

(71) Wilda (1837) S. 322.

(72) Wilda (1837) S. 323.

(73) Wilda (1837) S. 324.

(74) Wilda (1837) S. 327.

(75) Wilda (1837) S. 334.

(76) Wilda (1837) S. 337, 341.

(77) Wilda (1837) S. 329.

(78) Wilda (1837) S. 337.

(79) Wilda (1837) S. 341.

(80) Wilda (1837) S. 342.

(81) Wilda (1837) S. 348.

(82) Wilda (1837) S. 349.

(83) Vgl. Anm. 59.

(84) Wilda (1837) S. 350.

(85) Allgemeine Deutsche Biographie 42 (1897) S. 492.

(86) Johann Wilhelm Loebell, Gregor von Tours und seine Zeit Vornehmlich aus seinen Werken geschildert. Ein Beitrag zur Geschichte der Entstehung und ersten Entwicklung romanisch-germanischer Verhältnisse, 1839. ここでは 2. Aufl, Leipzig 1869 を参照した。

(87) Loebell (1839/1869) S. 394.

(88) Loebell (1839/1869) S. 127.

(89) Loebell (1839/1869) S. 393. これはサヴィニーに対してではなく、ルーデン Luden に対する批判である。

(90) Loebell (1839/1869) S. 126, 130.

(91) Julius Weiske, Rechtslexikon für Juristen aller teutschen Staaten enthaltend die gesammte Rechtswissenschaft, 1. Band, Leipzig 1839, S. 107-116. とりわけ当時における貴族の政治的意義について多く論じている。貴族の史的形成については、後掲の索引語 Stand のところに書かれているが（一〇七頁）、頭文字Sの欄には書かれていない。

(92) Karl Friedrich Eichhorn, Über die technischen Ausdrücke, mit welchen im 13ten Jahrhundert die verschiedenen Classen der Freien bezeichnet werden. Zur Erklärung einer Stelle des Landfriedens Kaiser Friedrich des zweiten vom Jahre 1233. Abhandlungen der Königlichen Akademie der Wissenschaften zu Berlin. Aus dem Jahre 1838. Berlin 1849, S. 361-381.

(93) Karl Friedrich Eichhorn, Deutsche Staats- und Rechtsgeschichte, 5. verb. Ausgabe, Erster Theil, Göttingen 1843, §47 S. 279 Anm. a.

(94) Carl Friedrich Ferdinand von Strantz, Geschichte des deutschen Adels, urkundrich nachgewiesen von seinem Ursprung bis auf die neueste Zeit, drei Theile, Breslau 1845. サヴィニーの名前は序文三頁に一度登場するが、それはローマ法との関連においてのみである。

(95) Georg Weitz, Deutsche Verfassungsgeschichte, 1. Band, Kiel 1844, S. 66-67 mit Anm. 1. 貴族の成立にかんするサヴィニーの考察に対する批判は、八一頁の註一。サヴィニーから引用した出生同格にもとづく婚姻にかんする一節は八四頁であるが、全体ではなくザクセンにのみ言及している。ヴァイツにとって「貴族の本質は出生同格に存しており、特権の数ではなかった」。

(96) Waitz (1844) S. 67, Anm. 1. Kritik an Wilda fernerhin S. 79 Anm. 2 und S. 82A.

(97) Waitz (1844) S. 132 mit Anm. 4.

(98) Waitz (1844) S. 76.

(99) Waitz (1844) S. 85. サヴィニーに対して付された註四も参照。

(100) Waitz (1844) S. 91. ヴァイツはさらに「上級官吏と下級官吏の機能」を区別した。Ebenda S. 110.

(101) Waitz (1844) S. 86. サヴィニーに対して付された註一も参照。

(102) Waitz (1844) S. 94. Vgl. S. 129 und 149-152.

(103) Waitz (1844) S. 178. 彼はこれについて、サヴィニーの初期の見解（2. Aufl. der Geschichte des römischen rechts im Mittelalter I S. 189）をも引き合いに出し、そこにおいて「貴族法史への寄与」で語られているものとは本質的に異なるサヴィニーの見解を彼は支持しようとしている。

(104) Konrad Maurer, Über das Wesen des ältesten Adels der deutschen Stämme in seinem Verhältnis zur gemeinen Freiheit, München 1846. 彼はサヴィニーの論文をただ批判的に引用する（九頁註五、一五頁註五、四七頁註三）一方で、ヴァイツを賞賛している。

(105) Heinrich Dannenbauer, Adel, Burg und Herrschaft bei den Germanen, Grundlagen der deutschen Verfassungsentwicklung, Historisches Jahrbuch 61 (1941), ergänzte Fassung in: Herrschaft und Staat im Mittelalter, hrsg. von Hellmut Kämpf (Wege der Forschung 2), Darmstadt 1956 (weitere Auflagen 1964, 1974), S. 66-134, Zitat S. 81. ダンネンバウアーに明示的に同意しているのが、Ernst Wolfgang Böckenförde, Die deutsche verfassungsgeschichtliche Forschung im 19. Jahrhundert, Zeitgebundene Fragestellungen und Leitbilder, Berlin 1961, S. 102-106, insbes. 103.

(106) Huber (wie Anm. 5) S. 44.

(107) Carl Welcker, Adel, in: Staatslexikon, hrsg. von Carl Rotteck und Carl Welcker Vermehrte Auflage, Erster Band, Altona 1845, S. 266.

(108) Welcker (1845) S. 260. 詳細な、第一版より改良されたサヴィニー論文への反論は、二八六―二九八頁。ヴェルッカーとサヴィニーの論争については、Böckenfölde (wie Anm. 102) S. 89.

(109) Welcker (1845) S. 291.

(110) Stoll II (wie Anm. 30) S. 490 Anm. 3. サヴィニーの立法活動については、Walter Wilhelm, Zur juristischen Methodenlehre im 19. Jahrhundert, Frankfurt am Main 1958, S. 37.

(111) Heinrich Zoepfl, Deutsche Staats- und Rechtsgeschichte, Zweiter Band, Zweite Abtheilung: Geschichte der deutschen Rechtsinstitute. Zweite Auflage Stuttgart 1847, S. 19-21. 二〇頁の註三と註五はヴァイツに対して付せられている。Savigny (1836) S. 6 über "bedeutende Vorrechte des Adels in der Verfassung". ツェプフルの著作の第一版は私には利用できなかった。

(112) Paul Roth, Geschichte des Beneficialwesens von der ältesten Zeit bis ins zehnte Jahrhundert. Erlangen 1850, S. 8. Paul Roth, Feudalität und Unterthanenverband, Weimar 1863 はサヴィニーの論文をもはや引用していない。Sten Gagnér, Zielsetzungen und Werkgestaltung in Paul Roths Wissenschaft, Festschrift für Hermann Krause, Köln/Wien 1975, S. 276-450.

(113) Vgl. Huber (wie Anm. 5) S. 45-52.

(114) Savigny, Vermischte Schriften, IV. Band, Berlin 1850, S. 2-3.

(115) Deutsches Staats-Wöterbuch, hrsg. von Johann Caspar Bluntschli, Erster Band, Stuttgart/Leipzig 1857, S. 29-64, Zitate S. 33 und 34.

(116) Heinrich Zoepfl, Deutsche Rechtsgeschichte, 3. Auflage, Stuttgart 1858, S. 249-252 bes. Anm. 9.

(117) Zoepfl (1858) S. 256 Anm. 23.

(118) Alexander von Daniels, Handbuch der deutschen Reichs- und Staatenrechtsgeschichte, Erster Theil: Germanische Zeit, Tübingen 1859, S. 327-328. フォン・ダニエルスは「原貴族を支配的門閥から派生した必然的なものとして」とらえていた。貴族に対して主張されていたもうひとつの基盤は、ダニエルスによれば「その起源に何の説明もなく、ただ世襲身分の区別を前提とする現象にすぎない」。

(119) Friedrich Thudichum, Der Altdeutsche Staat, Gießen 1862, S. 10-11 mit Anm. 4.

(120) Thudichum (1862) S. 76-90. 八一、八三、八四頁にサヴィニーの名が挙げられている。

(121) Vgl. z. B. Felix Dahn, Die Könige der Germanen, Das Wesen des ältesten Königtums der germanischen Stämme, 1. Band 1861, Zweite Auflage, Leipzig 1910, Nachdruck Hildesheim 1973, S. 67 mit Anm. 5 und S. 71 mit Anm. 6. さらに詳細な説明は、Theodor Bernhardt, des Bearbeiters der 1869 erscheinen 2. Auflage von Loebell (wie Anm. 83) S. 410, auch S. 151-152, 156. Georg Waitz, Deutsche Verfassungsgeschichte, dritte Auflage, Berlin 1880, Nachdruck als vierte Auflage Darmstadt 1953,

Band I, S. 169 Anm. 1.
(122) Dannenbauer (1956) S. 69. Vgl. S. 77.「法史や国制史の標準的な論文は、ヴァイツが語ったことを繰り返している。例外は唯一人、ブルンナーだけである」。
(123) Heinrich Brunner, Deutsche Rechtsgeschichte, Zweite Auflage, Leipzig 1906, S. 133.
(124) Heinrich Brunner, Grundzüge der deutschen Rechtsgeschichte, Zweite Auflage, Leipzig 1903, S. 6.
(125) Brunner (1906) S. 135. Vgl. Savigny (1836) S. 13.「しかしそもそも自由人の上流階級以外の何が貴族となろうか」。前掲註30参照。Savigny (1836) S. 29 が指摘した一二八〇年のイタリアの文書にある Edelingi の証拠は Brunnner (1906) S. 137 Anm. 17 でも引用されているが、サヴィニーの名前は挙げられていない。
(126) Brunner (1906) S. 134.
(127) Brunner (1906) S. 139.
(128) Brunner (1906) S. 140.
(129) Brunner (1906) S. 343 mit Anm. 12.
(130) Brunner (1906) S. 347 mit Anm. 30.
(131) Brunner (1906) S. 342.
(132) Brunner (1906) S. 349 Anm. 47. nobiles の概念は「Gentry の意味において理解されている」ようである。
(133) Karl Ferdinand Werner, Adel, in: Lexikon des Mittelalters, 1. Lieferung, München 1978, col. 120.
(134) Aloys Schulte, Der Adel und die deutsche Kirche im Mittelalter, Studien zur Sozial-, Rechts-, und Kirchengeschichte, 1920, 2. Auflage 1922, Nachdruck Darmstadt 1958. Martin Lintzel, Die Stände der deutschen Volksrechte, hauptsächlich der Lex Saxonum, Halle 1933 はたしかにサヴィニーと同じような問いを扱っているが、彼を引用してはいない。
(135) Claudius Freiherr von Schwerin, Deutsche Rechtsgeschichte (Grundriß der Geschichtswissenschaft II 5), Leipzig/Berlin 1912. 一四頁付近で言及されていてもよいはずである。
(136) Heinrich Brunner, Deutsche Rechtsgeschichte Zweiter Band, neu bearbeitet von Claudius Freiherr von Schwerin, Berlin

1928, Nachdruck Berlin 1958. 索引には見出し語「貴族」が記載されていない。

(137) Claudius Freiherr von Schwerin, Grundzüge der deutschen Rechtsgeschichte. Vierte Auflage besorgt von Hans Thieme, Berlin/München 1950.

(138) Hans Planitz, Deutsche Rechtsgeschichte. Zweite Auflage bearbeitet von Karl August Eckhardt, Graz/Köln 1961.

(139) Hermann Conrad, Deutsche Rechtsgeschichte, Band I: Frühzeit und Mittelalter (1954). 2. Auflage, Karlsruhe 1962.

(140) Heinrich Mitteis, Deutsche Rechtsgeschichte. Neubearbeitet von Heinz Lieberich, 14. ergänzte Auflage, München 1976.

(141) Otto Freiherr von Dungern, Adelsherrschaft im Mitteralter, München 1927, S. 41 (Nachdruck Darmstadt 1967). サヴィニーに言及することなしに、中世における上級貴族と下級貴族の間の確固たる断絶という見解を披露している。「下級貴族の最も古い家系は、王家の子孫が落ちぶれ、権利を剝奪されたものではなく、有力な聖俗界諸侯の官吏や騎士団が一一世紀以降出世して形成した新たな民族階級である」(四二頁)。けれどもダニエルスはサヴィニーとは異なる見解、「最初期ゲルマンの民族貴族からの王権の派生を主張し、中世のドイツ・グラーフ家のみならず、カロリング皇帝の家系もまたゲルマンの民族貴族に還元しうる」(四三頁)とした。男系の不連続が無条件に——知られていない——女系の不連続をも意味するのかどうかという問いについては、ドゥンゲルンはとくに吟味していない。ともあれドゥンゲルンは、一二〇〇年以前の王家の地位を系統立てて特定し(五三頁)、「閉鎖的な貴族としての特権的な貴族集団はカロリング体制よりも古いものであり、このような貴族がメロヴィング朝期にはすでに、大土地所有の門閥による貴族支配を成立させていた」ことを示唆している。

(142) Dannenbauer (wie Anm. 102) S. 80.

(143) Dannenbauer (wie Anm. 102) S. 66.

(144) Robert Scheuthing, Adel, HRG I (1964) S. 51. Karl Ferdinand Werner, Adel, Lexikon des Mittelalters, 1. Lieferung, München 1978, col. 126. Dort col. 118-128. 議論の現在の水準である。

(145) Hans K. Schulze, Reichsaristokratie, Stammesadel und fränkische Freiheit, Neuere Forschungen zur frühmittelalterlichen Sozialgeschichte, HZ 227, (1978) S. 352-373, Zitat S. 352.

（146） Mitteis/Lieberich (1976) S. 22-23 (zum Kapital: Die germanische Zeit).

（147） Mitteis/Lieberich (1976) S. 50. Vgl. Wenskus, Adel (wie Anm. 46) S.65-67. 貴族が九世紀から一二世紀まで存在したという反対意見は一九三九年にも主張されている。Marc Bloch, La société féodale, Paris 1939 (Ausgabe 1968) S. 396.「ところで西洋において貴族の出現が比較的遅かったというのは正当ではない。一七世紀以前にすでに貴族制度への最初の一歩が踏み出された」。けれども、貴族の存在はフランスにおいては「今日もはや問題とされていない」。Joseph Fleckenstein, Die Entstehung des niederen Adels und das Rittertum, in: Herrschaft und Stand, Göttingen 1977, S. 18 und 20 Anm. 12. Ebenso Hansmartin Schwarzmaier, HZ 227, 1978, 155. Hike Grahn-Hoek, Die fränkische Obersicht im 6. Jahrhundert, Studien zu ihrer rechtlichen und politischen Stellung, Sigmaringen 1976 はたしかに、貴族における「出生と権利との象徴的結合」をめぐって述べているが、それはフランク史について彼が利用した文献において発見されたわけではなく、ただ「上流階級」についてのみ語っているにすぎない。それに対して、Thomas Zotz, Adel, Oberschicht, Freie, Zur Terminologie der frühmittelalterlichen Sozialgeschichte, Zeitschrift für die Geschichte des Oberrheins, 125, 1977, 3-20 は、八頁、一九頁で、六世紀における mariores natu と meliores natu の概念は社会階級基準としての家柄の構成的意義を暗示するものであるとしている。貴族と自由人の境界にかんする古い問いに対し、ゾッツはひとつの答えを出し、より明瞭な問いを立てた。「貴族と自由人とはそもそも同一の基準面に位置しているのか」と（九頁）。彼は自由を「自由の身に生まれた法的立場」として理解し、高貴な家族ないし氏族の共同体において現出した貴族とは——カール・シュミットにしたがって——「自己理解の基準、社会的価値の基準」と解している（二〇頁）。

（148） Mitteis/Lieberich (1976) S. 172.

（149） Fleckenstein (wie Anm. 144) S. 20-21 mit Anm. 14. ただしアレマン人についてはサヴィニーのものとは異なる解釈を試みている。

（150） フーバーのもうひとつの論文（前掲註5）四四〜四五頁は、サヴィニーのテーゼ登場後三〇年間はおおむね同意、そしておよそ一八五〇年以降は拒絶が続いたとしている。

（151） Schulze (wie Anm. 142) は、ハインリヒ・ダンネンバウアー以来の貴族研究にかんする最新の動向を提示している。註で挙げられた順に、Karl Ferdinand Werner, Gred Tellenbach, Josef Fleckenstein, Karl Schmid, Ernst Klebel, Ernst Zöllner, Michael Mitterauer, Gertrud Diepolder, Wilhelm Strörmer, Hans Jänichen, Karl Bosl, Reinhard Wenskus, Johannes Schmitt, Eckhard Müller-Mertens, Heike Grahn-Hoek, Walter Schlesinger その他である。下級貴族の成立についてのさまざまな見解をフランスとドイツの比較において論じているのは、John B. Freed, The Origins of the European Nobility. 彼が一三世紀の騎士制度との関わりで下級貴族の成立を論じているのは、Herrschaft und Stand, Untersuchungen zur Sozialgeschichte im 13. Jahrhundert, hrsg. von Josef Fleckenstein (Veröffentrichungen des Max-Planck-Instituts für Geschichte 51) Göttingen 1977, mit weiteren Beiträgen von Werner Rösener, Thomas Zotz, Gisela Meyer, Lutz Fenske, Heinz Dopsch, Hans K. Schulze, Thomas Martin und Sabine Krüger.

(152) Heinrich Mitteis, Formen der Adelsherrschaft im Mittelalter, Festschrift Fritz Schulz, Weimar 1951, S. 226-258. Wieder abgedruckt in: Die Rechtsidee in der Geschichte, Weimar 1957, S. 636-668. Zitat S. 226 bzw. 636.

(153) Mitteis (1951) S. 228, (1957) S. 638.

(154) Savigny (1836) S. 39.

（東尚史訳）

選定侯団の成立

――家族法・相続法的メルクマールによる「ドイツ国制史の根本問題」の解明(1)

アルミン・ヴォルフ

一七四三年と一七五三年にネーデルラントで出版された国民性にかんする一冊の書物は、日本人について一章を割いて論じている。そして、日本の貴族の主要な家をドイツ帝国の選定侯と比較し、そのいずれもが自由を保障し専制を防ぐものだと述べている。

「この国民〔日本人〕のもとには、古くからの自由の権利が見出される。たとえ彼らの国民性の基礎にそぐわぬ専制的形態を打ち立てようとしても、そのための根拠はこの権利によって打ち砕かれてしまうだろう。第一に、日本の諸侯とその家についてはヨーロッパと同じく世襲貴族制であると言われている。そこには、ある特定の貴族のひとつの家による専制はない。諸侯はドイツ帝国の数名の選定侯と同じように、しばしば広大で、莫大な収入をもたらす領地を有している……」(2)。

当時のヨーロッパでは、こうしたテーゼは多くの関心を引くところとなり、その影響は女帝マリア・テレジアの幼い息子の法学教育（一七五五／六〇年頃）にまで及んだ。後の皇帝ヨーゼフ二世の教師は、むろん選定侯と日本の諸侯の比較を「ばかげたもの」として退けたが、[3] 以下の私見を契機として、日本国制史に古きドイツ帝国の選定侯と比較可能な要素はあるのかどうか、討論できるとすれば幸いである。

I　体系的考察

いくつかの定義から始めよう。「選定侯 Kurfürsten」とは、皇帝位に就くべきローマ－ドイツ国王の選挙権を有する諸侯をいう。この名称は、ドイツの古語「*küren*」、すなわち「選ぶ wählen」からきており、選挙侯というほどの意味をもつ。選定侯が彼らの選んだ国王に対して、再度の多数決によって廃位を求めたことも一度ならずあった（一二九八年・一四〇〇年）。「王位のみならず、選定侯もまた……帝国を代表する」[4]。彼らは国王と同等の地位にあり、最高権力 *ius majestatis* の、国王と同等の担い手であった。ヨーロッパ史を概観しても、彼らはきわめて異例な存在である。国王と諸侯の間に置かれたこのような特殊な身分は、ヨーロッパのどこを探してもドイツのほかには見当たらない。

彼らの公式の称号は、「神聖ローマ帝国選定侯 Kurfürsten des Heiligen Römischen Reiches」（*sacri Romani imperii principes electores*）といった。中世において「神聖帝国」ないし「神聖ローマ帝国」の

版図に属していたのは、ドイツの諸ラントばかりではない。現在の国境線に沿って言えば、そこにはベネルクス三国、フランスやスイスの一部、オーストリア、ベーメン、さらに今日のイタリアやポーランドの一部までが含まれていた。「神聖ローマ帝国」は、一二世紀から一九世紀初頭まで、この大小さまざまな多数の領主のゆるやかな結束に与えられた正式な名称であった。だが皮肉屋の口にかかれば、それは神聖でもなければ、ローマ人のものでもなく、帝国でさえないしろものであった。

いずれにせよ選定侯は、「皇帝位に就くべきローマ＝ドイツ国王 römisch-deutschen König und künftigen Kaiser」を選出した。しかし、国王と神聖ローマ帝国皇帝という二つの呼称に混乱なさらぬようにお願いしたい。ドイツ国王とローマ皇帝は、通常同一人物であった。ドイツで選挙され即位した国王の多くは、さらにローマで教皇による戴冠式を経てローマ皇帝となった。ただ、一人のこらずというわけではなかった。すべての皇帝はそれに先立って国王であったが、皇位に就かなかった国王もいないではなかった。しかし本稿の関連から言えば、問題はローマ皇帝の戴冠ではなく、あくまでドイツ国王の選挙である。したがって、多くの場合に国王が後に皇帝になったにしても、私はもっぱら国王という呼称を用いることとしよう。むろんここでは法的に正確な称号を用いるべく心掛けているが、本稿の議論の範囲では、ごく単純に国王と皇帝を同義とみなしていただいても結構である。

私の研究対象を「選定侯」と呼ぶのは一二九八年以降に限定し、それ以前の時期については「国王選挙人 Königswählern」という名称を用いることとする。「選定侯」なるドイツ語の、最初の用例が確認されるのが一二九八年だからである。[5]

またラテン語の「団〔体〕*collegium*」という言葉が、初めて国王選挙の有権者集団を指して用いられたのも同年である。[6]選定侯団は、三名の教会諸侯、すなわちマインツ、トリール、ケルンの大司教と、四名の世俗諸侯、すなわちベーメン王、ライン宮中伯（プファルツ）、ザクセン太公、ブランデンブルク辺境伯によって構成されていた。[7]

七名の選定侯団と彼らの国王選挙権の起源は、長い間、「国制史における解決不能な問題」とみなされてきた。[8]どうしてこの七名に国王を選ぶ権利があって、どうして他の者にはそれがないのか。著名な法制史家ハインリッヒ・ミッタイスにも、「これを扱った文献は数知れず、これ以上の努力にもさしたる見込みはなく、このテーマはすでに論じ尽くされているように思われた」。[9]ヴァルター・シュレジンガーは、選定侯団の成立を「いまだ解決されざる研究上の争点」と呼び、[10]フーゴー・シュテーケンパーは、一九七三年にこう記した。「このドイツ国制史の根本の謎を解くために費やされてきた多くの労苦――そのすべての結果が諦めを呼んでいる。もはや最終的解明を期待する専門家はいない」。[11]七名からなる選定団の成立時期についても、意見の一致は見られていない。これまでに少なくとも七つの説――一一九六年、[12]一一九八年、[13]一二〇九年、[14]一二三七年、[15]一二三九年、[16]一二三七／五二年、[17]一二五六年[18]――が提出されている。

以上のようなわけで、選定団の成立という古くからの問題をここで新たに取り上げても、成果らしい成果はおよそ期待できそうにない。にもかかわらず私はあえて、選定侯団の成立を新たな史料にもとづいて解明してみたいと思う。実際それは不可能なことではない。ただ従来は、そうした作業もなされなかったし、その国制史上の意義も認識されてこなかった。結論を先取りして言えば、私のいう新たな史料とは、国王選挙人と彼らによって選ばれた国王の家族構造（ファミリエンストルクトゥール）を、相続法上有意味（レレバント）なメルクマールに従って整理したものである。しかもそれは――これが決定的な意味をもっているのだが――、彼らの Cognaten つまり女系の血縁者をも含めた家族構造である。この新史料の解釈から、国王選挙権と選定侯団の成立にかんする新たな事実が浮かび上がってくるのである。

　この場合、教会選定侯はさほど問題にならない。なぜなら選定団に入れられたライン地方の三名の大司教は、ドイツ最古の首都大司教として、成立の古い順に上位を占めるというルールによって、他の大司教を統括する立場にあったからである。[19] 国王選出にさいして、彼らは以下のような特権を有した。まず、原則としてマインツ大司教が自司教区に選挙を招集し、これを主宰した。伝統的な戴冠の地アーヘンは、通常ケルン大司教の司教区に属した。戴冠式の新国王に塗油をほどこすのはケルン大司教の、そして新国王を王座に推戴するのはトリール大司教の権利とされた。[20]

　さて、重要な問題はむしろ世俗選定侯の方にあった。すでに中世から流布し、いまなお数名の歴史家が主張し続けている、いわゆる「最高職」論によれば、四世俗選定侯の選挙権は四つの最高職に由来するという。最高職にある四名には、戴冠式餐儀礼において給仕の奉仕を行なう義務があった。マルシャル〔ザクセン太公〕は皇帝の馬の世話をし、ケメラー〔ブランデンブルク辺境伯〕は皇帝に手を洗うための水をさし出し、トゥルッフゼス〔ライン宮中伯（プファルツ）〕は料理を運び、ムントシェンク〔ベーメン王〕はワインを捧げ来るのである。

しかしこの四職の保持者は、もともとはさまざまに入れ替わっており、[21]それがザクセン、ブランデンブルク、プファルツ、ベーメンの、いわゆる四世俗選定侯に落ち着いたのはようやく一三世紀も末のことであった。したがってこの四職は、国王選挙権の起源という、より古い問題の解明には役に立たない。最高職論は選定団の成立という問題を先送りにするだけで、その解答になっていない。たとえ仮に選定権が最高職に由来するとしても、それならばなぜ特定の諸侯が最高職に就き、それ以外の者が就かなかったのか。最高職論は論理的に、ただちに右のような第二の問いを招いてしまうのである。

こうして選定団の成立問題は、いまだ解決されないままにある。この問題のとりわけ難解な点は、かつては国王選挙のたびに選挙人の数と構成が大きく変化していたという事実である。いつ、誰が、誰を、国王選挙の有権者であると認めたのか、いつ、いかなる有権者が、誰を国王に選んだのか。あるいは、いつ、いかなる有権者が棄却したのか。こうした事柄はみな、すでにひとつの政治的事件だったのである。

この問題に取り組むにあたって、私の採った方法は、次の三つの設問に体系的検討を加えていくというものである。

(1) 幾度かの国王選挙において、選挙人であったと確認されるのは、純統計的に見てどのような人物だろうか。

(2) 各々の国王選挙人に、そしてその全員に共通して備わっている。法的に有意味なメルクマールは存在するだろうか。

（3）国王選挙人たちだけに共通して備わっていて、それ以外の者に備わっていない、法的に有意味なメルクマールは存在するだろうか。

私の考えによれば、方法論的に言って、すべての国王選挙人に共通して備わり、他の誰にも備わっていないようなメルクマールが発見されたならば、そのとき初めて選定団の成立問題の解決は可能となる。では、第一の問いに取りかかるとしよう。

1　幾度かの国王選挙で、選挙人と確認されるのはどのような人物だろうか

従来の学説は、七名からなる選定侯団の成立時期を、一二五六年頃かあるいはそれ以前と考えている。しかしながら七選定侯が、初めて連名で文書を発したのは一二九八年のことであった。[22] 七選定侯はこの文書を通じて、帝国臣民に、オーストリア太公の国王選出を伝え、新国王への忠誠を求めている。文書の下端には全選定侯の印章がちょうど七つ、仲良くくくりつけられている。

ドイツ語とラテン語による「選定侯」「団」という名称の最初の用例と同じ年（一二九八年）に、このような証拠史料が現われていることは偶然の仕業とは思えない。実際そこには、特殊な政治状況が存在していた。すなわちドイツ史上初めて、かつて選ばれた王（ナッサウ家のアードルフ）の廃位と新国王（アルブレヒト一世）の選出が、七選定侯の手で行なわれたのである。国王と七選定侯をいっしょに描いたおなじみの図も、やはりこの時期に誕生した。この絵は当時の帝国都市テューリヒ（現スイス）で作製されている。アルブレヒト王が初めてこの都市を訪れた（一二九九年）の

を機に、描かれたものと思われる。

国王選挙人を意味するラテン語の名称が、最初に現われるのは一一九八年、すなわちドイツ語の名称「選定侯」が生まれるちょうど百年前のことである。それは、「法により選挙が帰属するところの、帝国貴族たる諸侯」(*optimates et principes imperii, ad quos de iure spectat electio*)といった。[23] ところが注目すべきことに、諸侯たちの有権者数について、この時期の記録は七名とも何とも語っていない。

ここからわれわれの関心は、とりわけ一一九八年と一二九八年の間の一世紀に注がれることになる。そのなかにこそ、人数枠のない国王選挙人から七名の選定侯団が成立してくる過程が跡づけられなければならない。

特殊な状況は、実は一一九八年にも存在していた。皇帝ハインリヒ六世が、十字軍遠征のさなかにメッシーナで急死したのである。そのときシュタウフェン家の皇子、後の皇帝フリードリッヒ二世は、すでに国王にも先王の継承者にも選ばれていたが、わずか四歳の幼児に統治は不可能であった。そこで周知のいわゆる二重選挙が行なわれた。シュタウフェン党は同家から、未成年の皇子フリードリッヒの叔父、太公フィリップ・フォン・シュヴァーベンを選び、対するヴェルフェン党は、同家のオットー・フォン・ブラウンシュヴァイクを選出した。記録というものはもめごとの起きたときに残される。一一九八年も例にもれない。二つの党派が、それぞれ次のように教皇に書き送った。「われわれはオットーを(あるいはフィリップを)国王に選出いたしましたので、どうかこれを皇帝としてご承認くださいますように」。この文書に署名した人びとのリストから、ようやく国王選挙人全員の名前が判明する。一一九八年の国王選挙人の数は記されていなくとも、当時、誰が有権者であったのかがつきとめられたのである。はたしてその数は、七名よりはるかに多いものであった。

シュタウフェン党だけで一〇名もの世俗諸侯が、一二名の司教と四名の修道院長に続いて、自分たちがフィリップ・フォン・シュヴァーベンをローマ皇帝に就任させるべく選出したことを追認している。(24) 問題の一〇名は以下のとおりである。

1 ベーメン王（Przemysl Ottokar I.）*rex Boemie*
2 ザクセン太公（Bernhard III. von Askanien）*dux Saxonie*
3 バイエルン太公（Ludwig I. von Wittelsbach）*dux Bavarie*
4 オーストリア太公（Leopold VI. von Babenberg）*dux Austie*
5 メラニエン太公（Berthold IV. von Andechs）*dux Merannie*
6 上ロートリンゲン太公（Simon II. von Lothringen）*dux Lotharingie*
7 マイセン辺境伯（Dietrich von Wettin）*marchio Missenensis*
8 ブランデンブルク辺境伯（Otto II. von Askanien）*marchio Brandenburgensis*
9 メーレン辺境伯（Vladislav II. Heinrich）*marchio Morauie*
10 ロンスベルク辺境伯（Gottfried von Ursin）*marchio de Rumesperc* (25)

対するヴェルフェン党の側には、多くの聖職者に加えて三名の世俗国王選挙人（法により選挙が帰属するところの諸侯）が立った。

11　下ロートリンゲン太公 Heinrich, Herzog von Lothringen und Brabant, Markgraf des Römischen Reiches(26)

12　フランドル伯 Bald(uin), Graf von Flandern, Hennegau und Markgraf von Namur(27)

13　ダクスブルク伯 A(lbert), Graf von Dagsburg und Metz(28)

そしてここに、聖地から帰還した第四の選挙人が、

14　ライン宮中伯 Heinrich von Braunschweig, Pfalzgraf bei Rhein

である。

テューリンゲン方伯 Hermann, Landgraf von Thüringen は、どちらとも決めかねて二つの党の間で揺れ動いていた。したがって、このとき間違いなく計一五名の世俗国王選挙人がいたことになる。シュタウフェン党のリストには称号しか記されていなかった。そこで私は、彼らの名と家名とを補っておいた。こうしてたんなる官職名が血の通った人間となった。実はこれが方法論上きわめて有効な布石となる。これによって、一一九八年の国王選挙人とその後の選挙人との血縁関係が初め

て探求可能となったのである。

その詳細については第Ⅱ節で、年代順に見ていくことにしよう。しかし次の二点はここで確認しておいていただきたい。

(1)世代順に見ていくと、一一九八年から一二九八年までの間に新しく国王選挙人に加えられた家はない。[29] 選挙人の構成は変わっても、彼らが同じ古い高貴な家の出であることには変わりなかった。しかし国王選挙人の数は、時代が下るにつれてしだいに減少していった。一〇〇年後、最初の七選定侯の文書に末裔の名を残す四人の国王選挙人については、リストに強調しておいたとおりである。すなわち、シュタウフェン党のベーメン王(1)、ザクセン太公(2)、ブランデンブルク辺境伯(8)、そしてヴェルフェン党のライン宮中伯(プファルツ)(14)である。

(2)世代を遡って眺めると、最終的に一二九八年の選挙や一三五六年の金印勅書に残る四世俗選定侯と、一一九八年の二重選挙の国王選挙人として確認される父祖たちとの間には、五ないし六世代の隔たりがある。

方法論的に見て、第一になされるべきは、一一九八年の一五世俗国王選挙人の選挙権が何に由来しているのかを探ることである。そのうえで、この一五名を数える選挙人のサークルが、世代を下るうちに、どのようにしてあの――ベーメン、プファルツ、ザクセン、ブランデンブルクの――四世俗選定侯に縮小されていったのかを解明しなくてはならない。

2　各々の国王選挙人に、そしてまたその全員に共通して備わっている、法的に有意味なメルクマールは存在するだろうか

時代はしばらく皇帝カール四世の「金印勅書」が作られた一三五六年まで跳ぶが、どうかお付き合いいただきたい。「金印勅書」は最も重要な帝国基本法として、神聖帝国が幕を閉じる一八〇六年まで五〇〇年近いあいだ効力を有し、帝国選定侯によるローマ－ドイツ国王の選挙規定を主要な内容としていた。

カール・ツォイマー以後の諸研究は、以下の点について一致している。すなわち、金印勅書は「いくつかのかなり重要な点において……なんら刷新しようと欲しなかったし、実際そうしなかった」。ツォイマーはさらに曰く、金印勅書は「本質的に、現行法のたんなる集成にすぎなかった」[30]。したがって、検討課題は次のようなものとなる。すなわち、一三五六年の金印勅書に示された選挙権の取得にかんする諸規則が、実質的にはすでにそれ以前から現に通用していた法であったとすれば、いったいそれはどのような範囲においてそうであったと言えるのだろうか。

金印勅書第七章は、選定侯となるべき者について定めている。その章題「〔選定〕諸侯の継承について *De successione principum*」は、フランクフルトの古い翻訳では「諸侯の世継ぎについて」とされ、そこには以下のように記されている。世俗選定侯が死亡した場合、選挙における権利、投票権、権力（*ius, vox et potestas electionis*）は、彼の嫡出の世俗の長男（*ad filium suum primogenitum legitimum laicum*）に受け継がれなければならない。

だがもしこの長男が、嫡出の男子の相続人を得ずに死亡した場合には、選挙の権利、投票権、権力は、彼の父方の直系に属し世俗身分にある最年長の弟に移り、次いでその世俗身分にある長男によって受け継がれなければならない。

「そして諸侯の長男および相続人による継承は、このようにして永遠に遵守されねばならないのである」[31]。

さらに金印勅書(第二五章)は、たとえ次男が(たとえば精神病、精神薄弱、あるいはその他の重大な疾患により)相続人の資格をもたなかったとしても、父方の直系卑属の、より近い(*proximior*)親等の、世俗の血縁男子(*consanguineus laicus*)が国王選定を継ぐべきであると定めている。

ゆえに金印勅書の詳細な継承規定の文言にしたがえば、選定侯は選定権を、何よりも選定侯家における出自と地位によって手に入れる。言い換えれば、相続権にもとづいて取得するのである。

ところで、金印勅書の成立過程には予備折衝があった[32]。その経緯は二種類の文書に残されている。第一の種類の文書では、自身選定侯であった皇帝カールが各選定侯の選定権を確認している[33]。もう一種類の文書では、四名が相互に正当な選定侯であることを確認しあっている[34]。これらの文書はしかし、選定権の世襲がけっして一三五六年に始まったものではなく、すでに以前から遵守された現行法であったことを示している。

右の事実を最も鮮明に伝えているのは、カール四世がザクセン-ヴィッテンベルク太公ルードルフの選挙権を確認した文書である。そこではルードルフ・フォン・ハープスブルク以後の、すなわち過去八三年間にわたる国王選挙が歴史的にたどられている。（かいつまんで掲げれば）それは次のようなものである〔一三五六年の系図参照〕。

「高貴なる生まれのザクセン太公、わが愛しきおじ上《オーハイム》(*)ルードルフの、その父君《ファーター》〔アルブレヒト二世〕は、在りし日、帝国選定侯の一人として……ローマ人の王にしてわが父祖《フォアファーレン》たる〔ハープスブルク家の〕ルードルフを、公正かつ誠実に選出された……。［やがて〔 〕内の補いは著者による――訳者註］その逝去の後……、アルブレヒト王は、前記の今は亡き［オーストリア］太公アルブレヒトの息《ゾーン》にして、わが愛しき祖父《グロースファーター》たる、やんごとなき［ルクセンブルク家の］ハインリヒを選出された。今また……、わが愛しきおじ上《オーハイム》［ザクセン］太公ルードルフその人は、まさしく余［すなわちカール四世］をローマ国王に選出された……。かくして（*hinc est*）、余が、前記のわが愛しきおじ上《オーハイム》太公ルードルフの、かくも公明なる権利（*ius*）……の由来をたどり……吟味したところ、その権利は……まさしくルードルフ太公が、かつてローマ国王選挙において保有しておられ、今日なお、父方の相続と遺産を通じて（*ex successione et hereditate paterna*）……保有しておられるものであった。太公の権利と権威が、彼と彼の相続人に（*suis heredibus*）……保たれ続けるよう、余はこの永遠の効力を有する皇帝勅書において、以下のとおり詳かにし、判断し、告知する。すなわち、他ならぬ（*et nemo alius*）前記の神聖帝国主席マルシャルたる、わが愛しきおじ上《オーハイム》太公ルードルフこそは、真の、法に適った（*verus et legitimus*）選定侯の一人である。皇帝位に就くべきローマ国王の選挙における投票権、権利、権力（*vox ius, et potestas eligendi*）は彼に帰属し、その亡き後は、彼の長子《ゾーン》の手に与えられるものである」[35]。

このように皇帝カール四世は、選定侯の選挙権の根拠を、それ以前の国王選挙人に発する血統と相続権であると明言する（*ex successione et hereditate paterna*）。そしてそこに、「かくして（*hinc est*）という言葉をもって因果関係を打ち立てるのである。

われわれの目を引く点はそれだけではない。一三五五／五六年の金印勅書の予備折衝を通じ、選定侯であった皇帝カール四世が選定侯の選挙権を確認し、また選定侯が互いの選挙権を確認しあった二種類の文書のなかで、彼らは繰り返し互いを親族呼称で呼びあっている。皇帝は、宮中伯（プファルツ）の大ルプレヒトを義兄弟（シュヴァーガー）*sororius* と呼び(36)、その父ルードルフも、同じく義兄弟（シュヴァーガー）と呼んでいる。(37) ザクセン太公の大ルードルフとその父アルブレヒトは、皇帝からおじ（オーハイム）*avunculus*(38) と呼ばれ、ブランデンブルク辺境伯のルートヴィヒ・デア・レーマーもおじ（オーハイム）と呼ばれている。(39) 後者は、ザクセンの小ルードルフからもおじ（オーハイム）と呼ばれ(40)、ヴィッテルスバッハの同じ男系の家の出の宮中伯（プファルツ）大ルプレヒトと小ルプレヒトの二人は、皇帝から叔父と甥（フェテルン）と呼ばれている。(41)

ここに映し出されているのは、これらの親族呼称が空疎な敬称ではなく、当時の現実に合致していたという事実である。一三五六年の金印勅書に顔をそろえる世俗の四選定侯は、実際相互に親族関係にあり、それもたんにAがBと、BがCと、CがDと親族だったのではなく、皆が皆互いに親族だったのである。また彼らの親族関係においては、それがいかなる血統に由来する親族関係であるかが肝心であった。彼らは、一人のこらずルードルフ・フォン・ハープスブルクの血を引いていた。一二七三年、大空位時代の終結とともに帝国を新たに基礎づけた国王ルードルフは、ベーメンの選定侯であった皇帝カール四世を含む一三五六年の四世俗選定侯全員の祖父、ないしは曾祖父であった。

彼らはしかし男系の親族ではなかった。彼らはルードルフ・フォン・ハープスブルクの、ドイツ国内に留まった娘たちの子孫であった。一三五六年の選定侯は、ここから、「ハープスブルク家のルードルフ王の、娘の系統 Tochterstämmen の代表者たち」と名づけられる。(42)

さていまや問題は、一一九八年の国王選挙人の選定権もまた、すでに以前から、血縁集団内の相続によって根拠づけられていたのかどうかである。ヨーロッパ法において血縁者（*consanguinei*）とされるのは、共通の祖先の血を引いた複数の人間である。それが男子の系統（agnatisch）であるか、女子の系統（cognatisch）であるかは関係ない。したがって検討されるべきは、国王と一一九八年の国王選挙人たちが、相互に血縁関係にあったのかどうか――あったとすれば、どのような血縁関係にあったのだろうかという問題である。私の系譜学的研究の結果は、一一九八／九九年の系図に示されている。

まず系図の中央、一一九八年にあたるC列をご覧いただきたい。そこには、四角の枠で囲まれた世俗国王選挙人の一五の名前が並べられている。直線の枠はシュタウフェン党の選挙人を、破線の枠はヴェルフェン党の選挙人を表わしている。両党から選ばれた国王には、それぞれ王冠の印がついている。

詳しく見ていくと次のようなことが判明する。それは、この系図の作成によって初めて浮かび上がってきた事実である。系図を中央の四角の枠から、上方にたどっていただきたい。
（1）一五名の世俗国王選挙人は、一一九八年に選ばれたシュタウフェン家とヴェルフェン家の二国王の血縁者（*consanguinei*）である。

（2）一五名の世俗国王選挙人は、二国王と血縁関係にあるだけでなく、彼ら自身が相互に血縁関係にある（*consanguinei*）。

（3）一五名の世俗国王選挙人と選出された二国王の相互の血縁関係は、男（アグナティッシュ）系ではなく女（コグナティッシュ）系の血縁関係である。女系の重要性を際立たせるために、系図のなかの女性の名前はすべて角の丸い枠で囲んでおいた。国王や国王選挙人の家と家とを血縁で結びつけているのは、系図に記載された計二九名の女性たちである。

（4）国王選挙人相互の血縁関係を結びつけているのは、オットー諸帝（ケーニッヒスハウス）家の王女たち（系図最上部、A列）である。彼らの共通の始祖は、たまたま多くの娘に恵まれた父祖であれば誰でもよかったわけではない。しかしそれは――大方の予想に反して――カール大帝ではなく、ザクセン家の創始者、九三六年に没した国王ハインリヒ一世であった。

以上の四点はすべて、私がここで報告している問題にとって根本的で、なおかつこれまで一度も指摘されたことのない論点であった。

国王ハインリヒ一世（系図冒頭）と〔フリードリッヒ二世を含む〕三国王、そして一五国王選挙人の間をつなぐ九二の親子関係のうち、詳しいことがはっきりしていないのは二箇所だけである。系図のなかでは点線で示されている、（9行目の）ヴェッティン家のマイセン辺境伯と（4行目の）ロンスベルク辺境伯の箇所である。しかしながら、彼らは確実な系譜関係を有している。というのも、前者も、そして後者の兄弟の一人も、それぞれフィリップとフリードリッヒ二世の二国王から、文書のなかで血縁者（*consanguineus*）と呼ばれており、実際そのように理解されていたのである。[43]

各々の国王選挙人に、そしてその全員に共通して備わっている、法的に有意味なメルクマールは存在するだろうか。これが第二の設問であった。いまやこの問いにイエスと答えなくてはならない。一一九八年の一五名の国王選挙人は、一〇〇二年（ないし一〇二四年）に男系の絶えるオットー諸帝家の、娘たちの末裔なのである。二重選挙による二国王がドイツ初代の王ハインリヒ一世に遡ろうとすれば、どちらもオットー諸帝の女系の系譜をたどるほかない。同様にして国王選挙人たちもまた、そうするほかに王家の高貴な血筋を誇るてだてはないのである。

しかしながらこれをもって、一一九八年の国王選挙人のサークルを余すところなく説明し尽くしたことにはならない。次のような異議がとなえられてしかるべきだからである。オットー諸帝家の末裔と言えば、一一九八年当時にはなお厖大な数が残されていたに違いないのではないだろうか。彼らはどうして国王選挙に加わらなかったのだろうか。

もちろん私はこの異議を自分自身に投げかけてみた。国王選挙人に共通した王家の血統がポジティブに証明されたいま、今度は逆にネガティブな立証、すなわち除外された者についての証明が必要なのである。オットー諸帝家の多くの末裔たちのなかで、選挙人と非選挙人を分かつものは何だろうか。この第三の設問こそが、実は一番の難問であった。

3　国王選挙人たちだけに備わっていて、それ以外の誰にも備わっていない。法的に有意味なメルクマールは存在するだろうか

この問いにイエスと答えるためには、一〇世紀から一三世紀にかけて、オットー諸帝の末裔全員にかんする確かなデータが可能なかぎり収集されねばならなかった。それもシステマティックに、そしてクリティカルに。国王選挙人だけにあって、彼らの他の誰にもないような、メルクマールの有無を確認する作業は、自然科学の実験を繰り返すときのように忍耐と機転を必要とした。

私が一九六八年にこの作業を始めてからすでに二四年が過ぎ、一九七四年以降、集中的に取り組むようになってからでも一六年が経過している。二〇〇〇人から三〇〇〇人分の資料が収集され、作成された系図は数百枚に達する。先ほどからお目にかけている系図は、その数百枚を極限まで簡略化した概略図なのである。だがこの最小限のデータ、すなわち相続法・家族法上重要な親子関係に絞られた系図でさえ、いくつかの注目すべき新事実を十分に示している

先ほどはこの系図を、中央の一五国王選挙人から上の方に見ていった。今度は上から下へとご覧いただきたい。

系図上部A列中央に、オットー諸帝家の国王・皇帝が二重の枠で囲まれている。私の系図では、国王の名前はすべて大文字で強調してある。一〇世紀には、息子が父を直接に継ぐかたちで、初代国王ハインリヒ一世の後にオットー一世（大帝）、その後にオットー二世、そしてオットー三世が続いている。直系の男子はオットー三世を最後に一〇〇二年に絶える。男系の傍系に位置する次の皇帝ハインリヒ二世は、系図から省かれている。彼には子供がなかったのである。

かくして一一世紀の始めにオットー諸帝の家系は滅ぶ。だがそれはあくまで男子の系統に限られた話であって、その血筋は娘たちの末裔のなかに絶えることなく引き継がれていった。この王女た

ちの名前は、国王の名と同じように大文字で強調してある。たしかにオットー諸帝の娘の多くは、未婚のまま聖職者となって修道院で亡くなった。しかし、なかには正嫡の子々孫々の繁栄が、一一九八年頃まで——場合によっては今日もなお——確認されるような娘も四名ばかりいたのである。

女系を通じてオットー諸帝の王家を継ぐ、この四人の娘たちはA列最上部に見える。それぞれLiudgard, Mathilde, Gerberga, Hedwig といった。このうちの一人（Gerberga）は二度の結婚によって子孫を残している。したがって、オットー諸帝の系譜は、合計五つの「娘の系統」を通じて継承されていく。ここで少し、この娘の系統という概念について、基礎的な事柄をいくつか述べさせていただきたい。この概念こそは、私の研究の核をなすものである。

私の術語「娘の系統 Tochterstamm」は、諸侯(ディナスティ)の家の子孫・末裔のなかで、諸侯の娘の血を引く者全員を指す。娘の系統それ自体は、むろんあらゆる家にあって、家の格式を問うものではないが、国王の家の場合に、私は「王家(ケーニクリヒ)の娘の系統」と呼んでいる。少し例を挙げて説明しよう。

左端1行目をご覧いただきたい。そこにはオットー一世の娘 Liudgard の子孫として、五代にわたる男たちが見える。オットー、ハインリヒ、皇帝コンラート二世、ハインリヒ三世、ハインリヒ四世。彼らはザーリア家に属する。したがって、私の用語法によれば、ザーリア家は Liudgard の血筋を引く「オットー諸帝の娘の系統」のひとつ、あるいは——同じことだが——オットー諸帝の「王家の娘の系統」のひとつなのである。

私が、他の女性全員にもそうしたように Liudgard の名前を角の丸い枠で囲んだ理由はもうおわかりであろう。この枠で囲んだことによって、（a）二つの諸侯家(ディナスティ)はどこでつながっているのか、

（b）それぞれの（男系の）諸侯家（ディナスティ）はどこに始まっているのか、という二つの点が系図の上で一目瞭然となったのである。

オットー諸帝の娘の系統ザーリア家は、オットー諸帝家と同じく、一〇〇年間（一〇二四年―一一二五年）王位を保った後に滅んだ。

ところが、またしてもオットー諸帝家と同じように、ザーリア家も娘の系統に受け継がれていく。左端1行目に相続人たる娘Agnesの名が見える（その名は王女であることから大文字で記され、女性であることから枠で囲まれている）彼女はこのひとつの系統のみならず、もうひとつ別の系統からも、オットー諸帝の血筋を引く（第9―13行を見よ）。

こうした二重の血縁関係は、祖先を同じくする親族集団内での婚姻によって生じる。近親婚はたしかに四親等まで禁止されていたが、四親等目からはしばしば（そのつど、古くからの禁忌を破って）行なわれた。旧来の同盟関係は、こうした血縁者同士の婚姻によって更新された。

先のザーリア家の相続人たる娘Agnesは、二度の結婚によって、新たな王家の娘の系統を二つ創設した。ひとつはシュヴァーベン太公、後に国王・皇帝となるシュタウフェン家（第10行）、もうひとつはオーストリア太公のバーベンベルク家（第13行）である。

シュタウフェン家からは、さらに多くの王家の娘の系統が分岐する。（9行目の）Berthaからマイセン辺境伯のヴェッティン家、（11行目の）もう一人のBerthaから上ロートリンゲン太公家、そして（12行目の）Juttaからはテューリンゲン方伯家が派生している。

以上の話は、ひどく込み入ったものに思われているに違いない。だが言うまでもなく、こうした諸侯妃や領地や家のすべての名前を覚える必要はない。重要なのは、ただ次の原則を理解することである。すなわちこれら大領邦君主の家々(ディナスティ)は、王家の血を引く王女たちの流れを汲んでいるのである。

もう一度、系図上部A列に戻ろう。皇帝オットー二世の娘の一人 Mathilde の系統から、ポーランド、ハンガリー、ベーメンの国王たちが生まれている（第1行）。王家の娘の系統のうち、ポーランドとハンガリーに移った二つについては、他国の（つまり帝国外の）ものになったという理由から、系図上の分岐点以外の個人名は省かれている。縦書きのポーランドとハンガリーの国名に引かれた下線は、他国の印である。とはいえ他国へ移った娘の系統もドイツ史にとっては無視できないものである。いったん他国へ移った娘の系統から、ふたたび娘たちがドイツに輿入れし、そこでまたドイツ国内の娘の系統を生み出しているからである。バイエルンのヴィッテルスバッハ家（第2行）、ヴェルフェン家（第5行）、ブランデンブルクとザクセンのアスカーニエン家（第6・7行）。これらドイツの家は、ハンガリー王女 Sophie を経て、オットー諸帝の王家の娘の系統となった。

従来の研究では、以上の注目すべき事実もまったく知られていなかった。近年、ヴィッテルスバッハ家のバイエルン太公位昇格八〇〇年記念祭がにぎやかに行なわれたが、その記念出版物のなかでも、バイエルン史の専門家が、およそ次のように主張している。一一・一二世紀のヴィッテルスバッハ家には、「他の太公家や、まして王家との婚姻関係はまったく確認されない……。一一世紀から一二世紀初頭にかけて、国王の相続人たる娘は地位と名声……を婚家にもたらしたが、ヴィッテルスバッハ家にそのような娘は一人も嫁いできていない」。この学者の見解によれば、一二世紀のヴィッテルスバッハ家の昇格にとって「決定的であったのは、高貴な血筋でも、太公家や王家との血縁関係でもなく、まったく彼ら個人の政治的業績だったのである」[44]。なるほど、これまでの通説では。しかし、私の見解はこれとは正反対のものである。ヴィッテルスバッハ家の場合も、その他のドイツ諸侯家の場合にも、昇格はまず何よりも国王との血縁関係にかかっていた。

ヴィッテルスバッハ家に流れるオットー諸帝の血筋が、これまで知られてこなかったのは、家の継承は純粋に男子の系統によるとのイメージが支配的だったためである。ところがここでは、オットー諸帝と国王選挙人の家を結ぶ親子関係の線は、女ばかり五代にわたる系譜（Mathilde, Richza, N. von Polen, Sophie そして Richkart, Wulfhild, Eilica）のなかを通っている。

これまでに流布した系図は、いずれももっぱら男子の系統に沿って構成されたものであった。こうして従来、女性の系統が顧みられなかったことから、オットー諸帝を起点に女性を経て国王選挙人にいたる系譜関係は見過ごされ、その国制史上の意義も認識されないままであった。

（8行目には）オットー諸帝の第三の王女 Gerberga の最初の結婚から、数多くのフランスの伯爵家が生まれている。そのうちのひとつ（ダクスブルク伯）の居城は、当時帝国領内にあった。（9行目から14行目にかけては）Gerberga の二度目の結婚の系統を引く、下ロートリンゲン－ブラバント太公家と、ザーリア家がふたたび顔を出している。先にも触れたように、シュタウフェン家やバーベンベルク家はこのザーリア家から派生した。

（15行目の）オットー諸帝の第四の王女 Hedwig の系統からは、フランスの王家が生まれ、そこからふたたび、帝国に属するフランドルーヘンネガウ伯家が派生した。

オットー諸帝の既婚の王女の系統は、こうして一一九八年の一五名の国王選挙人にいたるのである。

だがこの一五名と、ハインリッヒ一世のその他の子孫・末裔、すなわち一一九八年の選挙に加わらず、私の系図にも載らなかった二〇〇〇人から三〇〇〇人もの人びとは、いったい何によって分けられるのだろうか。

ここで歴史学の補助学問として、数学の集合論を援用しよう。

まず自明の理として、一一九八年にもはや生存していなかった者は除かれる。排除された者の大多数はこれに当たる。死者には当然選挙権がない。

次いで私は、改めて次の仮定を立ててみた。すなわち、先に挙げた選定侯の相続にかんする金印勅書の規定は、実質的には一三五六年よりずっと以前から通用していたのではないだろうか。

金印勅書第七章によれば、選定侯が死亡した場合、その選挙権は彼の嫡出の世俗の長男に（*ad filium suum primogenitum legitimum laicum*）受け継がれなければならない。これによれば、以下の人びとは原則的に国王選挙から排除される。

（a）娘
（b）外国人の子女
（c）次男以降の息子

（d）非嫡出子
（e）聖職者

さらに金印勅書の別の規定によれば

（f）未成年者（第七章）
（g）領地（*terra*）を失った者（第二〇章）
（h）精神病患者、および病弱な者（第二五章）

私はこれに従って、オットー諸帝の二〇〇〇人ないし三〇〇〇人の末裔たちから、女性と聖職者と分家筋（次男・三男……の家系）、そして家息（現役で統治を続ける父親の息子）を除いていった。

こうして残るは、二、三千人のうちのごくわずかな人びとに限られた。それは、オットー諸帝の娘の系統を受け継ぐ長男の家系の、健康で兵役に耐えうる、世俗の男性の代表者である。それでもこれに該当する者のサークルは、一一九八年の文書に確認される国王選挙人のサークルよりもはるかに大きなものであった。

さらに残る人びとから、他国の、すなわち帝国外の娘の系統が除かれた。外国人はそれぞれ別の王国に属する以上、選挙には加わらなかった。もしも彼らがドイツ国王選挙に加わったとしても、それは新ドイツ王への服属という結果をもたらすだけであり、彼らにとって何の益にもならなかった。

外国人の排除は、とくに次のような境界的なケースでは鮮明になる。プシェミスル家のベーメン王（第1行）は、男子の系統から言えばスラブ系であったが、一二世紀初頭以来 Swatawa を介して、オットー諸帝の、ドイツの娘の系統であった。ベーメン王が自己を帝国の成員と理解し、ベーメンを帝国のレーエンとして受領し、国王選挙にも、一一九八年の系図に見たようにたびたび参加しているのはこのためである。しかし時にはベーメン王もドイツ国王に服することを望まず、他方ドイツ側も彼を国王選挙人とみなさないような紛争期もあった。たとえばザクセンシュピーゲルの一節は、ベーメン王の選定権を否定し、彼が国王選挙から排除される理由を次のように語っている。「なぜなら彼は、ドイツ人ではないから」[45]。この理由づけは、一二三五年にアイケ・フォン・レープゴウがザクセンシュピーゲルの別の箇所に記した言葉と併せて理解されるべきである。「ドイツ人が国王を選ぶ」[46]。つまり、外国人に選挙権はないのである。

ザクセンシュピーゲルの二つの節と見解を同じくしているのは、カノン法である。すでに一二〇二年に教皇イノケンティウス三世の大勅書「*Venerabilem*」は、婉曲に、皇帝位に就くべき国王の選挙権は、法と古き慣習によって特定のドイツの諸侯にあるとしている。つまり、ローマ教会はこの権利をドイツ人（*in Germanos*）にゆだねたのである[47]。したがって、外国人の排除は一二〇〇年前後の法意識に合致していたと言うことができる。たとえフランス、ハンガリー、ポーランドであれ、ましてスコットランド、イングランド、デンマーク、スペイン、ロシアであれ、いったん他国に移った以上、オットー諸帝の娘の系統といえどもドイツ国王選挙人のサークルからは除かれなければならない。しかし外国人排除の原則によっても、国王選挙人のサークルとオットー諸帝の娘の系統を代表する者のサークルとが一致するにはほど遠かった。

私が「第二次の sekundär 娘の系統」と名づけるものも、同じく排除されねばならないとわかるまでには非常に多くの調査を要した。第二次の娘の系統というのは、次男の家系 Sekundogenitur ではない。後者は分家筋にある男子の系統、すなわち次男以降の息子の男系血縁者だが、前者はある娘の系統の、さらに娘の系統である。

調べてみると、第一次の娘の系統が絶えたときには、第二次の娘の系統の昇格が可能であった。しかし第一の娘の系統が存続しているかぎり、第二次の娘の系統が選挙に加わることはなかった。同様にして、第二次の娘の系統の娘の系統は、第三次の、そして、第三次の娘の系統の娘の系統は、第四次の娘の系統と呼ぶことができる。これらはいずれも上位の娘の系統が存続しているかぎり、下位の存在とみなされた。しかし上位のものが欠けた場合には、第一次に昇格するチャンスがあった。周知のとおり、両親の一方の生家が絶えた場合、祖父母を代表する権利は孫にある。同様に娘の系統が絶えた場合にこれを代表し、ひいてはオットー諸帝の王家を代表したのは、その跡を継ぐ娘の系統だったのである。

第一次の娘の系統が他国に移り、帝国から独立したものとみなされ、ドイツの国王選挙に加わらなくなった場合にも、やはりドイツの第二次の娘の系統が代わって第一次の地位を占めた。

ヴィッテルスバッハ家（第2行）、ヴェルフェン家（第5行）、そしてアスカーニエン家（第6・

7行）は、なんと第五次の娘の系統が第一次の位まで昇りつめた鮮やかな例であった。彼らの上位には五つの家があったが、そのうち三つは男子の系統が絶え（オットー諸帝家、エッツォ家、そしてヴァイマール＝イストリアのビルンク家）、あとの二つは他国の、帝国外のものとなった（ポーランド、ハンガリー）。ヴィッテルスバッハ家、ヴェルフェン家、アスカーニエン家は、このようにしてドイツ王国の代表者となった。彼らは一一九八年の国王選挙で重要な役割を演じ、その末裔は後に選定侯団のメンバーとなった。

このように、娘の系統にあるひとつの家のすべての子孫・末裔を系統的に整理し、その時どきの代表者によって表記することとは、たんに系譜上の親子関係にかんする事実を寄せ集めることとは、まったく次元を異にしている。人類学的カテゴリーを援用することによって、娘の系統は整理され、カオスのごとく錯綜した系譜関係には秩序がもたらされ、そして法的に有意味なメルクマールに沿った親族関係の構造が浮かび上がってくるのである。

娘の系統を、第一次、第二次……といった具合に区分することは、さらに、これらの系統間のヒエラルキーの存在を明らかにした。第一次の娘の系統は、帝国等族内で、通常、第二次以下の娘の系統よりも高い位置を占めていたことがわかった。

また、ある家が複数の娘の系統を引く場合には、彼らの権利請求権もそれに比例し、これが新たなヒエラルキーを生み出すことになった。特徴的な例は、ザーリア、シュタウフェンの王家である。彼らはまさしくオットー諸帝の娘の系統を二重に引く代表者であったが、後にはさらに多くの系統を重ねて引き継ぐことになった。つまり、たんに特定の人物や家が相互に血縁関係にあることだけではなく、それがいかなる血縁関係だったのかが重要なのである。

もちろん、系譜関係だけが問題とされたわけではない。一定の範囲内では政治的要素も働いていた。第一次の娘の系統のなかにも、高貴な血筋を受け継ぎながら、一一九八年の国王選挙人のなかに見当たらないものがある。それは、王家の遺産を維持しきれなかった次のような家々である。

リンブルク、のちにルクセンブルク伯および（名目上の）太公家。彼らは、一一五五年のロートリンゲン太公位の請求を断念せざるをえなかった。

オルデンブルク伯家。彼らには、イダ・フォン・エルスドルフ（皇帝の姪 *filia fratris imperatoris* の一人）の名高い遺産はとうとう与えられなかった。

アルトナ伯家。その遺産は、ケルン大司教らのものとなった。

レーゲンシュタイン伯家。ノルトハイムの遺産の彼らの相続分は、ヴェルフェン家のハインリヒ獅子公に売却された。

バール伯家。彼らのロートリンゲンの領地は、ブルグント宮中伯家よりレーエンとして与えられねばならなかった。

これらの家が国王選挙から除かれたことは、後の金印勅書（第二〇章）に組み込まれた規則に符合する。すなわち、領地（*terra*）をもたざる者に選挙権はない。

さて、以上すべてのメルクマールに沿って、名前を一つひとつ消していくと、一一九八年までに二〇〇〇人から三〇〇〇人を数えたオットー諸帝の末裔も、第一次の娘の系統の代表者約三〇名ほどに減っていった。かくして残る人びとのサークルは、一五名の国王選挙人のサークルと、ほとんど重なりあうところまできた。

だが国王選挙人のサークルと、相続権をもつ王家の末裔のサークルとの、最後の違いをつきとめることは非常に骨の折れる仕事だった。果てしない試行錯誤を重ねた末に、次のような考えがひらめいた。一度、娘の系統を年代順に、つまりより早く王家の血縁集団に入った順に並べてみてはどうだろうか。

この結果、ごく早期に王家の末裔のサークルに入った家は国王選挙人になっているが、反対に国王の血縁集団に参入したばかりの家に国王選挙人になったものはない、ということが明らかになった。

娘の系統間に古参の順によるヒエラルキーが存在するという事実は、教皇の大勅書「*Venerabilem*」に示された国王選挙人の定義と一致している。この大勅書のなかで教皇イノケンティウス三世は、国王選挙権は、法と von Rechts wegen (*de iure*) 古き慣習によって aus alter Gewohnheit (*antiqua consuetudine*)、選挙権が帰属するところの諸侯にあるとしている[48]。私はこの場合、*de iure* の意味するところは、その王家の血を引く諸侯が相続権を有すること、そして *antiqua consuetudine* は、古参の順による序列と、新参の家の排除を示唆するものと理解する。国王選挙人はその後も繰り返して、彼らの保有する選挙権が古き慣習にもとづくものであることを強調している。

この時間的な要素、法的に言えば古参の順による序列を最後に加えることによって、二つのサークル間の隙間はとうとう埋められることになった。

探求の道程をもう一度手短かにまとめておこう。二〇〇〇人から三〇〇〇人に及ぶオットー諸帝の末裔から、死者、女性、聖職者、相続権を剝奪された者、次男・三男の家系、外国人、第二次以下の娘の系統、そして最後に新参の家、これらをすべて消去すると、残りは一一九八年の一五名の国王選挙人に一致した。

法的に定義された人びとのサークル。そして歴史的に確認された人びとのサークル。この二つのサークルの同一性が明らかにされたことによって、私の証明も結びを迎えた。前者はオットー諸帝の古くからの第一次の娘の系統のうち、ドイツ在住ないしはドイツに帰国したものの代表者である。後者は一一九八年の国王選挙人である。私の次のテーゼも、この二つのサークルの一致から導き出される。すなわち、選挙権を有したのは相続権を有した者であった。[49] 国王選挙人は、いわば帝国という遺産の共同相続関係の代表者であった。国王選挙人の選挙権は、明らかに、国王の血縁集団内部における彼らの相続法・家族法上の地位に由来していたのである。

古参と新参を分かつ時期が偶然に生じたものとは思われない。古参と新参の境目は、およそ一一五二年頃であった。すなわち、〔シュタウフェン家の〕フリードリッヒ・バルバロッサが国王に選ばれた年である。

シュタウフェン家の権勢にとって、ザーリア家の皇帝の娘 Agnes の高貴な血筋は大きなよりどころではあったが、しかし彼らも最初は数ある王家の系統のうちのひとつにすぎなかった。土地処分のさいの先買権 Näherrecht を思い起こせば、次の事実も、相続法・家族法上の観点から容易に理解される。国王に肩を並べるそれ以外の娘の系統が、彼を国王として承認するかどうかは、彼を先王の継承者として認めるかどうかという問題であった。そして彼らもまた、国王選挙人の地位を維持すべく努めたのである。

国王選挙権を有する家のサークルは、一一五二年頃より以降は閉鎖的なものとなったらしい。それ以後、新たに成立した娘の系統はもはや顧みられなかった。その頃から、男子の系統に限定された思考が優勢となるにつれて、女系血縁者をも包摂した家の観念はしだいに後退させられていった。

これまでに得られた成果を要約しよう。一一九八年に、法により（*de iure*）国王選挙が帰属するところの諸侯は、オットー諸帝家の古くからのドイツの第一次の娘の系統の代表者である。選挙権と相続権はゆえになんら矛盾しない。これはむしろ――これが私の到達した結論だが――Cognaten すなわち娘の子孫・末裔を含む王家の家族構造において、相関しあう一体の関数だったのである。たしかに国王は選挙によって王位についた。しかしその選挙権は相続権者に限られていた。(50)

4　どの範囲の誤差であればテーゼは覆されないか

最後に、テーゼを確固たるものにするために方法論上不可欠な手続きと思われるのは、誤差はどの程度まで許されるのかを確認しておくことである。

私の理論は、大量の系譜学的研究に支えられて成り立っている。したがって、もしもこの系譜研究にテーゼ全体を崩壊させてしまうような間違いがあるとすれば、それはどのような場合なのかを考えておく必要がある。数千人分、数百枚もの系図を作っている間に、私自身が間違いを犯したかもしれないし、あるいは私のインフォーマントが勘違いしていたかもしれない。いずれにしても、そうした間違いは絶対にないとは言いきれないのだ。ただし断っておくが、系譜学的データの大半——死者、あるいは（国王選挙人と直結する数名を除いた）他国の系統の人びとなど——は、われわれの調査にとって相対的に周辺的なものである。

たとえば仮に、ドイツ国王ハインリヒ一世の血を引く一人のフランス人伯爵の没年に誤りがあったとしよう。彼は一一〇七年にではなく、実際は一一〇八年に死んでいた。しかしながらそのようなミスは、われわれの証明を揺るがせるものではない。

ところが、もしもオットー諸帝に連なる親子関係のひとつが完全に途切れ、しかもそれが国王の別の系統をたどっても確認できなかったならば、そのときわれわれの理論は初めて不確定なものとなる。

もしも一一九八年の国王選挙人のうち、少なくとも一人について、国王ハインリヒ一世の代に遡って全系統におよぶ系図が再調査され、そこにオットー諸帝の娘が一人も現われないと証明されたならば、それは逃れることのできない反証となろう。そのときには、私はすぐさま敗北を認めよう。だが、第Ⅰ節とは別の角度から証明を行ない、われわれのテーゼをポジティブに確証することも可能である。それが続く第Ⅱ節の課題である。

Ⅱ　一一九八年の国王選挙人から、一二九八年の選定侯団へ

第Ⅰ節で示されたように、一一九八年の国王選挙人の選挙権は、女系血縁者を含む王家の家族構成における血縁上の地位に由来した。ただしシュタウフェン期の国王バルバロッサの選挙（一一五二年）以降、選定権の継承はもっぱら男系血縁者に限定されるようになっていった。すでに第Ⅰ節で確認されたいくつかの事実から、さらに、一一九八年の一五名の世俗国王選挙人が一〇〇年後にわずか四名を留めるばかりとなった理由を解き明かしてみよう。

系図のD列をご覧いただきたい。一一九八年から五〇年の間に国王選挙人の一五の家のうち、以下の七つもの家で男子の系統が絶えている。

（第8行）一二二一年、ダクスブルク伯家
（第4行）一二二二年、ロンスベルク辺境伯ウアジン家
（第15行）一二二六年、フランドル伯家
（第1行）一二三三年、メーレン辺境伯家
（第13行）一二四六年、オーストリア太公バーベンベルク家
（第12行）一二四七年、テューリンゲン方伯ルードヴィンク家
（第3行）一二四八年、メラニエン太公アンデックス家

ヴェルフェン家（5行目）は（一二一〇／一八年に）王位を失い、（一二一四年には）プファルツの地を失った。一二二七年にはそのほとんどが死に絶えてしまった。ヴェルフェン家のただ一人の生き残り小児公オットーは、一二三五年にザクセン太公位の請求を放棄し、一度ないし二度（一二二九年とおそらく一二三九年に）国王選挙への立候補を拒否している。

一二三七年の系図

この系図は一一九八／九九年の系図から一世代後の状態を示している。すなわち、皇帝フリードリッヒ二世の息子コンラート四世が、ウィーンで国王に選ばれた一二三七年の時局である。この選挙は、一一九八年以後最初の国王選挙であった。選挙人の名前には、系図に大きなWの印がつけてある。今回の世俗の選挙人は（一五名から）わずか七名となっている。この七名には、皇帝も、国王に選ばれた皇帝の息子も入っている。皇帝は息子を国王に推し、息子は選挙結果を受諾した。

その他の選挙人たちの下でも、世代交代は確実に進んでいる。一二三七年の国王選挙人は、ほとんどが一一九八年の国王選挙人の息子、すなわち相続人である（ベーメン、バイエルン／プファルツ、ブランデンブルク、テューリンゲン）。オーストリア太公だけが例外となった。一一九八年の選挙人の息子は、一二三七年には破門中の身であった。選挙には、従兄弟のケルンテン太公が代理で参加した。

この間に男子の系統の絶えた国王選挙人の家は、もはや代表者を送らなかった。しかしそれ以外にも、一一九八年の選挙人を父とする何人かの諸侯の姿が見えない。だが彼らも数年後にはふたたび有権者として登場する。選挙への参加は任意であったので、このように一時的に選挙人からもれていても不思議はない。

一二四六年の系図

これは一二四六年の状態を表わしている。その前年に教皇がリヨン公会議で、シュタウフェン家の皇帝フリードリッヒ二世（二重枠）の廃位を決め、ドイツの諸侯に新国王の選挙を求めたのだ。このとき教皇が誰を有権者とみなしていたかはわかっている。[51] この図ではWの印で示してある。だが、彼らの多くはシュタウフェン家への忠誠を失わなかった。

しかし司教数名の他に、三名の世俗諸侯がシュタウフェン家に対抗する新国王の選出を考えていた。彼らは破線の枠で囲んである。この三名の反対派国王選挙人から、結局テューリンゲン方伯ハインリヒが国王に選ばれた。彼の枠にも王冠の印がついている。

以後（一二七五年まで）三〇年間にわたって、帝国には二人の国王が競合し続ける。[52]

ここで方法論にかんする若干の注意を述べておこう。私がここに掲げている系図は、概説書などに載っている系図とは根本的に異なっている。私の系図は、ある面ではそれよりも詳しく、ある面ではそれよりも簡略である。男系の卑属の他に（一一五二年以前に成立した）第一次の娘の系統を考慮しているという点で、私の系図はより豊富な情報を含んでいる。ある時期までに絶えてしまった系統が省かれているという点で、それはより乏しい情報しか伝えていない。

しかし私の系図は、ある家系の男たちを世代の順に並べることによって、その家系をいわば超時間的に再構成することを意図したものではない。むしろ特定の時点、すなわち国王選挙のたびごとに、国王と同時代に生きていた人びととの血縁関係を認識することを目的としている。したがって私の作業は、ある一定の時、つまり相続開始時における被相続人の血縁関係を確定する公証人の仕事に似ている。一二四六年の系図で言えば、リヨン公会議による皇帝フリードリッヒ二世の廃位と次期（対立）国王の選挙（一二四六年）が、公証人の場合の相続開始に相当する。続いてさらにいくつかの選挙実施年の系図を――アニメーションのように――ご覧にいれよう。

一二四七／五二年の系図

（対立）国王ハインリヒ・ラスペは選挙の九ヶ月後には亡くなり、それとともにルードヴィンク家も絶えてしまった。教皇党は当初ブラバント（現ベルギー）太公（第14行）を国王に推していたが、彼は甥のホラントのヴィルヘルムにこれを譲った。この二人には王冠と破線の枠をつけてある。

しかし二重の枠と王冠のついたシュタウフェン家の当主たちが、すっかり諦めてしまったわけではなかった。その後も何人かの選挙人はシュタウフェン家を忠実に支持し続けた。しかし皇帝フリードリッヒが亡くなり、その息子が一二五二年にドイツを後にしてイタリアに移ると、多くの国王選挙人はホラントのヴィルヘルム党に鞍替えしてしまった。これら鞍替え組の枠は、上半分が実線、下半分が破線となっている。

一二五六／五七年の系図

一二五六年に国王ホラントのヴィルヘルムが亡くなったとき、彼の一粒種の息子はわずか二歳で、この子の国王選出はありえなかった。この間にシュタウフェン家の国王コンラート四世も死亡しており、その息子コンラーディンもようやく四歳というところだった。後にコンラーディンが成長すると、教皇は、もしも彼を国王に選ぶならば、その者は「以後四代にわたって」選挙権を剥奪するといって脅した（一二六六年）[53]。いずれにしても、とにかくこれは、教皇その人がドイツの国王選挙権を相続される権利とみなしていたことの証拠である。

さて当時のドイツには少なくとも五つの党派があり、情勢は複雑を極めていた。細かい話を聞かせることは、ここでは勘弁してさしあげよう[54]。「大空位時代 *Interregnum*」、皇帝不在の時代と呼ばれるこの時期は、正確にいえばむしろ絶えざる二重王権の時代であった。一二五七年以後の二人の対立国王が外国出身者であるというのは、ドイツ史始まって以来のことである。一方の国王カスティリャのアルフォンソはスペイン人で、ついに一度もドイツに足を踏み入れなかった。もう一方の国王コーンウォールのリチャードは、イングランド王の弟だった。このことから、一二五六／五七年の系図の構造は、他の系図とはいくらか異なるものとなっている。そこには例外的に、スペインとイングランドの出身の二国王を含むオットー諸帝家の他国の娘の系統が書き込まれなくてはならなかった。

イングランド王は弟の選挙に備えて、ドイツのなかで誰が有権者なのかを調査している。そのリストは、イングランドの宮廷修史家パリのマタエウス Mathaeus Parisiensis（一二五九年没）によって伝えられている。そこから私の系図に書き写された世俗の有権者は、Wの印で示されている。

この有権者の「長大なリスト」は、従来ドイツの研究者から顧みられてこなかったが、私にはきわめて重要なものに思われる。広く流布した定説とは裏腹に、この史料が次の事実を裏づけているからである。すなわち、当時はまだ多くの諸侯が有権者とみなされており、四名の世俗諸侯を含む七名の選定侯団は、いまだ法として一般に認められた存在ではなかった。

古くからの国王選挙人のうち、フランス語圏に属する下ロートリンゲン－ブラバント（第15・17行）と上ロートリンゲン（第16行）の二人の太公は、アルフォンソ国王より帝国代理、つまりその領地における国王代理人に任命され、以後国王選挙には参加しなかった。

一二七三／九八年の系図

一二七三年に国王コーンウォールのリチャードが亡くなった。かねて継承者となる夢を抱いていた息子（アレマニアの）ハインリヒも、前年にヴィテルボで殺されていた。教皇は新国王の選挙を求めた。すでにコンラーディンがナポリで処刑されたことによって（一二六八年）、自由な身柄にあったシュタウフェン家の最後の一人も消されていた。いまやシュタウフェン党を代表するのは、皇帝フリードリッヒ二世の娘を母にもつ、ヴェッティン家のフリードリッヒであった。しかしながらヴェッティン家（第9行）の国王選出は、教皇の反対によって退けられた。教皇は皇帝の孫を、「シュタウフェン家の一員」として断固拒絶したのである。[55] そこでヴェッティン家は、ベーメン王オットカールの立候補支持に回り、結局これも不首尾に終わった。[56] 今度は彼らが領地売却を理由に、[57] 国王選挙人のサークルから外されたのである（ヴェッティン家は四世代後の一四二三年に、新たに任命されたザクセン太公として選定団に復帰する）。

ベーメン王（第1行）は、当時バルト海から地中海に及ぶ一大帝国を支配していた。しかしドイツの諸侯も教皇も、むしろ脆弱な国王を望んでいた。ベーメン王は、ザクセンシュピーゲルのなかで、ドイツ人でないがために（umme daz he nicht dudisch is）、[58] 選挙権 kore ——この概念はおそらく被選挙権の意味も含んでいた——を保有しないとされている。実際、一二七三年の国王選挙でオットカールの立候補に反対した陣営は、彼がスラブ人であることを根拠に挙げた。[59]

私はそこで次のように推測する。ザクセンシュピーゲルの当該箇所は、アイケ（一二三三／三五年没）の筆によるものではなく、ベーメン王の選挙権が焦眉の問題となった一二七三年の選挙の前後になって、改竄されたものではないだろうか。アイケはひたすら伝統的な法を採録しようと努めていた。ところがベーメン王の票を排し、聖俗各三名の「筆頭選定者」（マインツ、トリール、ケルンと、プファルツ、ザクセン、ブランデンブルク）によって決するという、ザクセンシュピーゲルの記述どおりの国王選挙は、一二七三年まで一度も行なわれたことがなかった。アイケが依拠しようにも、そのような前例はなかったのである。[60] 他方、一二七四／七五年に書かれたドイッチェンシュピーゲルにも、一二七五／七六年に書かれたシュヴァーベンシュピーゲルにも、ベーメン王の排斥は同じように語られている。シュヴァーベンシュピーゲルにいたっては、四名の世俗選挙人（プファルツ、ザクセン、ブランデンブルクと、ここではバイエルン）に対して次の要求を掲げている。「この四名は父母の代よりドイツ人でなければならない vnd die svllen teutsche leut sein von vater vnd von muoter di vier」(61)。

こうして、大空位時代をライン三大司教とともに終結させる国王選挙人の家は、わずか二つを残すのみとなった。南ドイツ（プファルツとバイエルン）のヴィッテルスバッハ家（第2行）と、北ドイツ（ザクセンとブランデンブルク）のアスカーニエン家（第6・7行）である。重要なのはこの両家が、女五代を遡るとはいえ、教皇に嫌悪されたシュタウフェン家とは独立に王家の系統を代表するということであろう。最初はヴィッテルスバッハ家もアスカーニエン家も、それぞれ独自候補の擁立も考えていた。しかしやがて両家は、「中立国スイス」のハープスブルク家のルードルフを立てることで合意した。彼こそは、後に世界史的意義を有するハープスブルク家から選ばれた初代の王である。

ハープスブルク家のルードルフに反対する人びとは、彼を貧弱な伯爵と嘲った。しかし私の作成した系図は、新国王もれっきとした国王血縁者のサークルの一員であることを初めて明らかにしている(62)。彼がヴェルフェン家の血を引くことは、彼の系図が示すとおりである（第4行）。したがって彼もまた、彼を選んだ選挙人と同様に、シュタウフェン家からは独立に、女ばかりの五代を経て王家の系統の流れを汲む者なのである。

一二七三年にシュタウフェン家が滅亡した後、ヴィッテルスバッハ家とアスカーニエン家は――ライン三大司教とともに――結束して、ハープスブルク家のルードルフを国王に選出した。それは、この三者が等しく王家の系統に属したことを抜きにしては理解することができない。

ルードルフを国王に選んだ人びとが、家の意識と相続請求権の観念にいかに強くとらわれていたかを物語るのは、次のような事実である。ヴィッテルスバッハ家とアスカーニエン家、いずれもが、国王選出の条件として新国王の娘との縁組を求めたのである。[63] 二組の結婚は同日挙式の運びとなったが、その日取りが重要であった。はたしてアーヘンの戴冠式の同夜が選ばれた。[64] 国王選挙の立候補に婚姻の申し込み、国王選挙に婚姻の取り決め、国王戴冠式に国王選挙人と王女の挙式。法律的に言えば、一つひとつの手続きが交換的行為のごとくに取り交わされた。ヴィッテルスバッハ家とアスカーニエン家は、かくして新たにハープスブルク国王家の娘の系統となったのである。[65]

ルードルフは後にベーメン王と和解する。そのときも、両者は同じ方法で和解を確固たるものとした。ルードルフの娘がベーメン王とベーメンで結婚したのである。ほどなくベーメン王の選挙権も回復された。一二八九年にルードルフが、一二九〇年にドイツ諸侯がこれをふたたび承認した。そのさい、明確に強調されたのは以下の点である。ベーメン王は五代に遡って(まさしく太公ウラディスラフの代から、いいかえれば、プシェミスル家がオットー諸帝の娘の系統のひとつとなって以後)選挙権を保有し、さらにまた、ヴェンツェルの相続人は当然にこれを保有するのである。

さて、このハープスブルク家のルードルフの娘婿と孫からなる人びとこそ、やがて、一二九八年に初めて「選定侯」[66]「団」[67]の名で呼ばれた諸侯たちに他ならない。そのとき〔ナッサウ家の〕アードルフ王が廃位され、ルードルフの息子が新国王に選ばれた。同年に七名の選定侯は初めて連名で文書を発布し、そこに七つの印章をくりつけた。これが、オーストリアのアルブレヒトの国王選出を伝える布告であった。[68] 一二九八年の帝国議会、ニュルンベルク宮廷会議の会期中に全選定侯（*omnes electores*）が会したとき、世人はこれを「有史以来、前代未聞」と評した。[69] 明らかに、これがそもそも彼らの初会合だったのである。同じ宮廷会議の会期中に、ベーメン、プファルツ、ザクセン、ブランデンブルクの四侯は、初めてこの組み合わせで最高職の務めを果たした。七選定侯を謳った詩もこの年に成立した。[70] 国王と七選定侯を描いた最初の絵が作成されたのは、翌一二九九年のことと推定される。[71]

一三五六年の系図

大空位時代が終結し、ハープスブルク家のルードルフの選挙人たちの政略結婚によって、オットー諸帝に始まる古く巨大な共同相続関係の内に、新たに小さな共同相続関係が成立した。前者が「法により選挙が帰属するところの諸侯」、後者が「選定侯」「団」である。

後者の共同相続関係のなかから生まれた息子や孫、すなわちハープスブルク家の国王ルードルフのドイツの娘の系統の代表者たちは、やがて一三五六年に――ライン三大司教とともに――結束して、永遠に世襲されるひとつの団体を結成した。金印勅書は、「団体 *unio*」と「共同関係 *consortium*」について明文をもって定めている。「共同関係」の意味するところには、これまでに継承されてきた共同相続関係も含まれている。

皇帝と選定侯は「金印勅書」によって、選定侯の共同相続関係を強固なものとし、団体を構成した。選挙法と相続法との矛盾は、「選挙にもとづく国王の帝国」と「相続にもとづく選定侯の帝国」とを調停し、一体化することによって解消された。こうしてこの旧帝国の「基本法（フンダメンタル）」は、すでにそのなかに「ドイツ国制史の根本問題（フンダメンタル）」の解を備えていた。そして選定侯団は、皇帝オットー三世の死（一〇〇二年）から「金印勅書」（一三五六年）にいたる、数百年の過程を経て成立した。

国王選挙人の選挙権の謎を解く鍵は、相続法・家族法のなかにある。そしてかつての国王選挙人から選定侯への、規模の縮小の謎を解く鍵もまた同様である。共同相続関係の範囲は小さくなっても、そこにはつねに不変の法原則が横たわっており、ただ関係者のサークルが狭まっていったにすぎないのである。

テクストの文面に解を探しているかぎり、この謎は解決不可能なものに見える。しかし大勅書「Venerabilem」やザクセンシュピーゲルや「金印勅書」といった史料が、たとえいかに重要なものであるにしても、選定侯団はテクストから生まれたわけではない。それは、国王の血縁集団の結束のなかから生み出され、つまりは誕生と結婚と死を通じて成立したのである。

註

（1） 一九九二年四月四日〔比較法史学会関西部会（第二回）／法制史学会近畿部会（第二九二回）シンポジウム「皇位継承の社会史――ヨーロッパと日本」〕、比較法制研究所（大阪）における報告。選定侯団の成立にかんする文献は膨大で、しかも多くの論争点を含んでいる。以下は、第二次大戦後公刊のものから選んだ数点を年代順に挙げたものにすぎない。Charles C. Bayley, The Formation of the German College of Electors in the Mid-Thirteenth Century, Toronto 1949. Martin Lintzel, Die Entstehung des Kurfürstenkollegs, Darmstadt 1952. Winfried Becker, Der Kurfürstenrat, Münster 1973.〔古い学説のすぐれた概観を含む〕Egon Boshof, Erstkurrecht und Erzämtertheorie im Sachsenspiegel, Historische Zeitschrift, Beiheft 2 N. F., 1973, S. 84-121. Ernst Schubert, Die Stellung der Kurfürsten in der spätmittelalterlichen Reichsverfassung, Jahrbuch für westdeutsche Landesgschichte 1, 1975, S. 95-128. Bernward Castorph, Die Ausbildung des römischen Königswahlrechts, Göttingen 1978 (Rez, Armin Wolf, Tijdschrift voor Rechtsgeschiedenis 56, 1988, S. 216-219). Armin Wolf, Les deux Lorraines et l'origine des princes électeurs du Saint-Empire, Francia 11, 1983, S. 241-256. Wolfgang Giese, Der Reichstag vom 8. Sept. 1256 und die Entstehung des Alleinstimmrechts der Kurfürsten, Deutsches Archiv 40, 1984, S. 562-590. Wolf, Wahlrecht und Erbfolge in den Reichen Alfons' des Weisen, Studien zur Europäischen Rechtsgeschichte 32, 1987, S. 1-36.〔一部英訳されている。The Family of Dinasties in Medieval Europe: and Dynasties, Kingdoms and *Tochterstämme*, Studies in Medieval and Renaissance History 12, 1991, S. 183-260, insbesondere 207-216〕Wolf, Von den Königswählern zum Kurfürstenkolleg, Bilddenkmale als unerkannte Dokumente der Verfassungsgeschichte, in: Wahlen und Wählen im Mittelater, hrsg. von Reinhard Schneider und Harald Zimmermann (Vorträge und Forschungen 37, 1990, S. 15-78. Hans Constantin Faußner, Die Thronerhebung des deutschen Königs im Hochmittelalter und Entstehung des Kurfürstenkollegiums, Zeitschrift für Rechtsgeschichte, Germ. Abt. 108, 1991, S. 1-60. Heinz Thomas, König Wenzel I., Reinmar von Zweter und der Ursprung des Kurfürstenkollegiums im Jahre 1239, Festschrift Raymund Kottje, Frankfurt/M. 1992, S. 347-372. Wolf, Warum konnte Rudorf von Habsburg König werden?, Zeitschrift für Rechtsgeshichte, Germ. Abt. 109, 1992, S. 48-94.

（2） François-Ignace de Espiard de la Borde, Essai sur le génie et le charactère des nations, Bruxelles 1743, vol, I. p. 170, La

Haye 1753, vol, I, p. 210.

（3） Recht und Verfassung des Reiches in der Zeit Maria Theresias, Die Vorträge zum Unterricht des Erzherzogs Joseph im Natur- und Völkerrecht sowie im Deutschen Staats und Lehnrecht, hrsg. von Hermann Conrad, Köln 1964, S. 613.

（4） Schubert, 1975, S. 98.

（5） オーストリアのアルブレヒトの帝国ラント平和令（一二九八年一一月一七日、ニュルンベルク）。Corpus der altdeutshen Originalurkunden bis zum Jahre 1300, begründet von Friedrich Wilhelm, Band IV, Lahr 1963, Nr. 3110, S. 332 Zeile 41, S. 337 Zeile 27. これについてMGH Const. 4, nr. 33収録の史料は、編纂にあたってただ一篇の古い写本にしか依拠していない。Vgl. Wolf, 1990, S. 35.

（6） MGH Const. 4, nr. 5, S. 5 Zeile 2. 後の皇帝バイエルンのルートヴィヒは、この文書によって、国王選挙における彼の投票権をザクセン太公アルブレヒトに委任した。ヴィッテルスバッハ家のルートヴィヒはそのなかで、彼が血統の序列（*ordine geniture*）にもとづいて、最もすぐれたドイツ諸侯の団体*collegium*に属すると語っている。彼らは皇帝となるローマ国王を選ぶ権利と権力を、法と古き慣習によって（*de iure et antiqua consuetudine*）保有する諸侯とされる。MGH Const. 4, nr. 5, S. 4-5. しかしホスティエンシス（一二七一年没）は、選挙権がひとつの団体としての諸侯に帰属することを否定している。「これを選挙する権利は、団体としての諸侯にではなく個人としての諸侯に帰属する。*non tanquam ad collegium sed tanquam ad singulares competit principibus huius ius eligendi.*」In Primum Decretalium librum commentaria, Venetiis 1581, ad 1. 6. 34 *vel noluerint.*

（7） 八番目の選定侯位はヴェストファーレン平和条約（一六四八年）によって、九番目は一六八九／一七〇八年に創設された。一八〇六年に帝国が終焉を迎えたとき、選定侯は一〇名を数えた。

（8） Lintzel, 1952, S. 47.

（9） Heinrich Mitteis, Die deutsche Königswahl, Ihre Rechtsgrundlagen bis zur Goldenen Bulle, (1944) Nachdruck Darmstadt 1969, S. 11.

（10） Walter Schlesinger, in: Histrische Zeitschrift 181, 1956, S. 357.

(11) Hugo Stehkämper, Der Kölner Erzbischof Adolf von Altena und die deutschen Königswahl (1195-1205), Histrische Zeitschrift, Beiheft 2 N. F., 1973, S. 6-8.

(12) Faußner, 1991, S. 37.

(13) Mario Krammer, Das Kurfürstenkolleg von senen Anfängen bis zum Zusammenschlug im Renser Kurverein 1338, Weimar 1913, S. 15ff. 47ff. Herbert Grundmann, in: Gerbhardt, Handbuch der deutschen Geschichte, 9. Aufl., Stuttgart 1970, S. 427, 471.

(14) Friedrich Schirrmacher, Die Entstehung des Kurfürstencollegiums, Berlin 1873, S. 13f. 37-58.

(15) Roswitha Reisinger, Die rönisch-deutschen Könige und ihre Wähler 1198-1273, Aalen 1977, S. 50, 112.

(16) Thomas, 1992, S. 371.

(17) Hermann Bloch, Staufische Kaiserwahlen, S. 353-372.

(18) Karl Zeumer, Die böhmische und die bairische Kur im 13. Jhdt., Historische Zeitschrift 94, 1905, S. 209-250, hier 211-212. Krammer, Wahl und Einsetzung des Deutschen Königs im Verhältnis zueinander, Weimar 1905, S. 100. Krammer, 1913, S. 127. Giese, 1984, S. 574-579.

(19) Pius Bonifacius Gams. Series episcoporum ecclesiae catholicae, (1873-86) Nachdruck Graz 1957 によれば、各司教職の成立年は、トリーア三三二年、ケルン六世紀／七八五年、マインツ七四七年、ザルツブルク七九八年、ブレーメン八三四年、マグデブルク九六八年。

(20) Schirrmacher, 1873, S. 49 mit Belegstellen.

(21) Wolf, 1987, S. 29 Anm. 78. Werner Rösener, Hofämter an mittelalterlichen Fürstenhöfen, Deutsches Archiv 45, 1989, S. 485-550. bes. 502-510.

(22) MGH Const. 4, nr. 8. Vgl. Wolf, 1990, S. 33-36 mit Abbildung 1.

(23) MGH Const. 2, nr. 18, S. 23 Zeile 25.

(24) *in imperaturam Romani solii rite et sollempniter elegimus.* Friedrich Kempf (ed.), Regestum Innocentii III papae super

negotio Romani imperii [= RNI], Nr. 14.

(25) RNI, Nr. 14.

(26) RNI, Nr. 10.

(27) RNI, Nr. 7.

(28) RNI, Nr. 8.

(29) ウィーンで実施されたコンラート四世の選挙に加わったケルンテン太公ベルンハルトは、例外のように見えるが実はそうではない。当時オーストリア太公フリードリッヒは破門中で選挙権をもたなかったために、彼がバーベンベルク家の息子として一時的に、娘の系統バーベンベルク家の筆頭代表者に昇格していた。

(30) Zeumer, Die Goldene Bulle Kaiser Karls IV., Weimar 1908, I, S. 226.

(31) MGH Const. 11, S. 584-589.

(32) 「金印勅書」一般については、Bernd Ulrich Hergemöller, Fürsten, Herren und Städte zu Nürnberg 1355/1356, Die Entstehung der Goldenen Bulle Karls IV., Köln/Graz 1983 を参照。

(33) 皇帝であるベーメン王が宮中伯(プファルツ)(Zeumer, Die Goldene Bulle, II, Nr. 8, 9)、ザクセン太公(Nr. 10, 18, vgl. 31)、ブランデンブルク辺境伯(Nr. 13)の選定権を確認している。

(34) ベーメン王(Zeumer, II, Nr. 20, 30)、宮中伯(プファルツ)(Nr. 21)、ザクセン太公(Nr. 19, 24)、ブランデンブルク辺境伯(Nr. 22)の選定権が確認されている。

(35) Ebenda Nr. 10, S. 66-69.

(36) Ebenda S. 77, 64.

(37) Ebenda S. 65.

(38) Ebenda S. 67, 79.

(39) Ebenda S. 72.

(40) Ebenda S. 91.

（41） Ebenda S. 77.

（42） Wolf, Das Kaiserliche Rechtbuch Karl IV. (sogenannte Goldene Bulle), IUS COMMUNE 2, 1969, S. 1-32, insbes. 10-13.

（43） マイセン辺境伯の親子関係については、Horst Gaiser と Heinz Bühler の研究に拠る。Bühler, Schwäbische Pfalzgrafen, frühe Staufer und ihre Sippengenossen, in: Jahrbuch des Historischen Vereins Dillingen 77, 1975, S. 118-156, bes. 126-127. Bühler, Zur Geschichte der frühen Staufer-Herkunft und sozialer Rang, unbekannte Staufer, in: Hohenstaufen, Göppingen 1977, S. 1-45, bes. 30-35 また Hansmartin Decker-Hauff, Das Staufische Haus, in: Die Zeit der Staufer, Katalog der Ausstellung Stuttgart 1977, Band 3, S. 348-349, Nr. 34 を見よ。さらに国王選挙人マイセンのディートリヒとシュタウフェン家との親族関係は、彼がシュヴァーベンのフィリップ（一二〇三年・一二〇七年）とフリードリッヒ二世（一二一五年）の二国王から、血縁者と呼ばれていたという指摘によって確認される。「親愛なるわが血縁者ディートリヒ、マイセン辺境伯 *dilectus consanguineus noster Theodericus marchio Misnensis*」(Urkunden der Markgrafen Meißen, hrsg. von Otto Posse, Leipzig 1898, Nr. 67, 109)、「わが最愛なる君侯にして血縁者ディートリヒ、マイセンおよび東方辺境伯 *carissimus princeps noster et consanguineus Thidericus Misnensis et Orientalis marchio*」(ebd. Nr. 203)。後者ロンスベルク家（国王選挙人ロンスベルク辺境伯ゴットフリートの兄弟）も、フリードリッヒ二世（一二一三年）より同様に呼ばれている（*dilectus consanguineus noster marchio Ruomesperch*）。ロンスベルク家と国王との親族関係の立証については Wolf, Hatte Heinrich der Löwe eine Schwester? Der Markgraf von Rosenberg und die deutsche Königswahl, in: Zeitschrift für Württembergische Landesgeschichte 40, 1981 (Festschrift für Hansmartin Decker-Hauff, Band 1), S. 230-250, insbes. 232, 244 を参照のこと。

（44） Pankraz Fried, Die Herkunft der Wittelsbacher, in: Die Zeit der frühen Herzöge, München 1980, S. 39.

（45）「帝国のシェンク、ベーメン王は選定権を有しない。なぜなら彼はドイツ人ではないから」。Sachenspiegel Landrecht III 57, 2. 註58参照。

（46） Sachenspiegel Landrecht III 52, 1.

（47） RNI, Nr. 62.

（48） RNI, Nr. 62.

（49） 私が最初にこれを指摘したものはMPG Spiegel, Aktuelle Informationen für Mitarbeiter und Freunde der Max-Planck-Gesellschaft 6, 1978, S. 32-34に掲載されている。

（50） 境界的な事例、たとえばツェーリンゲン、バーループフィルトーメンペルガルト（Bar-Ferette-Monbéliard）、ホラント、シュヴァルツブルク、リンブルクールクセンブルクなどの家については特別な解説が必要である。これについてはさしあたりWolf, 1983, S. 249-250を参照のこと。

（51） MGH Const. 2, nr. 347.

（52） 一二七五年にカスティリャのアルフォンソは帝冠を放棄し、ハープスブルク家のルードルフが唯一の国王となった。Burkhard Roberg, Die Abdankung Alfons' X. von Kastilien als deutscher König, Historisches Jahrbuch 84, 1964, S. 334-351.

（53） 「しかし、もしも彼ら［有権者］が彼を選挙しようとするようなことがあれば、余は教皇の権威にもとづいて、それが［世俗の］諸侯の場合、彼ら自身とその継承者から、彼らが教会ないし教会の人間より得たところのいっさいのレーエンと名誉［諸権利］を永遠に剝奪しよう。そしてその諸侯のみならず以後四代にわたる子孫から、ローマ国王の選挙権を剝奪しよう。さらにまたその諸侯の聖界にある息子らを、以後四代にわたって完全に、聖職および聖職禄を得るに適さぬ者としよう。*Siqui vero ad ipsius electionem processerint, si principes fuerint, eos et heredes eorum perpetuo omnibus feudis et honoribus, que ab ecclesiis vel personis ecclesiasticis obtinent, et tam eos quam posteritatem eorum usque ad quartam generationem iure eligendi Romanorum regem apostolica auctoritate privamus et insuper eorundem filios clericos usque ad quartam generationem reddimus prorsus inhabiles ad dignitates vel beneficia ecclesiastica obtinenda.*」MGH Const. 2, nr. 406, S. 533.

（54） Vgl. Wolf, 1987, S. 7-13.

（55） 「シュタウフェン家のフリードリッヒや、破門中の誰かが皇帝であるなどということを、彼は望んでいない。*Non vult, quod Fredericus de Stuffa vel excommunicatus aliquis sit imperator.*」Regesta Imperii VI, 1 S. 3. Vgl. Otto Dobenecker, Ein Kaisertraum des Hauses Wettin, Festschrift für Armin Tille, 1930, S. 17-38.

(56) Hermann Grauert, Zur deutschen Kaisersage, Historisches Jahrbuch 13, 1892, S. 126-127.

(57) ザクセン宮中伯領は一二九一年にブランデンブルク家に、マイセン辺境伯領とテューリンゲン方伯領は一二九四年に帝国に売却された。

(58) Sachenspiegel Landrecht III 57, 2. 註45参照。

(59) 「ドイツには諸侯や伯爵が何人もいるのに、どうしてスラブ人を皇帝にしなくてはならないのか」。ベーメン王の攻勢にいらだつ教皇グレゴリウス一〇世は、激しい調子でそう言わざるをえなかった。Sifrid de Balnhusen, MGH SS 25, 707.

(60) アイケの死から数年後の一二三七年にコンラート四世を選出したのも、ザクセンシュピーゲルに言う三名×二の「筆頭選定者」ではなく、以下の面々だった。マインツ、トリール、ザルツブルクの各大司教、バンベルク、レーゲンスブルク、フライジング、パッサウの各司教、宮中伯（プファルツ）、そしてすでにアイケによって選挙から締め出されたはずのベーメン王、テューリンゲン方伯、ケルンテン太公（このローマのセナートゥスの地位を占める……われわれが選挙した *qui circa hoc Romani senatus locum accepimus, ... elegimus.*）。MGH Const. 2, nr. 329, S. 440. ケルン、ザクセン、ブランデンブルクの選定侯は姿を見せていない。アイケと同時代のザクセンシュピーゲルの写本は現存せず、伝承された最古の手写本は一三世紀末、一二九五年のものが二点である。より詳しくは Castorph, 1978, S. 109, Wolf, 1990, S. 29 Anm. 56 を参照せよ。

(61) タンバッハ写本（一二九五年）に伝わる最古のテクストの該当箇所（130a）。Schwabenspiegel Kurzform III, Fassung Kt, tractavit Karl August Eckhardt, Aalen 1972, S. 137.

(62) 詳しい系譜学上の立証は Wolf, 1992 にある。

(63) Mathias von Neuenburg, MGH SS rer. Germ. n. S. 4, 22-23. 「しかしバイエルン太公は……、彼［ニュルンベルク城伯］に言った。『もしもルードルフが王位に就くようなことがあるとすれば、どうすればそれが私の損にならずにすむだろうか。彼には私に妻として与えられるような娘はいないのだろうか。』そこで城伯が太公に、ルードルフに六人の娘がいることを告げ、そしてルードルフが彼に娘の一人を質入れするということで担保をとりつけてやると、太公はマインツ大司教に同意した。これを聞いていたザクセン太公とブランデンブルク辺境伯は、彼らもまた独身であった。彼らはルードルフの娘二人を与えられるという担保を受諾すると、同じように賛同した。こうしてルードルフは西暦一二七三年九月二九日、和やかな雰囲気のなかに国王に選ばれた。*Dux autem Bawarie ... ait illi* [dem Burggrafen von Nürnberg]: „*Si Ruodolfus promoveretur, quomodo essem ab eius lesione securus? Habetne aliquam filiam, quam michi daret in uxorem?*" *et illo asserente, quod Ruodolfus sex haberet filias, et de danda sibi una sub omnium rerum suarum ypotheca cavente, dux annuit Moguntino. Quod audientes dux Saxonie et marchio Brandenburgensis, qui et ipsi non habebent uxores, receptis caucionibus de dandis sibi Ruodolfi filiabus similiter consenserunt. Sicque concorditer est electus anno Domini MCCLXXIII. II. Kalendas Octobris.*] Vgl. Kaiserchronik, 2. Fortsetzung von 1281. MGH Dt. Chr. I 1, S. 414 Verse 239-243.

(64) Ebenda S. 415 Verse 364-379.

(65) アスカーニエン家では、一二七三年に太公ヨハンは既婚者であったため、未婚の弟アルブレヒトがルードルフ国王の娘と結婚した。このことはその後重大な帰結を生んだ。アルブレヒトの血を引くヴィッテンベルク家は、次男の家系であるにもかかわらず選定権を保持し続け、ヨハンの血を引くラウエンブルク家は、長男の家系でありながら、数世代にわたってこれに抗議し続けなければならなかったのである。この経緯は、いまやわれわれには容易に理解できる。またザクセン‐ヴィッテンベルク家が、一二九八年に行なわれたナッサウ家のアードルフ王の廃位と、義兄弟であるオーストリアのアルブレヒトの国王選出に重要な働きをした理由も同じく理解されるだろう。もしも選定権が以前のまま、オットー諸帝の娘の系統の巨大な共同相続関係のなかに保たれていたのであれば、アルブレヒトの亡き兄［ヨハン］の息子たちは異議申し立てによって彼らの権利を回復しえたであろう。しかしながら、選定権はすでにハープスブルク家のルードルフに始まる小さな共同相続関係の内部に限定されていた。それはザクセン‐ヴィッテンベルク家のアルブレヒトに有利に働いた。ラウエンブルク家の甥たちが、このサークルに請求しうるものは何もなかったのである。

(66) 註5を見よ。

(67) 註6を見よ。

（68）　註22を見よ。

（69）　Johann von Viktring, MGH SS rer. Germ. [36] I S. 359 nach dem Text B und D.

（70）　Thomas, 1992 の見解とは異なり、私は Maximillian Buchner, Über die Entstehung und den Dichter des „Kurfürstenspruches“, MIÖG 32, 1911, S. 225-248 にしたがって、この成立年を主張する。したがって、これをラインマー・フォン・ツウェター（一二四八年以降没）の作品とするのはきわめて疑わしいと考える。この七選定侯の詩が伝わるのは一四世紀以降のことであり、それもただひとつの写本（Heidelberg cod.pal.germ. 350 fol. 47v）に見出されるにすぎない。この写本のなかでも、この詩はラインマーの詩と同じタイルにではなく、「まったく趣きを異にした」（Walter Blank, Facsimilia Heidelbergensia III 2, Wiesbaden 1974, S. 35）タイルHに収録されている。タイルHは後年になってこの手写本と綴じ合わされたものであり、数名の作家の作品を収める。そのうちの一人フラウエンロープ（＝ハインリヒ・フォン・マイセン、一三一八年マインツ没）は、ハープスブルク家のルードルフ王の葬送の歌の作者であり、選定侯（ベーメン王ヴェンツェル二世、マインツ大司教ペーター）の宮廷にも出入りしていた。ともかく七選定侯自身が一二九八年までそろって会したことがない（註69参照）以上、この詩の成立をそれ以前とするのは時代錯誤的である。

（71）　Wolf, 1990, S. 36-38 Abbildung 8.

（＊）　オーハイム Oheim の本義は「母の兄弟」であるが、広く親族に対する一般的な敬称としても用いられた。著者の補足説明によれば、この註35や38～40の呼称オーハイムは、系図に見られるとおり後者の意味で用いられている。註40の小ルードルフは、ザクセン太公ルードルフ（＝大ルードルフ）の子である。一方、註36・37のシュヴァーガー Schwager という呼びかけは虚構的なものである。註41の呼称フェテルン Vettern は、二人のルプレヒトの間の叔父－甥関係を指している。

（西川珠代訳）

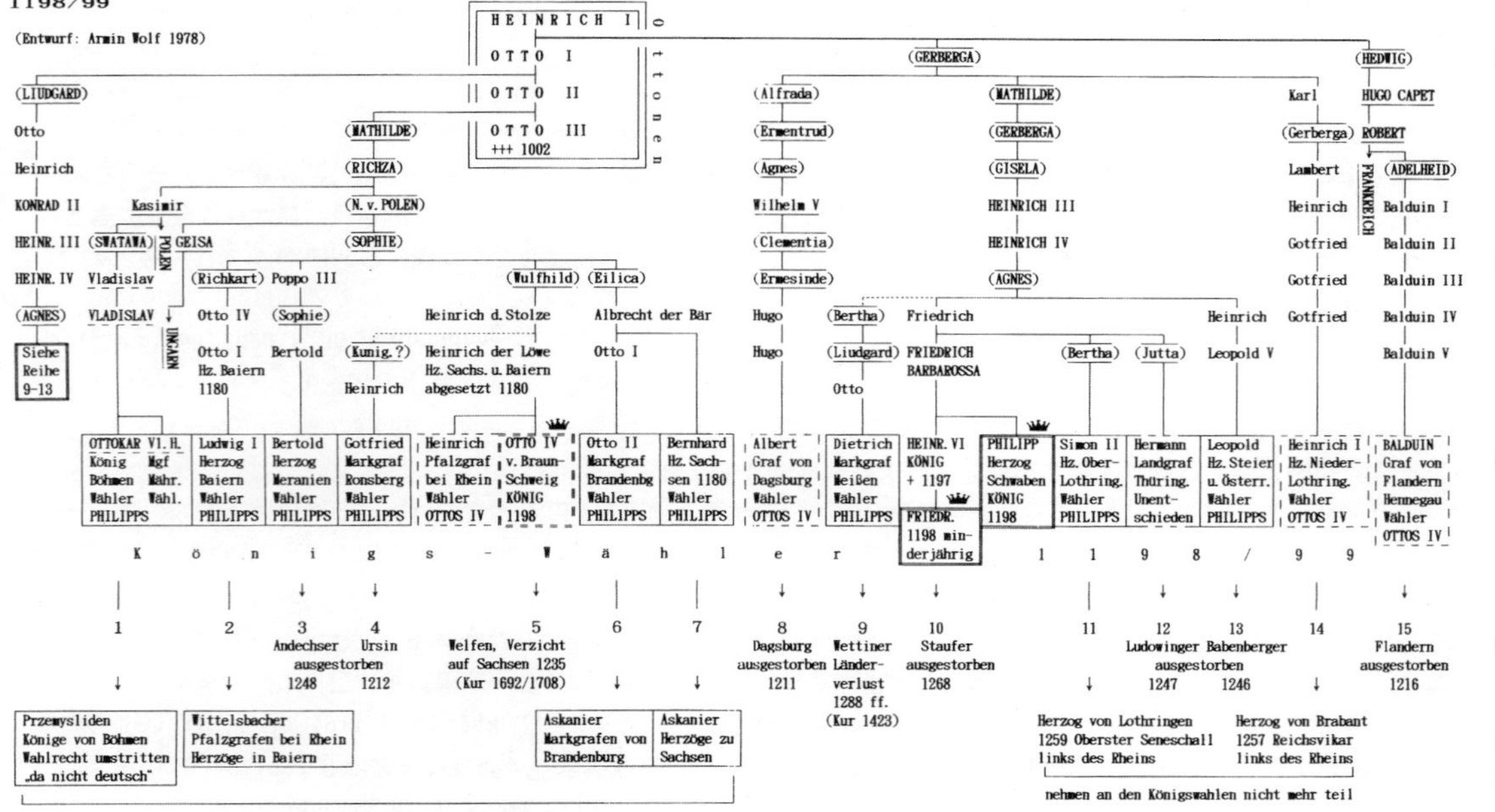
1198/99
(Entwurf: Armin Wolf 1978)
HEINRICH I
OTTO I
OTTO II
OTTO III
+++ 1002
Ottonen
(LIUDGARD)
Otto
Heinrich
KONRAD II
HEINR. III
HEINR. IV
(AGNES)
Siehe Reihe 9-13
(MATHILDE)
(RICHZA)
(N. v. POLEN)
(SOPHIE)
Kasimir
(SWATAWA)
POLEN
GEISA
Vladislav
VLADISLAV
UNGARN
(Richkart)
Poppo III
Otto IV
(Sophie)
Otto I
Hz. Baiern
1180
Bertold
(Kunig.?)
Heinrich
(Wulfhild)
(Eilica)
Heinrich d. Stolze
Heinrich der Löwe
Hz. Sachs. u. Baiern
abgesetzt 1180
Albrecht der Bär
Otto I
(GERBERGA)
(Alfrada)
(Ermentrud)
(Agnes)
Wilhelm V
(Clementia)
(Ermesinde)
Hugo
Hugo
(MATHILDE)
(GERBERGA)
(GISELA)
HEINRICH III
HEINRICH IV
(AGNES)
(Bertha)
(Liudgard)
Otto
Friedrich
FRIEDRICH
BARBAROSSA
(Bertha)
(Jutta)
Heinrich
Leopold V
Karl
(Gerberga)
Lambert
Heinrich
Gotfried
Gotfried
Gotfried
(HEDWIG)
HUGO CAPET
ROBERT
FRANKREICH
(ADELHEID)
Balduin I
Balduin II
Balduin III
Balduin IV
Balduin V
A
B
C
D
E
OTTOKAR VI. H.
König Mgf
Böhmen Mähr.
Wähler Wähl.
PHILIPPS
Ludwig I
Herzog
Baiern
Wähler
PHILIPPS
Bertold
Herzog
Meranien
Wähler
PHILIPPS
Gotfried
Markgraf
Ronsberg
Wähler
PHILIPPS
Heinrich
Pfalzgraf
bei Rhein
Wähler
OTTOS IV
OTTO IV
v. Braun-
Schweig
KÖNIG
1198
Otto II
Markgraf
Brandenbg
Wähler
PHILIPPS
Bernhard
Hz. Sach-
sen 1180
Wähler
PHILIPPS
Albert
Graf von
Dagsburg
Wähler
OTTOS IV
Dietrich
Markgraf
Meißen
Wähler
PHILIPPS
HEINR. VI
KÖNIG
+ 1197
FRIEDR.
1198 min-
derjährig
PHILIPP
Herzog
Schwaben
KÖNIG
1198
Simon II
Hz. Ober-
Lothring.
Wähler
PHILIPPS
Hermann
Landgraf
Thüring.
Unent-
schieden
Leopold
Hz. Steier
u. Österr.
Wähler
PHILIPPS
Heinrich I
Hz. Nieder-
Lothring.
Wähler
OTTOS IV
BALDUIN
Graf von
Flandern
Hennegau
Wähler
OTTOS IV
K ö n i g s - W ä h l e r 1 1 9 8 / 9 9
1
2
3
Andechser
ausgestorben
1248
4
Ursin
1212
5
Welfen, Verzicht
auf Sachsen 1235
(Kur 1692/1708)
6
7
8
Dagsburg
ausgestorben
1211
9
Wettiner
Länder-
verlust
1288 ff.
(Kur 1423)
10
Staufer
ausgestorben
1268
11
12
Ludowinger
ausgestorben
1247
13
Babenberger
1246
14
15
Flandern
ausgestorben
1216
Przemysliden
Könige von Böhmen
Wahlrecht umstritten
„da nicht deutsch"
Wittelsbacher
Pfalzgrafen bei Rhein
Herzöge in Baiern
Askanier
Markgrafen von
Brandenburg
Askanier
Herzöge zu
Sachsen
„Kurfürsten" 1298
Herzog von Lothringen
1259 Oberster Seneschall
links des Rheins
Herzog von Brabant
1257 Reichsvikar
links des Rheins
nehmen an den Königswahlen nicht mehr teil

1237

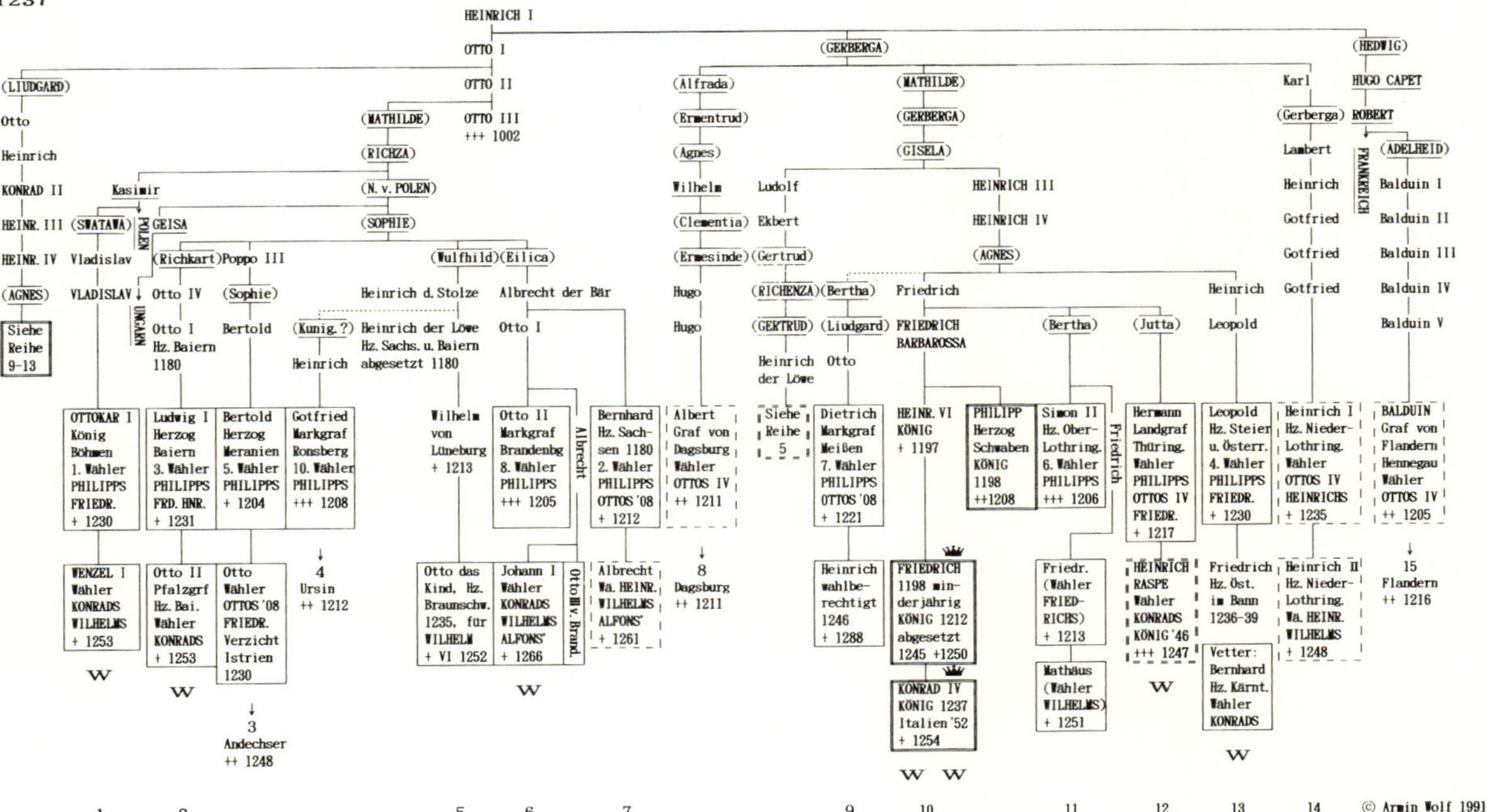

1 2 5 6 7 9 10 11 12 13 14

1246

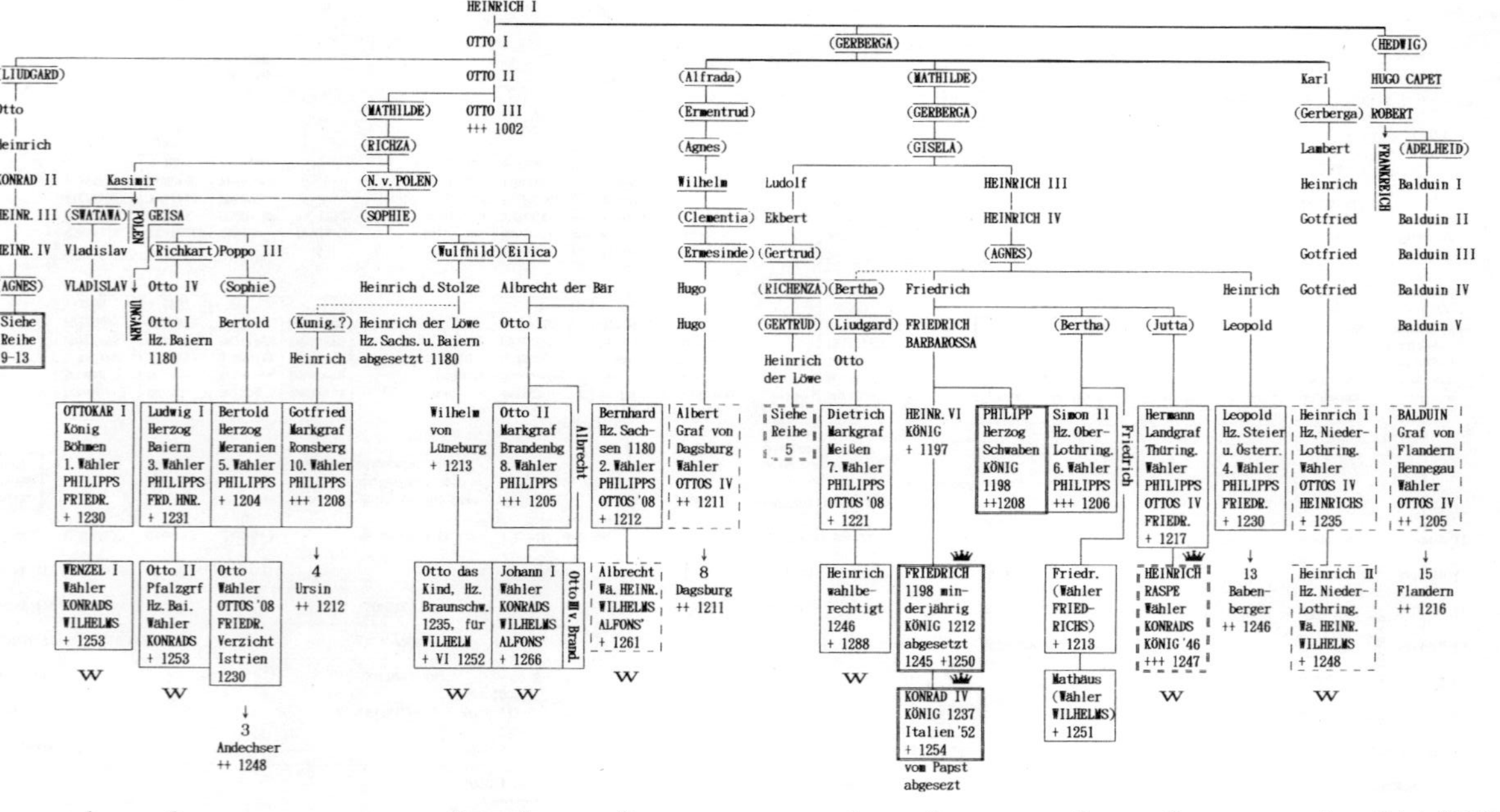

1 2 5 6 7 9 10 11 12 14 © Armin Wolf 1991

W Von Papst Innozenz IV. am 21. April 1246 als wahlberechtigt anerkannt (MGH Const. 2, nr. 347)

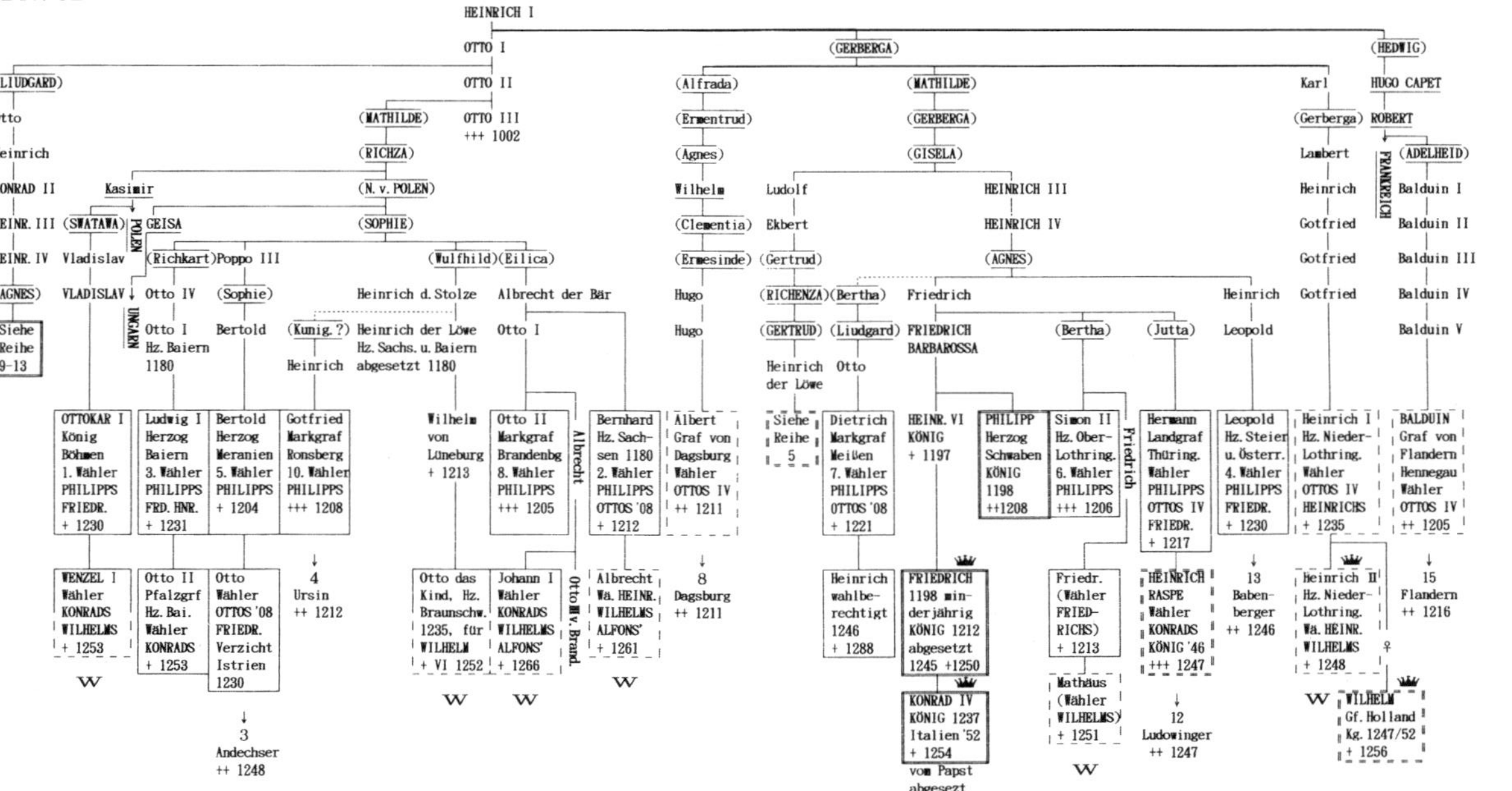
HEINRICH I
OTTO I
(GERBERGA)
(HEDWIG)
(LIUDGARD)
OTTO II
Otto
Heinrich
KONRAD II
HEINR. III
HEINR. IV
(AGNES)
Siehe Reihe 9-13
(MATHILDE)
OTTO III +++ 1002
(RICHZA)
Kasimir
(N. v. POLEN)
(SWATAWA)
POLEN
GEISA
(SOPHIE)
Vladislav
VLADISLAV
UNGARN
(Richkart)
Poppo III
Otto IV
(Sophie)
Otto I Hz. Baiern 1180
Bertold
(Wulfhild)
(Eilica)
Heinrich d. Stolze
Albrecht der Bär
(Kunig.?)
Heinrich
Heinrich der Löwe Hz. Sachs. u. Baiern abgesetzt 1180
Otto I
(Alfrada)
(Ermentrud)
(Agnes)
Wilhelm
(Clementia)
(Ermesinde)
Hugo
Hugo
(MATHILDE)
(GERBERGA)
(GISELA)
Ludolf
Ekbert
(Gertrud)
(RICHENZA)
(GERTRUD)
Heinrich der Löwe
HEINRICH III
HEINRICH IV
(AGNES)
(Bertha)
(Liudgard)
Otto
Friedrich
FRIEDRICH BARBAROSSA
(Bertha)
(Jutta)
Heinrich
Leopold
Karl
(Gerberga)
Lambert
Heinrich
Gotfried
Gotfried
Gotfried
HUGO CAPET
ROBERT
FRANKREICH
(ADELHEID)
Balduin I
Balduin II
Balduin III
Balduin IV
Balduin V
OTTOKAR I König Böhmen 1. Wähler PHILIPPS FRIEDR. + 1230
Ludwig I Herzog Baiern 3. Wähler PHILIPPS FRD. HNR. + 1231
Bertold Herzog Meranien 5. Wähler PHILIPPS + 1204
Gotfried Markgraf Ronsberg 10. Wähler PHILIPPS +++ 1208
Wilhelm von Lüneburg + 1213
Otto II Markgraf Brandenbg 8. Wähler PHILIPPS +++ 1205
Albrecht
Bernhard Hz. Sachsen 1180 2. Wähler PHILIPPS OTTOS '08 + 1212
Albert Graf von Dagsburg Wähler OTTOS IV ++ 1211
Siehe Reihe 5
Dietrich Markgraf Meißen 7. Wähler PHILIPPS OTTOS '08 + 1221
HEINR. VI KÖNIG + 1197
PHILIPP Herzog Schwaben KÖNIG 1198 ++1208
Simon II Hz. Ober-Lothring. 6. Wähler PHILIPPS +++ 1206
Friedrich
Hermann Landgraf Thüring. Wähler PHILIPPS OTTOS IV FRIEDR. + 1217
Leopold Hz. Steier u. Österr. 4. Wähler PHILIPPS FRIEDR. + 1230
Heinrich I Hz. Nieder-Lothring. Wähler OTTOS IV HEINRICHS + 1235
BALDUIN Graf von Flandern Hennegau Wähler OTTOS IV ++ 1205
WENZEL I Wähler KONRADS WILHELMS + 1253
W
Otto II Pfalzgrf Hz. Bai. Wähler KONRADS + 1253
Otto Wähler OTTOS '08 FRIEDR. Verzicht Istrien 1230
3 Andechser ++ 1248
4 Ursin ++ 1212
Otto das Kind, Hz. Braunschw. 1235, für WILHELM + VI 1252
W
Johann I Wähler KONRADS WILHELMS ALFONS' + 1266
W
Otto III v. Brand.
Albrecht Wä. HEINR. WILHELMS ALFONS' + 1261
W
8 Dagsburg ++ 1211
Heinrich wahlberechtigt 1246 + 1288
FRIEDRICH 1198 minderjährig KÖNIG 1212 abgesetzt 1245 +1250
KONRAD IV KÖNIG 1237 Italien '52 + 1254 vom Papst abgesezt
Friedr. (Wähler FRIEDRICHS) + 1213
Mathäus (Wähler WILHELMS) + 1251
W
HEINRICH RASPE Wähler KONRADS KÖNIG '46 +++ 1247
12 Ludowinger ++ 1247
13 Babenberger ++ 1246
Heinrich II Hz. Nieder-Lothring. Wä. HEINR. WILHELMS + 1248
W
♀
WILHELM Gf. Holland Kg. 1247/52 + 1256
15 Flandern ++ 1216
1
2
5
6
7
9
10
11
14
© Armin Wolf 1991

HEINRICH I

OTTO I — (GERBERGA) — (HEDWIG)

OTTO II

(MATHILDE) — OTTO III +++ 1002

(RICHZA)

(N. v. POLEN)

(SOPHIE)

1: (LIUDGARD) – Otto – Heinrich – KONRAD II – HEINR. III – HEINR. IV – (AGNES) – Siehe Reihe 11-16

2: Kasimir – (SWATAWA) POLEN – Vladislav – VLADISLAV – OTTOKAR I UNGARN – WENZEL I ⚭KUNIGUNDE – OTTOKAR II Kg. Böhmen Hz. Österr. Kand. 1256 lehnt ab, Wähler ALFONS' u. RICHARDS 1257 + 1278 – W

3: GEISA – (Richkart) – Otto IV – Otto I Hz. Baiern 1180 – Ludwig I – Otto II Pfalzgrf Hz. Baiern – Ludwig I Pfalzgf Hz. O. Bai Wähler RICHARDS 1257 + 1294 | Heinrich Herzog N. Baiern Mitwähler RICHARDS 1257 + 1294 – W

4: (Wulfhild) – Heinrich d. Stolze – Heinrich der Löwe Hz. Sachs. u. Baiern abgesetzt 1180 – Wilhelm v. Lüneburg – Otto Hz. Braunschweig – Albrecht Hz. Braunschweig Wähler OTTOS '56 + 1279 – W

5: (Eilica) – Albrecht der Bär – Otto I – Albrecht – Johann I Markgraf Brandenb. Wähler OTTOS '56 ALFONS' '57 + 1266 – W

6: Bernhard Hz. Sachs. 1180 – Albrecht Hz. Sachs. Wähler OTTOS '56 ALFONS '57 + 1261 – W

7: (Alfrada) – (Ermentrud) – Rainald – Wilhelm – Raimund – ALFONS VII – FERDIN. II – ALFONS IX – FERDIN. III ⚭BEATRIX – ALFONS König Kastilien Kg. Léon '52 RÖM. KG. '57 resign. '75 + 1284

8: (Agnes) – Wilhelm VI – Wilhelm VII – Wilhelm VIII – (ELEONORE) – JOHANN – RICHARD Gf. Poitou Gf. Cornwall Kandid '47 RÖM. KG '57 + 1272

9: (Agathe) – (Margarethe) – (Mathilde) – (Mathilde) – HEINR. II – JOHANN – RICHARD

10: Ludolf – Ekbert – (Gertrud) – (RICHENZA) – (GERTRUD) – Heinrich der Löwe – (MATHILDE) – OTTO IV v. Braunschweig Gf. Poitou RÖM. KG. 1198, abgesetzt 1210 ++ 1218

11: (MATHILDE) – (GERBERGA) – (GISELA) – (Bertha) – (Liudgard) – Otto – Dietrich – Heinrich Markgraf Meißen Landgraf Thüring. Staufertreu – Albrecht – W – Heinrich * 1256

12: HEINRICH III – HEINRICH IV – (AGNES) – Friedrich – FRIEDRICH BARBAROSSA – HEINR. VI – FRIEDRICH II – KONRAD IV (Marg.) + 1254 – Konradin * 1252 1257 minderjährig ++ 1268 – W – Friedrich * 1257

13–15: PHILIPP – (BEATRIX) (KUNIGUNDE) (MARIA) – ALFONS | OTTOKAR II | Heinr.

16: (Bertha) – Friedrich – Friedrich – Mathäus – Friedrich Hz. O. Lothringen wird 1259 ALFONS' Oberster Seneschall links des Rheines

17: Karl – (Gerberga) – Lambert – Heinrich – Gotfrie – Gotfried – Gotfried – Heinr. I – Heinr. II ⚭Maria – Heinr. III Hz. Nieder-Lothring. Brabant wird 1257 ALFONS' Reichsvikar links des Rheines – W

18: HUGO CAPET – ROBERT – FRANKREICH – (ADELHEID) – Balduin I – Balduin II – Balduin III – Balduin IV – BALDUIN ♂++ 1216 – (Margarethe) + 1280 – Johann v. Avesnes (Gf. Hennegau) wird RICHARDS Seneschall in Alemania + 1257

1	2	3	4	5	6	7	8	9	10	11	12	13	14	15	16	17	18
Salier Könige der Römer	Przemysl. Könige Böhmen	Wittelsbacher Pfalzgrafen b. Rhein Herzöge in Baiern	Welfen Herzöge Braunschw. Kurfürsten 1689/1708	Askanier Markgfn. Brandenb.	Askanier Herzöge Sachsen	Ivrea Könige Kastilien	Plantagenet Grafen Poitou	Plantagenet Könige England	Welfen Herzöge Baunschw. Kurfürsten 1689/1708	Weittiner Markgfn. Meißen Kurfstn. 1423	Staufer Herzöge Schwaben ++ 1268	Ivrea Könige Kastil.	Przemysl. Könige Böhmen	Brabant Herzöge NLothr.	Châtelet Herzöge OLothr.	Brabant Herzöge NLothr.	Avesnes Grafen Hennegau

„Kurfürsten" 1298

HEINRICH I

OTTO I — (GERBERGA) — (HEDWIG)

(LIUDGARD) — OTTO II — (Alfrada) — (MATHILDE) — Karl — HUGO CAPET

Otto — (MATHILDE) — OTTO III +++ 1002 — (Ermentrud) — (GERBERGA) — (Gerberga) — ROBERT

Heinrich — (RICHZA) — (Agnes) — (GISELA) — Lambert — FRANKREICH — (ADELHEID)

KONRAD II — Kasimir — (N. v. POLEN) — Wilhelm — Ludolf — HEINRICH III — Heinrich — Balduin I

HEINR. III — (SWATAWA) POLEN GEISA — (SOPHIE) — (Clementia) — Ekbert — HEINRICH IV — Gotfried — Balduin II

HEINR. IV — Vladislav — (Richkart) Poppo III — (Wulfhild) (Eilica) — (Ermesinde) (Gertrud) — (AGNES) — Gotfried — Balduin III

(AGNES) — VLADISLAV — UNGARN — Otto IV — (Sophie) — Welf VI — Albrecht der Bär — Hugo — (RICHENZA) (Bertha) — Friedrich — Heinrich — Gotfried — Balduin IV

Siehe Reihe 9-13 — Otto I Hz. Baiern 1180 — Bertold — (Elisabeth) — Welf VI +++ 1167 — Otto I — Hugo — (GERTRUD) (Liudgard) — FRIEDRICH BARBAROSSA — (Bertha) — (Jutta) — Leopold — Balduin V

(Ita) — Heinrich der Löwe — Otto

OTTOKAR I König Böhmen 1. Wähler PHILIPPS FRIEDR. + 1230	Ludwig I Herzog Baiern 3. Wähler PHILIPPS FRD. HNR. + 1231	Bertold Herzog Meranien 5. Wähler PHILIPPS + 1204	Rudolf Gf. Habsburg pinceps 1210 + 1232	Otto II Markgraf Brandenbg 8. Wähler PHILIPPS +++ 1205	Albrecht	Bernhard Hz. Sachsen 1180 2. Wähler PHILIPPS OTTOS '08 + 1212	Albert Graf von Dagsburg Wähler OTTOS IV ++ 1211	Siehe Reihe 5	Dietrich Markgraf Meißen 7. Wähler PHILIPPS OTTOS '08 + 1221	HEINR. VI KÖNIG + 1197	PHILIPP Herzog Schwaben KÖNIG 1198 ++1208	Simon II Hz. Ober-Lothring. 6. Wähler PHILIPPS +++ 1206	Friedrich	Hermann Landgraf Thüring. Wähler PHILIPPS OTTOS IV FRIEDR. + 1217	Leopold Hz. Steier u. Österr. 4. Wähler PHILIPPS FRIEDR. + 1230	Heinrich I Hz. Nieder-Lothring. Wähler OTTOS IV HEINRICHS + 1235	BALDUIN Graf von Flandern Hennegau Wähler OTTOS IV ++ 1205
WENZEL I Wähler KONRADS WILHELMS + 1253	Otto II Pfalzgrf Hz. Bai. Wähler KONRADS + 1253	Otto Wähler OTTOS '08 FRIEDR. Verzicht Istrien 1230	Albrecht Gf. Habsburg Ldgf. Elsaß + 1239	Heinrich Fürst Anhalt + 1251; Johann I Wähler KONRADS WILHELMS ALFONS' + 1266	Otto III Kand. 1256	Albrecht Wä. HEINR. WILHELMS ALFONS' + 1261	8 Dagsburg ++ 1211		Heinrich wahlberechtigt 1246 + 1288	FRIEDRICH 1198 minderjährig KÖNIG 1212 abgesetzt 1245 +1250	(Beatr.) ⚭ Kastilien	(Kuni.) ⚭ Böhmen	(Maria) ⚭ Brabant	HEINRICH RASPE Wähler KONRADS KÖNIG '46 +++ 1247	13 Babenberger ++ 1246	Heinrich II Hz. Nieder-Lothring. Wä. HEINR. WILHELMS + 1248	15 Flandern ++ 1216
OTTOKAR II Wähler RICH/ALF. Kandidat 1273 + 1278	Ludwig II Wähler RICHARDS RUDOLFS ADOLFS Kand. '73 + 1294	3 Andechser ++ 1248	RUDOLF Gf. Habsburg Patensohn FRIEDR. II König 1273 + 1291	Siegfr. Fürst Anhalt Kandid. 1273 + n1298; Joh. II Mgf. Brandbg Wähler RUDOLFS ++ 1281; OttoIV Wähler ADOLFS ALBR.	Otto VI v. Brand.	Johann Hz. Sachsen Lauenburg Wähler RUDOLFS + 1286	Albrecht Hz. Sachsen Wittenbg Wähler RUDOLFS ADOLFS ALBRECHTS		Albrecht Verlust Wettiner Länder 1288 ff. (Margarete)	10 Staufer ++ 1268	ALFONS Kg. 1257 Verzicht + 1284	OTTOKAR Kg. Böhm. Kandid. 1273 + 1278		12 Ludowinger ++ 1247		Heinrich III Hz. Brabant u. Nd. Loth. wird 1257 ALFONS' Reichsvikar links des Rheines	
WENZEL II Wähler ADOLFS ALBRECHTS	(Mathilde) (Jutta) ⚭1273 ⚭1285		(Agnes) (Hedwig) +++ ⚭1273 ⚭1279			Anspruch auf Kur ++ 1689 an Welfen			Friedrich „von Staufen" Kandidat 1273, Wahl vom Papst verboten		Siehe Reihe 1	Friedrich v. Lothringen wird 1259 ALFONS' Oberster Seneschall links des Rheines					

1 — Przemysliden ++ 1306 Luxemburger 1310-1437 Könige von Böhmen und Kurfürsten des Reichs

2 — Wittelsbacher bis 1806 Pfalzgrafen bei Rhein, Herzöge in Baiern und Kurfürsten des Reichs

4 — HABSBURGER

6 — Askanier in Bra. ++ 1320 Brandenb. an Königshs1324 an Zollen 1415-1806 Kurfürsten des Reichs

7 — Askanier in W. ++ 1422 Herzöge von Sachsen zu Wittenberg Kurfürsten des Reichs

9 — Wettiner werden 1423-1806 Hezöge zu Sachsen-Wittenberg u. Kurfürsten des Rheichs

11 — Herzöge von Lothringen nehmen an den Königswahlen nicht mehr teil

14 — Herzöge von Brabant nehmen an den Königswahlen nicht mehr teil

1356

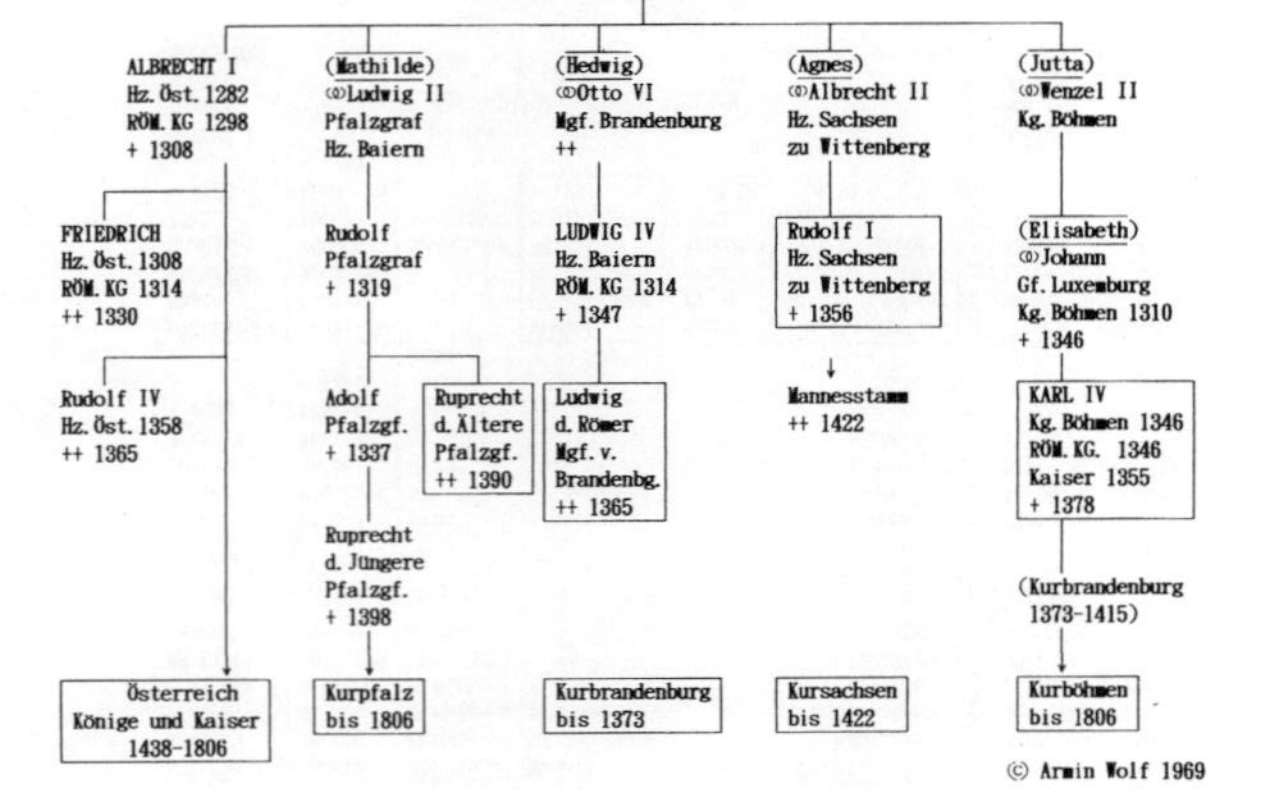

「1356年の選定侯 ― ハープスブルク家のルードルフ王の、娘の系統の代表者たち」

名前を枠で囲まれているのが、1356年の「皇帝法書」の成立に関与した選定侯である。

国王ルードルフの子供のうち、残る五名がここに挙げられていないのは以下のような理由による。ハルトマン、カタリーナ、カールの三名は、1281年、1282年、1276年に子供を残さずに死亡した。息子ルードルフの系統は、1319年にはすでに絶えた。末娘クレメンティアは他国（ナポリ王国）に嫁ぎ、その子孫は、男子の系統が1382年（ハンガリーで）、女子の系統が1399年に（ポーランドで）絶えた。

系図の記号および略語表

KÖNIGE, (KÖNIGINNEN)		|	親子関係	RÖM. KG.	römischer König
(Frauen)		....	不確実な親子関係	Kg.	König
*	生年	-----	同一人物	Hz.	Herzog
⚭	婚姻	下線	外国人（帝国外）	Gf., -gf.	Graf, -graf
+	没年			Mgf.	Markgraf
++	没年（生存する息子のない場合）			Ldgf.	Landgraf
+++	没年（生存する直系卑属のない場合）				

一四〇〇年当時のヨーロッパにおける王位継承の諸原則
――王統支配体制の実行の比較研究

アルミン・ヴォルフ

I

ドイツにおける君主制崩壊ののち七〇年余を経て、王位継承にかんして報告するとなると、[1] かび臭い一九世紀風宮廷史編纂という廃屋に迷い込んでいるのではないかと疑われかねないが、私はそうした轍を踏むつもりはない。本稿の目的は、旧ヨーロッパ世界の支配体制に通底していた家族・相続法の構造とその歴史的意義を詳らかにすることにある。ヨーロッパ諸国にまたがる王統同士のつながりは、友好関係の成否、通商交易関係、人口移動、国家の組織と統治、法の継続的形成と文化発展、これらを当時大きく左右していた。そのかぎりで、こうした目的を設定した本研究の成果は、たんなる王統家門史研究を超えたものになるのである。まず、時間、空間、内容の三点で本稿の主題の枠組みについてコメントしておく。

（1）私が論ずるのは一三五〇年から一四五〇年までである。これにより四世代あまりにわたる王位継承が検討可能になり、比較研究を行なうのに十分なフィールドを得ることができる。

（2）検討対象は、当時カトリック・キリスト教世界に入っていた一八の王国に限定する。フランス、イングランド、スコットランド、ポルトガル、カスティリア、ナヴァラ、アラゴン、シチリア、ナポリ[2]、ハンガリー、ベーメン、ポーランド、スウェーデン、ノルウェー、デンマーク、ドイツ、イタリア（ロンバルディア）、ブルグント（アレラ）の諸王国である。先に述べた時代に他所の王国と密接な関係にあり、それに付随して継承された王国についてはとくに論じない。アラゴン王室と結びついていた諸王国（ヴァレンシア、マジョルカ[3]、サルディニア）、カスティリア王国の近隣諸国（レオン、ガリシア、セヴィリラ、コルドバ、ハエン、ムルシア）、ポルトガルの隣国（アルガルヴェ）、ハンガリーの隣国（ダルマチア、クロアチア等）がそれにあたる[4]。

（3）内容としては、相続権によるものはもちろん、選挙に王位継承も扱う[5]。本研究は王位継承についての理解ではなく、現実の継承の実行を基礎とする。当然ながら、名目国王の対立国王[6]にも注意をはらう。というのは、形骸化しあるいは敗れていった支配権要求こそが、底流にある支配体制とそこにはたらいている法観念を明るみに出すからである。

時にある人物が国王とみなしうるのかどうか判然としないことがある。たとえば、統一女王であったデンマークのマルグレーテ Margrete がスウェーデン、ノルウェー両国の女王であったのか、（あるいはその息子オーラフ Olaf もしくは甥の子であるエーリク Erik の）摂政にすぎなかったのか

1350年〜1450年のヨーロッパにおける一六王統
による100件の王位継承と一八王国との対照表

王位継承の回数	王統名	王国名
26	カペー家（ヴァロワ，ブルグント，エヴルー，アンジューの家系も含む）	フランス，ポルドガル，ナヴァラ，ナポリ，ハンガリー，ポーランド
12	イウレア家	カスティリア，ナヴァラ，アラゴン，シチリア，ナポリ
10	ルクセンブルク家	ドイツ，ベーメン，イタリア，アレラト，ハンガリー
7	バルセロナ家	アラゴン，（マジョルカ），シチリア
6	ゲディミナス家／ヤギエロ家	ポーランド，ベーメン，ハンガリー
6	プランタジネット家	イングランド，フランス，カスティリア
6	ハプスブルク家	ドイツ，ベーメン，ハンガリー
5	フォルクング家	スウェーデン，ノルウェー，デンマーク
4	ヴィッテルスバッハ家	ドイツ，デンマーク，スウェーデン，ノルウェー
4	ステュアート家	スコットランド
3	スヴェン・エストリソン家	デンマーク，ノルウェー，スウェーデン
3	ポンメルン家	ノルウェー，デンマーク，スウェーデン
3	オルデンブルク家	デンマーク，ノルウェー，スウェーデン
2	メクレンブルク家	スウェーデン，デンマーク
2	ボンド家	スウェーデン，ノルウェー
1	ピアスト家	ポーランド

ということについては見解が対立するだろう。そうした場合には、迷うところではあるが念のため、私は一人でも多く検討対象に加えることとした。推論を正しく進めようとするならば、王位継承について可能なかぎりすべての事象を研究できるようにするために、一般考察に対する反例を含んだ境界事例といえども考慮しなければならないのである。

以上のような枠組みを採ると、前に述べた一八王国において一三五〇年から一四五〇年までの間にみられた王位継承は、偶然にもちょうど一〇〇件になる。そのため、ある標識に該当する王国数の単純な累計がそのまま百分率を表わすという点は便利である。

この一〇〇件という数字は、さらに二重の意味で都合がよい。第一に、標本調査にとどまらず、個別的な歴史研究を遺漏なく行ないきれるくらいに少ない数であり、第二に、体系的な比較研究も十分できるくらいに多い件数だからである。そしてこのような研究であれば、事件史研究と構造史研究との統合が可能なのである。

総計一〇〇件の王位継承が見られたのは一六の王統だけであった。ここで王統 Dynastie という場合、通例のように国王家の男性血統を指す。一六王統のうちスコットランドのステュアート家、ポーランドのピアスト家を除けば、その支配が一王国にとどまっていたものはひとつもない。どの王統も少なくとも一時期には二ヶ国ないしそれ以上の国を統治し、あるいはそれらに対する自らの統治権を主張したことがある。なかでも直系・傍系併せて六ヶ国（フランス、ポルトガル、ナヴァラ、ナポリ、ハンガリー、ポーランド）を治めたフランス・カペー家は当時他を圧倒していた。

一六王統のうち、ここで考察する一世紀間を通じて王室を維持したのは三王統（カペー家、プランタジネット家、イウレア家）だけであり、九つの王統は時代の流れのなかに飲み込まれていった。その九王統のうちフォルクング家、ルクセンブルク家、ブルース家は断絶し、ほかにピアスト家、メクレンブルク家、ポンメルン家、ヴィッテルスバッハ家、バルセロナ家は王権を他に奪われた。これらに代わって五王統が新たに国王位に就いた。うちステュアート家、オルデンブルク家、ヤギエロ家、ボンド家はこのとき初めて王位を獲得し、ハープスブルク家は中断を挟んでの王位回復であった。このように一六王統が同時期にすべてそろって統治していたことはない。

一三五〇年の段階では九王統が、一〇〇年後にはさらに八王統だけが全ヨーロッパの王位を占めていた。(7) 本稿で論じる時期は、一二世紀から一七世紀初頭まで続く王位集中過程の直中にある。一一八〇年頃には一五王統がヨーロッパの王位を分けあっており、つまりバルバロッサの時代には、いまだほとんどどの王国も自国固有の王統を戴いていたのであるが、三〇年戦争勃発時には、全部で一八の国王位をわずか五家門（カペー家、ハープスブルク家、ステュアート家、オルデンブルク家、ヴァーサ家）が占めていたのである。

私の課題は、混沌とした様相を呈している諸王統の盛衰を解き明かすことである。以上、本稿の主題の枠組みと歴史的位置づけである。

本稿はそれぞれ視角の異なる三つの節からなる。第一節では、系譜学的人物史的な基礎資料を扱う。第二節は若干の統計的考察に当てられ、第三節はまとめとして前二節から得られる諸原則を述べることにする。

1　系譜学的人物史的考察

私は一三五〇年から一四五〇年までの各国での王位継承をつぶさに考察し、それぞれの王位交替について新王と前王の間の縁戚関係を再構成した。それをまずは比較的単純な例であるフランスを取り上げて解説する（図I参照）。フィリップ Philippe 六世からシャルル Charles 七世までの四回のフランス王位継承は、カペー・ヴァロワ家における父から息子への継承であった。このように父子間での継承が連続することは、この時代のヨーロッパではきわめて希有なことであった。

このフランスでも、イングランド国王（図では破線枠内）がフランス国王位を要求したため、そうした継承は破られた。周知のように、イングランド人は一時かなりのフランス領を支配したことがある。イングランド側の要求の根拠はこの図が示すように、一三二八年シャルル四世逝去時の相続法上の地位であった。エドワード Edward 三世は、カペー家の直系の男性血統である前フランス王から三親等にあたるが、ヴァロワ家のフィリップ六世はもう一等遠い四親等であった。本稿では簡便のため親等計算はローマ法方式（世代の数だけ親等がある quot generationes, tot gradus）だけで行なう。それに対するフィリップ六世の主張は、エドワードがその母を通してフランス王家の血を引くだけなのに対し、自分はフランス国王家の男性血統であるというものであった。

以上はすでに知られていることであるが、この図から新たにわかるのは、一〇〇年戦争における合従連衡で、イングランド・ブルグント・ナヴァラ側は女系親族、すなわち女性を介して結びついた親族の請求権支持、他方のヴァロワ・オルレアン・アンジュー側は男系親族、すなわち男性血統でつながる親族の請求権支持にそれぞれ対応しているということである。

ブルグント家は、たしかにカペー・ヴァロワ家から分枝した最も新しい家系としてフランス王家の男性血統に属しているとはいえ、男性血統中でのその王位継承順位は、ヴァロワ、オルレアン、アンジューに遅れる第四位にとどまる。これに対して女性血統を介する継承権が承認されるならば、ブルグントは——イングランドと同様——ヴァロワ、オルレアン、アンジューに先んじる王位請求権を有することになるのである。相続権をめぐる利害状況によって、ブルグント・イングランド連合がどの程度理解できるのか、そして、ヴァロワ家の国王シャルルがアラス和議（一四三五年）でブルグント家にそのフランス内所領に対する主権的地位、つまり国王類似の地位を保障した時の、その連合の変化がどこまで説明できるのか、以上についてはより詳細な検討が必要である。

次いで、比較的錯綜している例としてデンマークを取り上げる（図XIV参照）。ここでは一三五〇年から一四五〇年の間に、父から息子への王位継承は一例も見られない。これに対して、四回連続して娘系血統の親族により王位が継承され、そのうちの一回は女性による継承であった。

デンマークの旧王家の男系血統はヴァルデマール・アッテルダグ Valdemar Atterdag をもって絶えた。ヴァルデマールの二人の娘、メクレンブルクに嫁いだインゲボルグ Ingeborg とノルウェーに嫁いだマルグレーテには、この相続が起こったとき、それぞれ幼少の息子があった。しかし姉のインゲボルグは父に先立って亡くなっており、彼女はもはやわが子の請求権を弁護できなかった。そのかわり妹であり、後の統一女王マルグレーテはダーキア（ハンガリ・ティサ川流域のジーベンビュルゲンおよびルーマニア・ブコヴィナ地方）の女王 regina Daciae として振る舞い、その六歳になる息子ノルウェーのオーラフをデンマーク王に選定した。このノルウェーのオーラフは、彼の王位を継いだポンメルンのエーリク、バイエルンのクリストフ Christoph と同様、子を遺さずに亡くなった。この三人の継承者はいずれもが女系親族であった。これらすべての王の選定方法は注目に値するもので、たとえ娘系親族でしかなかろうとも、旧王室の後裔のなかから最も親等の近い者が選ばれるのが常だったのである。

ポンメルンのエーリクはこの原則を破ろうとしたとして、その王位を失った。公の理由としては、自分の従兄弟ボギスラフ Bogislaw を後継者にしようとしたことが原因となり、彼は一四三九年に王位を逐われたのである。図XIV左下の補足図の示すように、たしかにポンメルン家の男性血統においてはボギスラフが国王エーリクの最近親であるが、本図では右端に見られるように、デンマーク王家の後裔としてはエーリクとはなんと一〇親等も離れた縁戚になるのである。仮にエーリクがその策を貫徹、実現していたなら、彼は自分の妹の息子であり、自分と三親等しか離れていないバイエルン・プファルツ家のクリストフの請求権を無視することができたはずであった。デンマーク王国顧問会はこれに賛同せず、エーリクを廃し、親等のより近い女系親族であるバイエルン・プファルツ・ノイマクルト家のクリストフを王に選定したのである。

クリストフが子を遺さずに亡くなった（一四四八年）あと、王国顧問会はエーリクの後継選定の時と同様に行動した。顧問会は、ヴィッテルスバッハ家の男性血統を引く、クリストフの男系親族のなかから選んだのではなく、旧デンマーク王室の後裔のなかから王位継承者を探したのである。このとき、ウェルレのリキサ Richiza von Werle の後裔六七人のなかからクリストフに最近親で、なお存命中の親族にたどりつくには、エーリク・クリッピング Erik Klipping にいたるまで少なくとも六世代は遡らねばならなかったはずである。ここで図XIV aを見ていただきたい。一〇親等まででは、齢七〇になる老女一人を除いてすべての親族がすでに鬼籍に入っている。一一親等の人物は、このとき四（あるいは六）人、一二親等では一八人の親族が生存している。一四四八年の相続開始時の存命者は図の上で⊗印を付し、太字で示した。

そこから女子と弟になる男子、家督を継いでいない成年男子を除くと、四人の成年男子が残る。図XIV aの四角に囲まれた四人がそれで、リンダウおよびルッピン伯アルプレヒト Albrecht[8]、シュレスヴィッヒおよびホルシュタイン公アドルフ Adolf（シャウムブルク家の出自）、オルデンブルク伯クリスティアン Christian、メクレンブルク・シュタルガルト公ウルリッヒ Ulrich である。非常に注目すべきことに、いまこのようにして絞られた四名の顔ぶれを見ると、それは以下われわれがその立場を検討する、実際にデンマーク王位を争った四候補者と完全に一致しているのである。これは、最近親の親族が一一ないし一二親等と離れているこうした極端な場合であっても、王位継承者選定にさいしては親族であることがまず第一に考慮されていたということを示す証拠である。

さて、メクレンブルク公はリンダウおよびルッピン伯アルプレヒト、シュレスヴィッヒおよびホルシュタイン公アドルフよりも一親等遠い縁戚であったため、メクレンブルクのウルリッヒの主張は退けられた。デンマーク王国顧問会は、前二者のうちでシャウムブルク家を継承者に決定した。リンダウ・ルッピン伯が外国人であるのに対し、アドルフはシュレスヴィッヒ公で、ドイツの血筋とはいえ、このときすでにデンマーク王国の一員であったからである。にもかかわらず、一人息子を亡くして後、子がなかったシュレスヴィッヒ・ホルシュタイン公アドルフは、自分の妹の息子でこのあと継承者となったオルデンブルク伯クリスティアンの利益のためにこの決定を辞退した。クリスティアンは選挙協約の第一項において、デンマークが自由選定王国 frii korerighe であることを承認しなければならなかった。だが実際には、今日のデンマーク女王マルグレーテ二世にいたるまでのデンマーク国王は、いずれもオルデンブルク伯クリスティアンに始まる男性血統を引いているのである。

ここでドイツ（図XV）にかんして手短かに触れておこう。一四・一五世紀の彼の地では三つの有力な王統が互いに鎬を削っていた。オーストリアに勢力の中心をおくハープスブルク家、バイエルン、プファルツのヴィッテルスバッハ家、ベーメンに君臨するルクセンブルク家である。系図上、一三五〇年から一四五〇年の間にこの三家から出た王は四角の枠で囲ってあるが、左二人のハープスブルク家の王はいずれも破線で、中央のヴィッテルスバッハ家は点線で、右側のルクセンブルク家出自の王たち三人は全線でそれぞれ示してある。この三王統はいずれも、ハープスブルク家から出た最初のドイツ王（ルドルフ一世。系図の最上位）の娘たちの血を受け継いでいる。しかも王だけではなく、四人の世俗選定侯までもがハープスブルク家のルドルフ、すなわち一三世紀の大空位時代の後に帝国を再興した王の娘系血統を代表する者たちなのである。系図では、プファルツ選定侯が左から第三の系列に、ブランデンブルク選定侯が同じく第四列に、ザクセン選定侯が第五列、そして第六列にも選定侯が示されている。このようにわれわれが見た系図の示すところでは、選定される王たちばかりか、選定する側までもが女性を介して結ばれたひとつの血族集団をなしていたのである。

ここで他のヨーロッパ諸王国における王位継承について、前の二例のように詳しく解説することはできない。したがって、次節での統計的・体系的考察の基礎とした王位継承図を掲げるにとどめる（本稿末）。

個々の系統関係は私の案出したものではなく、現代の最高水準の系譜学研究――たとえばプリンツ・フォン・イーゼンブルク、フライターク・フォン・ローリンホーフェン男爵、デトレフ・シュウェニケの業績(9)――をもとに構成したものである。とはいえ、この系図には新しい構想も盛り込んである。前の諸研究は各王統の親族図のみを取り扱っているが、本稿では各国別の王位継承図を付した。したがって私の考案した系図と、男性血統ばかりを重視し、女性血統には傍註でしか触れないような従来の研究における系図とは本質的に異なるものである。私には、娘系血統ないし母方系譜の体系的研究は、ヨーロッパ史における王位継承の実行を理解する鍵になると思われるのである。それゆえ、王統によって規定されているかぎりでの、つまりカール大帝からナポレオンにいたるまでの全ヨーロッパ史にかんして、そうした女性血統も組み入れた継承図を再構成することが待望されているといえよう。各人物を作図上整理分類することで、親族および相続法上の位置関係が可能なかぎり視覚的に把握できるようにしてあることもこの図の重要な点である。本節ではまず一三五〇年から一四五〇年までの王位継承の例を用いてその研究方法を展開・検討した。

2 統計的考察

考察対象の全一〇〇件の王位継承のうちの半数を少し超える五六件は先王の男系親族、つまり男性血統に入る親族が王位を継いだものだが、うち三七件では存命中で在家の嫡出長子が父の跡を継いでいる。[10] 庶子による継承も二件ある。[11] 奇抜な例として父が息子から継承していることもある。[12] 五例では、弟が兄から継承している。[13] 孫が祖父を継いでいるものが二例、[14] 父方従兄弟による継承が九例ある。[15] こうした継承においては親等のより遠い者に順番が回ってくるのは、親等のより近い者がすでに他界しているか、なんらかの理由で排除されている場合である。継承したものの、新王が先王から遠縁の者になってしまうときには、多くの場合、彼は同じく先王の親戚で、かつ、より親等の近い自分の従姉妹・又従姉妹と結婚している。

女性による継承は総計一二件で、うち七件は娘が父を、[16] 二件は母が息子を、[17] 一件は孫娘が祖父を、[18] 二件は姉妹が子のない兄弟をそれぞれ継いでいる。[19]

女性が幼年の王に、とくに母がその息子に対し摂政となる場合[20]を計算に入れるならば、統治にあたった女性の数はさらに大幅に増えるであろう。実権ある王の后までもすべて考え併せると、当然ながら女王の数はさらに大きくなる。[21] たしかにここから意味のある新しい観点を得ることができるだろうが、その反面、勇み足もしかねない。ともかく、王制ばかりでなく、同時にヨーロッパにおける女王制の比較研究が多くの成果をもたらすことは確実であろう。

本稿で扱うすべての王位継承のうち、ほぼ三分の一（三一件）で女系親族、つまり女性血統で通じる親族が王位を継承している。この思いがけない事実は、通説には反するが、王位継承請求権が女性を介してでも受け継がれうるということを証明している。ただし当然ながら妻ではなく、母および娘のみを介してであって、つまり婚姻ではなく血縁を通じて継承されるのである。[22] このような継承は、王統が途絶した場合にきまって行なわれる。言うまでもなく、男性血縁の個々の血筋が絶えてしまったときにもよく見られる。普通われわれが国王選挙と王統の交代と言っている場合には、実際には女系親族による王位継承が認められるのである。

実際に以下の王家で男性血統が絶えたあとでは、きまって女系親族が王位を継承している（計一六例）。ブルース家（一三七一年、イングランド）、スヴェン・エストリソン（一三七五年、デンマーク）、フォルクング（一三八七年、スウェーデンおよびノルウェー）、エヴルー（一四二五年、ナヴァラ）、ルクセンブルク（一四三七年、ドイツ、ハンガリー、ベーメン）、ヴィッテルスバッハ・ノイマルクト（一四四八年、デンマーク、ノルウェー、スウェーデン）。[23] こうした女系親族による継承においては、ほとんどがその時どきで先王から最も親等の近い男子が継いでおり、親等のより遠い男子が継承している少数例では、彼は先王から最も親等の近い娘と結婚している。[24]

ほかの一〇例では、遠縁とはいえ王家の男系親族が存命にもかかわらず、女系親族が王位継承を主張している。[25] 当然争いが生じたが、この場合、近縁の女系親族が遠縁の男系親族に対抗して要求を貫徹しているのである。同様に、王が廃され、女系親族の一人が代わって王位につくという総領の交代も五例あった。[26]

以上全一〇〇例の王位継承のうち、五六例が男系親族、一二例が女性、三一(+一?)[27]例が女系親族による継承であった。これによると半数近い継承において女性ないし女性血統で通じる親族が王位を継いでいるということは強調しておかねばならない。

一三五〇年から一四五〇年の間で比較してみると、男系親族による継承と女系親族による継承の割合には各王国間ではっきりとした差がある。これは当然ながら第一に、寿命という偶然に左右されるもので、旧来の王統が存続した国もあれば、男性血統が絶えてしまった王国もある。男系親族による一連の継承はフランス、イングランド(それぞれ四回)、カスティリア、ポルトガル(それぞれ五回)に特徴的で、一三五〇年から一四五〇年のあいだ同一の王統が統治し続けたのはこの西欧四ヶ国のみであった。

一方、女性親族による多くの継承、つまりは総領交代が頻繁に繰り返されたのは北欧三王国の特徴で、それぞれ五回ずつ見られる。三王国を統べる王位が、娘系の血統によって続けて継承されることもあった。他の諸王国では男系親族による王位継承と女系親族によるものとの交代が特徴をなしており、いわば西欧と北欧の中間形態になる。ここでは総じて一三五〇年と一四五〇年では統治している王統が異なっている。

同君連合は一八例あり、言い換えれば一八人の王が二王国以上を領有（ないしは名目国王として、自らの統治権を主張）していた。[28] このうち一二の同君連合が二王国、[29] 五例が三王国、[30] 一例が四王国からなっていた。[31]

五例の王位継承が養子縁組み、ないし遺言による指名によるものだが、どれもナポリの例で、親族の範囲内で行なわれていた。[32] 親族でないものが養子になったり、遺言で相続人に指定されたりしたことは一例もない。

3　体系的考察

意外なことに、各王国の王位継承を概観してみても、それを統計的に評価してみても、相続による王国と選挙による王国との間で王位継承の実行にはなんら原理的な対立は見られない、という結論に達した。本稿における一三五〇年から一四五〇年までの一〇〇例にのぼる王位継承の検討から得られた結論は、むしろ次のようなものである。すなわち、王位継承にかんして、カトリック・キリスト教世界の一八王国すべてにおいて承認されていた、いくつかの本質的な原理がはたらいていたのである。第一の原則は、選挙による王国と相続による王国とを問わず、総じて国王の血統stirps regiaになる者、つまり各国の先王たちの後裔が継承している、ということである。

当然ながら例外と言いうる事例も二つある。ベーメンでルクセンブルクのジークムントSigmund von Luxemburgが廃されてのち、一四二一年にフス派に推されて国王に選挙されたゲディミナス一族の者たちについては、今日の系譜学的知見の水準から言えば、少なくとも、最初のベーメン王から九親等にあたる直系の血を引くとは必ずしも言いきれない（図XI参照）。またその当時、このリトアニア太公の後裔がプシェミスル Przemysl の子孫であると思われていたのかどうかも不明である。[33] いずれにしてもまず、ヤギエロ家のヴワディスワフ Wladyslaw Jagiello がヴェンツェル Wenzel の王冠を辞退した。その後ベーメン王位を薦められたヴワディスワフの従兄弟ヴィタウス Witold は、一四二二年に自らの代わりとして甥を赴かせたが、その甥は一四二四年に捕えられ三年後に流刑に処せられた。一四三八年にオーストリアのアルプレヒト Albrecht von Österreich に対抗する一派からベーメン王に選定されたヤギエロ家のカシミル四世 Kasimir IV はその地で統治することはなかった。彼は一四五一年にオーストリアのエリザベート Elisabeth と結婚したが、彼女は皇帝ジークムントの娘である。その母を介してベーメン諸王の血を引く女性であった。その後この二人の息子ヴワディスワフ二世 Vladislav II が一四七一年にベーメン王となったのである。ベーメンにおけるヤギエロ家による継承は、当初曲折を経た末、それがベーメン王の血族関係の輪のなかで行なわれているとはっきり認知される世代にいたり、ようやく安定を見た。したがってこの例外と言いうる事例でさえ、前の準則の確認に寄与するものなのである。

第二の例外的事例は、一四四八年スウェーデンにおけるカール・クヌートソン Karl Knutsson による継承である。今日ではカールは前のスウェーデン王たちの後裔ではないというのが通説であるが、当時は、新王の祖父が、名前の明らかな三名を挟んで、聖人王エーリク Erik Der Heilige の孫エーリク・クヌートソン Erik Knutsson 王の血を直接引いているという主張が広まっていた。[34] このような系譜が実は「宣伝術」にすぎなかったのか、それとも核心において真実であったのかは今後の研究課題であろう。[35] だがその答えがどうであれ、そうした宣伝によりカールの王位継承を正統化しようとする努力がなされたということは、その当時、新王は先王の血統たるべきと考えられていたということを証明するものである。[36] 本稿での関心は生物学的な系譜の確定ではなく、当時の王位継承の実行のなかに息づいていた諸観念を再構成することにある。したがってこのケースは、系譜学的には不確実な血統が、それにもかかわらず、当時主張されたという特殊な事例ながら、この一世紀間にヨーロッパ諸王国において行なわれた実際の王位継承から推論される準則を間接的に確証するのに役立つのである。

　つまり事実上、以下のような原則が考慮されていた。ある王国の初代王の後裔で王位継承の時点に存命中の者たちが、新王を輩出する血縁者集団を構成する。このような血縁者集団には男性血統ばかりでなく、娘および娘の後裔も属していた。たしかに、娘系血統が王位継承において考慮されたのは特殊事例であったとはいえ、それが一般的に排除されていたというわけではけっしてなかったのである。[37]

　王の選出母体である血縁者集団は各王国ごとに個々別々の構成を有していた。王国間での婚姻から生まれた後裔においては、複数の血縁者集団が交錯することはもちろんである。他家との婚姻のたびごとに王の選出母体となる血縁者集団には新しい構成員が加わるのであり、また、子供の誕生や構成員の死亡によっても、集団の構成は必ずと言ってよいほど変わる。したがって、実際に通用している王位継承の諸原則がわかるならば、そうした血縁者集団はそれぞれの相続ないし選挙ごとの固有のかたちで再構成できることになるのである（たとえば図XIV参照）。

ある血縁者集団のなかで誰が後継者の第一候補となるのかは、その集団内での位置によって決まる。この位置とは人類学的所与であったり、法的に評価される各種の指標から導かれる。

個別的に見ると以下のような諸原則が守られていたことがわかる。王の血統に属する者であることは当然として、王位継承においては他の事情が同じならば、親等のより近い者がより遠い者より、男性が女性より、男系親族が女系親族より、年長者が年少者より、成人が未成年者より、健常者が傷病人より、嫡出子が婚外子より、血縁者が養子より、土着の者が外国人より、それぞれ優先されていた。実際に見られるこうした個々の原則について、最初にあげた指標に照らして、ある候補者が第一位継承権者である場合に、他の人物の出番が回ってくるのはその候補者が辞退したときであるということは暗黙の合意であった。この点において、ほとんどの王位継承はこうした諸原則に合致し、平穏に行なわれていたということが明らかである。

親族の親等順位は格別に重要であった。これはその王国の最初の王 primus acquires までを計算することもあれば、前王 ultimus defunctus までの場合も、またその両方の場合もあった。親等については、最初の共通先祖（男女不問）までの世代数を数える方法（カノン法方式）も、被相続人まで数えること（ローマ法方式）もありえた。

ライヒェナウでの討論では、同君連合の不可解さが繰り返し論じられた。[38] しかしその成立は、ここに述べた相続法の基本理念から容易に説明できる。国王を輩出する血縁者集団がどの王国にもあるのならば、異なる血縁者集団間で結ばれた婚姻から生まれた子供にかんしては、二つの国王選出集団がその一部で同一人物を抱え合うことになる。逆に言えば、そうした複数の血縁者集団の構成員になる者もいた可能性があったのである。そのような「結節点」になる人物は複数の王国の継承権を重ねて有し、さらに事情によっては複数の王位に就くこともありえた。反対に、複数の王国を統べていた王の死亡によって、ときには同君連合が解消してしまうこともあった。というのは、全連合参加国の血縁者集団における第一位継承権者が一致しないこともあったからである。

ラインハルト・エルツェの提起した問題は、ナポリの女王ジョヴァンナ一世 Giovanna I およびジョヴァンナ二世 Giovanna II の幾人かの夫君のうち、王となった者と、王権の共有者 consors でしかなかった者とがあるのはなぜか、というものであった。[39] ここでは、その夫自身がナポリ王国の血縁者集団にはいっているか否かが重要なことは明らかだった。ナポリ王国にかぎらず、ある王国に「婿入り」し、そこで王となった男子は、その妻の血縁者であり、親等は遠いにせよ彼自身が王位継承権を有していたということは本稿で論ずる一世紀間に他の王国でも見られることである。[40]

ここでナポリ王国について検討してみる。女王ジョヴァンナ一世の二番目の夫で、王にもなったタレントのロドヴィーコ Lodovico von Tarent は妻と同じくナポリ王の血縁者集団の一員であった。これに対して、彼女の四番目の夫で、王にはなれず、王権の共有者であるにとどまったブラウンシュヴァイクのオットー Otto von Braunschweig はそうではなかった。女王ジョヴァンナ二世の二番目の夫君ブルボン家のジャック Jacques de Bourbon もナポリ王の血縁者集団には属していなかった。王国を奪い取ろうという彼の目論見は失敗した。[41] ジョヴァンナ一世の最初の夫であるハンガリーのアンドレアス Andreas は彼女の従兄弟であったが、継承が完了する以前に亡くなった。女王ジョヴアンナ一世の三番目の夫でマジョルカ王ハイメ Jayme von Mallorca は特殊な例である。彼はナポリ王の血縁者集団の構成員であったが、彼はすでに（マジョルカの名目）国王であったという理由から、重ねて王位を与えられなかったのである。[42]

スタニスラフ・ルソッキは、争いある継承の場合の継承者の決定は、親等の問題というよりも「その時どきのその場での権力ゲームの結果」[43]であると異論を唱えた。それはそうであるにせよ、この異議はとうてい維持できるものではない。一四〇〇年当時、人がどこから権力を手に入れたというのであろうか。当時それがもっぱら依拠する基盤は、相続財産ではなかったのか。国王の近親者であればこそ、しかるべき権力基盤を相続し、あるいは結婚によってその後裔となるという機会があったのではないか。支持者の数と勢力はひとえに親族関係に懸かっていることを示す事例は複数ある。したがって、継承者の決定はたんなる権力ゲームの結果にすぎないと考えるにせよ、その基底となる家族構成を研究し、そこにはたらいている相続法の契機を認知することなく、このゲームのルールを把握することはできないであろう。

本稿の研究では、特定の親族関係と特定の政治的利害の間にこそ本質的な連関があり、焦点となる人物の親族関係を再構成することで、当時にあって現実に存在していた利害関係、それをめぐっての対立・同盟関係の形成が明らかにされうるということを考察した。

そこで要するに、次のような状況が問題となったのである。前述の諸原則のうち二つないしそれ以上のものが抵触しあい、そのいずれを優先するかで意見が一致しない場合であった。そうした事例としては、正嫡でない兄と嫡出の弟が争う場合（たとえばカスティリアのエンリケ・トラスタマラEnrique Trastamaraとグラウサーメのペドロ Pedro der Grausame）や、新しい分家の出自だが成年でより親等の近い者と古くからの分家の出自だが年少で親等のより遠い者の場合（アラゴン、シチリアにおけるアンテケラのフェルナンド Fernando de Antequeraとアンジューのルイ Louis d'Anjou）などが考えられる。こうした事例では、それぞれの原則を盾に、党派が分立することがあった。当時の幾多の継承争いは、親族間の王位継承順位を決める原則の対立に還元することができる。

とくに紛争の危険が高まるのは、男性血統を引く、より親等の遠い者が、女性血統で、より親等の近い者と対立する場合である。これは男系親族優先原則と近親者優先原則との対立であった。こうした事例に対処する規定がなく、双方とも譲らず、どちらも死んだり殺されたりしなかった場合には、仲裁裁判が開かれ、そこでの選定が承認されるか、さもなくば闘争か、いずれかの道しかなかった。初期ヨーロッパにおけるこうした相続争いの典型として知られるのは、本稿の考察時期においてはポーランドのカジミエシュ大王 Kasimir der Große（一三七〇年）、ハンガリーおよびポーランドのルドヴィク大王 Ludwig der Große（一三八二年）、アラゴンおよびシチリアの大マルティン Martin der Ältere（一四一〇年）、一〇〇年戦争中のフランスでのシャルル四世、以上それぞれの没後の王位継承である。アラゴンでは最近親者であるカスティリア皇太子が候補者のなかで最有力でもあった。ここでは仲裁裁判の結果、流血の事態は避けられた。(44) ハンガリーでは最近親の男系親族であったドゥラッツォのカール Karl von Durazzoが殺害された。他二国、ポーランドとフランスでは剣が交えられた。

ヨーロッパにおける比較では、近親者優先原則に対する男系親族優先原則の勝利は、フランス以外では必ずしも一般的ではなく、むしろ例外であった。そのフランスにおいても、男性血統による純粋な継承を貫くためには一〇〇年戦争という代償が必要だったのであり、[45]以後分家し断絶せずに続いた王統の血筋が残ったことがせめてもの救いであった。その後ようやくサリカ法典を引き合いに出すことで、この例外は正統性を獲得したのである。

当時の王統の世界にとって悲劇だったのは、前述の諸原則の一つひとつは一般的に承認されていたにもかかわらず、それらの間に全ヨーロッパで承認された優先順位が存在しなかったことである。そのため、王位継承争いが絶えず繰り広げられ、フランスやシチリア・ナポリの王位をめぐる戦いのように、それが三〇年あまりにわたることも稀ではなかった。略奪と火つけという当時の戦闘の形態を考えてみれば、悲劇に見舞われたのは何も王統の構成員に限ったことではなく、全人口の大半がしばしば悲惨な巻き添えを被ったことは明らかである。

ラインハルト・シュナイダーは、私の考察がまずもって「そうした諸原則に抵抗なく服していたように思われる、かなり非政治的な世界を扱って」いるかのように理解しているが、[46]私の立場は、王位継承の諸原則についての、その時代条件下における了解の在り方をきわめて政治的に解釈するものである。つまり、あの動乱の絶えない時代にあっても、人はけっして定常的で選択の余地のない生き方を強いられていたのではなく、すでに述べたように、ある特定の状況ではある特定の要求を、ほかの状況であればまた別の要求を掲げて活動していたということが、こうした諸原則からわかるのである。

一三五〇年から一四五〇年までの王位継承一〇〇件の比較分析から明らかになったのは、王位継承の圧倒的多数が、(前述の諸原則が承認され)平和裡に行なわれたということである。これら諸原則が対立を起こすことなく、王位継承を一義的に規律した場合には、それが一人の王位候補者が同時に複数の原則に則ることができたからにせよ、それに対立する原則に依拠できる地位と意思とを有する者が一人もいなかったからにせよ、事態は平穏に進行したのである。

死という自然の力がはたらくたびに、もろもろの機能が一人の人間からほかの人間に委譲されるのは必然的なことである。そうした委譲はどれも危機を意味することがある。ましてや国王権力の委譲で、それが一般に認知された諸原則によって規定されえない場合には、それは王国全体の危機である。そうした意味で、王位継承の原則に対する承認は和平実現のために有効にはたらいたのである。こうした平和形成作用は、一般的承認のひとつの根拠でもあったことだろう。現代とは無縁の世襲支配原則など、今日では受け入れられないだろう。しかし、男系親族中心に規定された世界における伝統的原則を理解しようとするならば、国王だけではなく、田舎の農場主にいたるまで、社会的・経済的に優位にある者はほとんどが相続権によってその地位を得ていたということを知るに違いない。世襲原則を放棄することは、当然彼らの利益に反することは言うまでもない。かくも多くの王国でこれらの諸原則が暗黙のうちに承認されていたその理由の核心は、おそらくこの点にこそ見出せるであろう。

III

オットー・ブルンナーは中世後期のフェーデを「補助的法手段」であると語った。[47] このような認識は、地域的なフェーデから当時のヨーロッパ諸王国での継承戦争まで敷衍することができる。すでに見たように、こうした王統の相続争いが紛糾するのは原則がひとつでないからであり、そうした諸原則は平和的な王位継承でも継承争いにおいてもその基礎となっていた。こうした継承原則の二重の作用にその歴史的意義がある。諸原則が和合していれば王位継承は異論の余地なく決まり、滞りなく済むものであった。逆にその間に衝突がある場合、多くの候補者が王位継承をめぐって競いあうこともありえた。そうした衝突がつねに戦争を招いたはずもなく、法に則った手続きで平和裡に解決されたこともあった。それには、

①王国ないし王統における王位継承を、原則間の優先順位を設定することにより規律する（家）法が承認される場合、

②協約（例・候補者の辞退ないし妥協）による場合、

③ケースごとに設けられた仲裁裁判所による場合、

があった。

このような平和的手段が破られたときに「補助的法手段」である戦闘的な相続争いがあるのである。

このように平和的継承も継承要求の対立も、全体としてヨーロッパにおける王制の法的基礎を教

えるものである。
本稿に見たもろもろの現象はおそらく一三五〇年以前にも見られたものであろうし、一四五〇年以後も存続していたであろう。そこには長く息づく初期ヨーロッパの基本構造と意識態度が認められると言えよう。というのも（一八世紀にいたるまでの）数々の王統の後継争いは相続紛争として理解できるからである。このような考察から、言葉遊びが許されるならば次のように言うことができよう。王統社会の歴史は、階級闘争ではなく、相続順位闘争の歴史であったのだ、と。

付記
本稿の表題と内容の基本的モチーフは一九八五年六月二四日のハイデルベルク大学哲学・歴史学部における教授資格取得講演で発表している。この講演では、本稿の二四の継承系図のうち、フランスとデンマークについての三系図（本稿図Ⅰ、図XIV、図XIVａ）だけしか取り上げることができなかった。この研究全体の基礎として二四の系図はひとつとして欠かせない。これらの系図（一四〇〇年以降のものも含めて）は私が一九六三年以降の研究で一つひとつ再構成し、一九八三年二日二四日のライヒェナウでの講演「ヨーロッパ諸王国における王位継承法——ひとつの類型学の試み」においてその原形を初めて公にしたものである。

註
（1）ヨーロッパの諸王国における王位継承法にかんする最近の主要な文献は二つの論文集に収められている。La monocratie II, Recueils de la Société Jean Bodin XXI, Bruxelles 1969; Der dynastische Fürstenstaat. Zur Bedeutung von

Sukzessionsordnungen für die Entstehung des frühmodernen Staates, hrsg. von Johannes Kunisch, Berlin 1982（共同編集Helmut Neuhaus）。この論文集のもととなった一九八〇年のヴォルフェンビュッテルにおける講演・討論は中世ではなく、近世初期を中心に扱っている。私は同論文集三六九〜三七二頁において本稿の基本構想についてアウトラインを示しておいた。フランスについては以下の論稿を参照。Ralph E. Giesey, The juristic basis of dynastic right to the French throne, Transactions of the American Philosophical Society, New Series, Volume 51, Part 5, Philadelphia 1961; Helmut Scheidgen, Die französische Thronfolge (987-1500), Der Ausschaluß der Frauen und das salische Gesetz, Bonn 1976; Andrew W. Lewis, Royal Succession in Capetian France: Studies on Familial Order and the State, Cambridge (Mass.) 1981（一三八二年までを扱っている）。ルイスの論稿に関連して、Bernd Schneidmüller, Reich und Thronfolgeregelung im hochmittelalterlichen Frankreich, HZ 238 (1984) 95-104. デンマークについては、Erich Hoffmann, Königserhebung und Thronfolgeordnung in Dänemark bis zum Ausgang des Mittelalters, Berlin 1976. 本稿では論じなかったロシアについては、Peter Nitsche, Großfürst und Thronfolger, Die Nachfolgepolitik bis zum Ende des Rjurikidenhauses, (Kölner Historische Abhandlungen 21) Köln/Wien 1972. 次の論稿はスペインにおける一王統を例にとり、近年有力な家族の歴史的研究という問題設定から論及し、大いに注目すべき成果を挙げている。Roger Sablonier, Die aragonesische Königsfamilie um 1300, in: Emotionen und materielle Interessen, Sozialanthropologie und historische Beiträge zur Familienforschung, hrsg. von Hans Medick und David Sabean, Göttingen 1984, 282-317. 歴史学専門ではないが、本稿で論ずる問題を現行法の観点から眺めた同時代文献としては以下のものが代表的である。Johann Stephan Pütter, Primae lineae iuris privati principum speciatim Germaniae, Goettingae 1768. Johann Jacob Moser, Familien-Staats-Recht Derer Teutschen Reichsstände=Neues teutsches Staatsrecht Band XII 1-3 (1775), Nachdruck Osnabrück 1967. Hermann Schulze, Das Erb- und Familienrecht der deutschen Dynastien des Mittelalters, Ein Beitrag zur Geschichte des deutschen Fürstenrechts, Halle 1871. Gustav Turba, Geschichte des Thronfolgerechtes in allen habsburgischen Ländern bis zur pragmatischen Sanktion Kaiser Karls VI. 1156-1732, Wien/Leipzig 1903.

（2）　シチリアとナポリは厳密に言えば別々の二王国ではなかった。一時期相並び立つ「シチリア王」によって分割統治されたひとつの王国で、シチリア島（ここの統治者は一時トリナクリア Trinacria の王と号していた）とナポリを含むイタリア本土から構成されていた。話を単純にするために島部王国をシチリア、本土をナポリとする慣例に従った。というのも、シチリアとナポリの競合に加え、さらにナポリ王国内でも相対立する別々の「シチリア王」が存在しており、事態が錯綜しているからである。Alfonso V による両シチリア再統一（一四四二年）の後、彼は（メッシーナ海峡にある）燈台の両側のシチリア王 Rex Siciliae citra ultra farum と号した。

（3）アラゴン王家のマジョルカの分家は一三四四年に排除されたが、その後断絶するまでの三〇年余り、マジョルカの王号を要求していた。名目王国マジョルカにおける王位継承で本稿で論ずる時代に入るのは最後の継承（1375 Isabel）だけであり、ここではこれのみを考察に含める。

（4）固有の国王を戴かないこれらの王国については、中世後期の王制研究として別個に探求する価値は十分にある。しかし王位継承法という観点からはとくに論じる必要がない。

（5）王国をもたないこれらの王も固有の研究対象となりえよう。名目国王の問題については、Reinhard Elze, *Könige im spätmittelaterlichen Italien vom Beginn des 14. bis zur Mitte des 15. Jahrhunderts*, in: hrsg. von Reinhard Schneider, *Das spätmittelalteriche Königtum im europäischen Vergleich*, Sigmaringen 1987, S. 123ff. を参照。彼はそこで一三七九年および一三九三／九四年に立てられた二人の国王を取り上げているが、その関心は王位継承ではなく、教皇による新王国の創設（失敗に終わった）に向けられており、本稿との関連では論ずるべきものではない。

（6）いわゆる対立国王を考察対象から外すことは完全な誤りではないにしても、問題があろう。というのも誰もみな対立国王ではなく、例外なく国王として立てられたからである。（今日でも連邦共和国基本法における建設的不信任投票の手続きで選ばれるのは、対立連邦首相ではなくたんに連邦首相である。）それゆえ私は対立国王という表現を偏った軽蔑的な含意では用いないように努めた。「対立国王」、すなわちすでに位にある王に対抗する国王の即位は前者の正式な退位を待たずに行なわれうる。たとえば、一四〇〇年にヴェンツェルが廃位され、ライン地方の四選定侯によるループレヒトの選定された時がそうである。当然ヴェンツェルは自分の廃位などけっして承認しはしなかった。彼は一四〇〇年に、廃位について定めのない金印勅書の豪勢な写本を作製するよう指図しているが、これが自分を廃位したことに対する抵抗であったことは歴然としている。ヴェンツェルとループレヒトのどちらが国王で、他方が対立国王であるかは、当時もいまもそれを判断する者がどちらを支持しているかに懸かっているのである。しかしながら、一方の継承を否定することで他方の継承の正当性を証明しようというのではなく、王位継承の実際とそこに現われている――敗れていった側のものも含めた――法意識とを探求する意図をもった歴史研究においては、そうした党派的立場をとることは方法論として許容されることではない。それは――先行判断であり――研究のはじめに立つべきものではなく、せいぜい結論の判断として許容されるのである。こうした一見しただけの形式的な観点からでも、場合によっては国王対対立国王と呼ぶべきではなく、相対する二人の対立国王、ないし二人の国王と言うのが公平なのである。

（7）一三五〇年当時――カペー家が五王国（フランス、ポルトガル、ナヴァラ、ナポリ、ハンガリー）、バルセロナ家が三王国（アラゴン、シチリア、マジョルカ）、ルクセンブルク家が二王国（ドイツ、ベーメン）、フォルクンゲ家が二王国（スウェーデン、ノルウェー）、プランタジネット家（イングランド）、ブルース家（スコットランド）、イウレア家（カスティリア）、ピアスト家（ポーランド）、スヴェン・エストリゾン家（デンマーク）が各一王国。イタリアとアレラト王は空位。一四五〇年当時――イウレア家が五王国（カスティリア、ナヴァラ、アラゴン、シチリア、ナポリ）、ハープスブルク家（ドイツ、ハンガリー、ベーメン）、カペー家（フランス、ポルトガル、ナポリ）がそれぞれ三王国ずつ、プランタジネット家（イングランド、フランス）、オルデンブルク家（デンマーク、ノルウェー）がそれぞれ二王国ずつ、ステュアート家（スコットランド）、ヤギエロ家（ポーランド）、ボンド家（スウェーデン）がそれぞれ一王国を占めていた。イタリアとアレラト王は空位。

（8）あまり知られていないこの次期デンマーク王位継承候補者については、Gerd Heinrich, Die Grafen von Arnstein (Mitteldeutsche Forschungen 21) Köln 1961, Abschnit II: Das Haus Lindau-Ruppin, S. 140 mit Anm. 183 を参照。

（9）Wilhelm Karl Prinz von Isenburg, Stammtafeln zur Geschichte der europäischen Staaten, Band I-II（一九五三年改訂第二版の増補版）、(hg.) Frank Baron Freytag von Loringhoven, Marburg 1960; 現在これは、Europäische Stammtafeln Neue Folge, (hg.) Detlev Schwennicke, Marburg 1984 に所収（これは補助的に利用しえただけである）。当然ながらこのほかに

も、各王統、各国の歴史について数多くのさまざまな文献を参照した。

（10） それぞれの継承年および王――――フランス（四回）：1350 Jean II, 1364 Charles V, 1380 Charles VI, 1422/29 Charles VII. ――イングランド（二回）：1413 Henry V, 1422 Henry VI. ――スコットランド（三回）：1390 Robert III, 1406/24 James I, 1437 James II. ――ポルトガル（四回）：1357 Pedro I, 1367 Fernão I, 1433 Duarte, 1438 Alfonso V. ――カスティリア（四回）：1350 Pedro I, 1379 Juan I, 1390 Enrique III, 1406 Juan II. ――ナヴァラ（一回）：1387 Carlos III. ――アラゴン（二回）：1387 Juan I, 1416 Alfonso V. ――シチリア（一回）：1416 Alfonso I. ――ナポリ（四回）：1386/89 Ladislao, 1384 Louis II, 1417 Louis III, 1434 René. ――ハンガリー（二回）：1386/1403 Ladislaus, 1440/44 Ladislaus Postumus. ――ベーメン（三回）：1364/78 Wenzel, 1438 Kasimir（一四三一年に王に選ばれたWladyslawの、王に選定された息子）、1440/53 Ladislaus Postumus. ――ポーランド（一回）：1434 Wladyslaw III. ――スウェーデン（二回）：1350 Erik Magnusson, 1362 Hakon Magnusson. ――ノルウェー（二回）：1343/55 Hakon Magnusson, 1380 Olaf Hakonsson. ――デンマーク（〇回）。――ドイツ（一回）：1376/78 Wenzel. ――イタリア（一回）：1431 Sigmund. ――ブルグント（〇回）。

（11） ポルトガル：1383/85 Joao. I. ――カスティリア：1366 Eurique Trastamara.

（12） シチリア：一四〇九年、Martino il Giovane の父である Martino il Vecchio が継承。

（13） アラゴン：1395 Martin. ――シチリア：1355 Federico IV. ――ベーメン：1419/36 Sigmund. ――ポーランド：1444/47 Kasimir IV. ――ドイツ：1410/11 Sigmund.

（14） イングランド：1377 Richard. II. ――イタリア：1355 Karl IV.

（15） イングランド：1399 Henry IV. ――シチリア：1392 Martino il Giovane (Maria von Sizilien と結婚). ――ナポリ：1352 Lodovico (Giovanna I. von Neapel). 1381/82 Carlo III. di Durazzo (Margherita von Neapel). 1415 Jacques de Bourbon (Giovanna II. von Neapel). 一四一五年の例については後述本稿二二七頁も参照。――ハンガリー：1385 Carlo di Durazzo. ――ポーランド：1373 Wladyslaw der Weiße. ――ドイツ：1410 Jobst, 1440 Friedrich III.

（16） カスティリア：1369/72 Constanca. ――ナヴァラ：1425 Bianca. ――シチリア：1377/92 Maria. ――ハンガリ

ー：1382 Maria.――ベーメン：1437 Elisabeth.――ポーランド：1382/84 Hedwig.――デンマーク：1375 Margarethe.

(17) スウェーデン：1380/97 Margarethe.――ノルウェー：1380/97 Margarethe.

(18) ナポリ：1343/52 Giovanna I.

(19) ナポリ：1414 Giovanna II.――マジョルカ：1375 Isabel.

(20) この問題にかんしては、Armin Wolf, Königtum Minderjähriger und das Institut der Regentschaft, in : L'enfant, II: Europe médiévale et moderne (Recueils de la Société Jean Bodin pour l'histoire comparative des institutions 36) Bruxelles, 97-106を参照。

(21) 中世初期にかんしては目下のところ、Pauline Stafford, Queens, Concubines and Dowagers, The King's Wife in the Early Middle Ages, London 1983を参照。

(22) シェイクスピアの『ヘンリー五世』に登場するカンタベリー大司教は、王にフランスに対する相続請求権があり、サリカ法典は適用されえないということを最初に王に確信させた人物のはずである。これにかんしては、Adalbert Erler, William Shakespeare-König Heinrich V., Die lex salica in der Deutung des Kronjuristen, Wiesbaden 1980を参照。残念ながら同書一三〇頁の家系図にはきわめて重大な誤植がある。イングランドのEdward IIがフランスのPhilippe IVの息子とされている。実際にはイングランド王家がフランス王の血筋につながるのは、Philippe IVの娘であるIsabelleを通じてだけである。IsabelleはEdward IIと結婚したので、二人の子孫たちはカペー朝フランス王家の女系親族であって、男系親族ではなかった。

(23) スコットランド：1371 Robert II.――ナヴァラ：1425 Juan von Aragón（カスティリア・イウレア家出身。∞ Bianca von Navarra）――ハンガリー：1437 Albrecht von Österreich（∞ Elisabeth von Luxemburg. ハンガリーでは女王でない。）――ベーメン：1437/38 Albrecht von Österreich（∞ Elisabeth von Luxemburg. ベーメン女王）――スウェーデン：1389/1412 Erik von Pommern, 1448 Karl Knutsson（彼の家系にはいまだ不明な点があるが、これについては以下の註33から35を参照）、1448/57 Christian von Oldenburg.――ノルウェー：1389/1412 Erik von Pommern, 1449 Karl Knutsen（不首尾に終わる）、1449/50 Chiristian von Oldenburg.――デンマーク：1375 Albrecht der Jüngere von Mecklenburg（不

首尾に終わる)、1376 Olaf von Norwegen, 1389/1412 Erik von Pommern, 1448/49 Christian von Oldenburg. ——ドイツ:1438 Albrecht von Österreich (∞ Elisabeth von Luxemburg). ——ブルグント(アレラト):1365 Karl IV.(彼以前で最後にブルグント王位にあったフリードリッヒ・バルバロッサの女系子孫)。

(24) 前註参照。一四二五年ナヴァラにおける Juan von Aragón による継承は特例である。カスティリア・イウレア家出のこの王子は、ナヴァラの女子相続人である Bianca と結婚してはいたが、彼自身はと言えばナヴァラ王からは一二親等も離れた子孫にすぎなかった。その後の父王に対する王子 Prinz von Viana の反乱は、父王 Juan とナヴァラ王家との間の血縁がこのように遠かったことから説明できる。その母である女王 Bianca の没後(一四四一年)、王子は、自分のほうが父王よりもはるかにナヴァラ王の血が濃いということを主張できたからであった。

(25) フランス:1422/31 Henry VI von England. ——カスティリア:1369 John of Gaunt (∞ Constanca von Kastilien) ——アラゴン:1410/14 Fernando I von Kastilien-Antequera. ——シチリア:1412/14 Fernando I von Kastilien. ——ナポリ:1380/82 Louis I von Anjou, 1435/42 Alfonso V von Aragón. ——ハンガリー:1382/87 Sigmund von Luxemburg (∞ Maria von Ungarn), 1440 Wladyslaw Jagiello(先王の異腹である Ladislaus von Österreich に対立) ——ポーランド:1370 Ludwig von Anjou, 1386 Wladyslaw Jagiello (∞ Hedwig von Polen).

(26) スウェーデン:1363 Albrecht der Ältere von Mecklenburg, 1441 Chistoph von Baiern. ——ノルウェー:1442 Christoph von Baiern. ——デンマーク:1440 Christoph von Baiern. ——ドイツ:1400 Ruprecht von der Pfalz.

(27) 一四二一年の Witold(ないし Wladyslaw Jagiello)のベーメン王への選定を算入するには疑問が残る。以下の註32を参照。

(28) これには前述註4のような、他国王室と密接なつながりをもつ王国が算入されていないが、これらを含めると同君連合の数ははるかにずっと多くなるであろう。

(29) イングランドとフランス:1422 Henry VI. ——アラゴンとシチリア:1409 Martino il Vecchio, 1412 Fernando I, 1416 Alfonso V.(一四四二年からはナポリと三ヶ国連合) ——ナポリとハンガリー:1385-86 Carlo de Durazzo, 1403 Ladislao.(不首尾) ——ハンガリーとポーランド:1370-82 Ludwig von Anjou, 1440-44 Wladyslaw. ——スウェーデンと

ノルウェー：1319-63 Magnus Eriksson, 1449-50 Karl Knutsson.（不首尾）――デンマークとノルウェー：1380-87 Oraf Hakonsson.――ベーメンとドイツ：1376/78-1400/19 Wenzel.

(30) デンマーク・ノルウェー・スウェーデン：1389/97-1412 Margaretha, 1396/97-1439/59 Erik von Pommern, 1440/42-48 Christoph von Baiern, 1448/57 Christian von Oldenburg.――ドイツ・ベーメン・イタリア：1410/20/33-37 Sigmund von Luxemburg――ハンガリー・ベーメン・ドイツ：1438-39 Albrecht von Österreich.

(31) ベーメン・ドイツ・イタリア・ブルグント：1346/49/55/65-78 Kaiser Karl IV.

(32) Giovanna I: 1369 Carlo di Durazzo, 1380 Louis I von Anjou. ― Giovanna II: 1421 Alfonso von Aragón-Sizilien, 1423 Louis III von Anjou, 1435 René von Anjou.

(33) 今日 Gedymin の母についてはわかっていないが、彼女を介してより近い血筋であったのかもしれない。当時、ゲディミナス一族・ヤギエロ一族がプシェミスル家の女系血統であることが知られていたとするなら、これは註25に挙げた事例に同じものであろう。そうでないとすると、王の血を引く者のなかから王を選ぶという、ここで扱う一〇〇年間に全ヨーロッパを貫いていた原則をフス派が破ったということになる。とするなら、彼らは意図して世襲制の原則を破ろうとしていたと考えてよかろう。

(34) このエーリク年代記には当時新たな縁起が加えられた。第五七～七四文には以下のような家系譜が述べられている。

そして、エーリクという王から始まる。
彼はスウェーデンのすべてを従えた。
彼の父はクヌートの息子にして
聖エーリクの男系孫であった。
エーリク王には三人の姉妹があった。
フォルクング家のクヌート卿がそのうちの一人を妻にした。
彼女の名はエーリンと言い、二人目はメルタと言った。

彼女をトフタのニルスが妻にした。
彼は柔和で公正な人物であった。
神がお授けになったものに満足していた。
彼女との間に彼はオービョルン・クヌートソン卿を得た。
卿からウルヴ・オービョルンソン卿が生まれた。
ウルヴ卿からトフタのカール卿が生まれた。
この人についてはしばしば非常によい評判が語られた。
彼は、スウェーデン人のあいだで見出された人物で、
その書物の七芸とあらゆる法律にかんして
もっとも書物の学問に通じており、
己が時代にウップランドの法官であった。
マグヌス・スコーネ王が亡くなったことは
彼の意思に大いに反することであった。

(Conny Blom, Förbindelsedikten och de medeltida rimkrönikorna, Lund 1972, S. 140.)

この家系譜が初めて記録された時期は特定でだない。Blom はこれを、Knutsson(†1470)の祖父 Karl Ulfsson(†1407)の命による系図調査にもとづくものとしている。Kjell Kumlien, Historieskrivning och kungadöme i svensk medeltid, Stockhokm 1979, bes. S. 68-72, 211. 彼は、この家系詩文は一四五〇年頃初めて記されたとの見解を述べている。

(35) Blom は同書(註33)一三九~一四〇頁で、この系譜が引き合いに出されているのは、たんに「Karl Knutsson の宣伝戦術」ないし「宣伝策」なのではないかとの疑問を提出している。私の考えでは少なくとも、ここに世代連鎖をなしている人物のほとんどは突きとめられると断言できる。初代= Erik der Heilige †1159(S. Otto Brenner, Nachkommen Gorms des Alten, Kopenhagen 1964, Nr. 154)。第二代= Knut Eriksson †1195(Gorm 201)。第三代= Erik Knutsson †1216(Gorm 312)。第四代= Margaretha ∞ Niels av Tofta(Brenner はこれに言及していない。Isenburg,

Stammafeln II 77でも触れている通説を取らない理由は明らかにしていない。Isenburgでは Margaretha ∞［ca. 1230］Niels Sixtenssonである)。第五代＝Abjörn Nielsson（おそらく誤りであろう。Sixten Nielsson［∞ ca. 1260］になるはず)。第六代＝Abjörn Sixtensson、トフタのスパレ家、［∞ ca. 1290］。宮廷顧問官、宮廷司厨官。†1310（Gorm 576)。第七代＝Ulf Abjörnsson, トフタのスパレ家、騎士、宮廷顧問官、ティオヘラドの法官。†1347/48、∞（遅くとも）1317（Gorm 993)。第八代＝Karl Ulfsson、トフタのスパレ家、騎士、宮廷顧問官、ウプランドの法官、元帥、ストックホルム王宮近衛隊長、ヴィボルイ軍司令官。†1407（Gorm 1590)。この、Karl Knutsson王の祖父のところで、エーリク年代記のはじめの部分にあるこの系譜は終わっているが、これ以降の系譜もわかっている。第九代＝Margaretha Karlsdotter、トフタのスパレ家、†1429, ∞ ca. 1408 Knut Röriksson、ボンド家（Gorm 2300)。第一〇代＝Karl Knutsson、ボンド家、スウェーデン王（1448)、†1470. 残念ながら私は、スウェーデン語による専攻文献を扱いきれず、本系譜における検証は不十分である。

（36） Karl Knutssonが王の血筋を引いていることを主張するもうひとつの年代記も参照せよ。「第二七番目はカール王。スウェーデン中最上級の騎士身分で、いにしえの古きスウェーデン王族の出自で」あり、かつ「我は王の一族に生まれた」。Blom（註33）S. 140 Anm. 15にしたがって引用した。これに類する事例がハンガリーにもある。Karl Knutssonがスウェーデン王位に就いて一〇年後、（本稿の時間的枠からは外れる）一四五八年にMátyás Hunyadiがハンガリー王に即位した。彼の祖先についてはこれまで断片的な研究しかない。フニャディ家は父系をたどるとジーベンビュルゲン地方のルーマニア系諸侯に遡る。彼は一四〇三年のハンガリー人反乱のおりに王Sigmundを助け、その報償としてフニャディ城を得、マジャール貴族に列せられた（Konrad G. Gündisch, Siebenbürgen und der Aufruhr von 1403 gegen Sigismund von Luxemburg, Revue Roumaine d'Histoire 15, 1976, 399-420を紹介下さったテュービンゲン大学教授Harald Zimmermann博士に感謝する)。われわれの関心から重要なのは、Mátyás Hunyadi（Corvius）が母系を遡ると旧ハンガリー王家であるアールパードArpad家の血を引いていたのか否かという問題だが、これに答えるには、彼の母でハンガリー人であるElisabeth Szilágyi（†1484）にかんする研究の進展を待たねばならない。解答はそれまで留保しておくほかない。ところで、そのころハンガリーでは、王の父János HunyadiはSigmund王の庶子であったとの風評が流れたのだが、こうした逸話にしても、王の血統 stirps regia が続くことがその時代に必要と考えられていたことを証明している。

(37) 権威的に扱われていた聖書も女性による相続を認めていた。民数記二七・八―一一「人が死に、その人に男の子がないときは、あなたがたはその相続地を娘に渡しなさい。／もし娘もないときには、その相続地を彼の兄弟たちに与えなさい。／もし兄弟たちもいないときには、その相続地を彼の父の兄弟たちに与えなさい。／もしその父に兄弟がないときには、その相続地を彼の氏族のなかで、彼に一番近い血縁の者に与え、それを受け継がせなさい。これを、主がモーセに命じられたとおり、イスラエル人のための定まったおきてとしなさい」。

(38) ヨーロッパにおける同君連合の比較研究が待ち望まれる。Percy Ernst Schramm, Kaiser, Könige und Päpste, Band I, Stuttgart 1968, 35-36 を参照。第三巻における同君連合にかんする記述の予告が第一巻にあるのだが、その見解を明らかにしたものとは言えない。まずなにより、Halvdan Koht, Vereinigte Königreiche des späteren Mittelalters, in: Festschrift Alfonse Dopsch, Wien 1938, 503-511 を参照せよ。Erik von Pommern 廃位までのノルウェー、スウェーデン、デンマークの同君連合にかんしては、Aksel E. Christensen, Kalmarunionen og nordisk politik 1319-1439, Kopenhagen 1980 を参照。

(39) Reinhard Elze（註5）。共有 consors（王権の regni）という見出し語は中世史事典 Lexikon des Mittelalters にはないもので、これにかんしては、Callo Guido Mor, Consors regni: La Regina nel diritto pubblico italiano dei secoli IX-X, Archivio giuridico 135 (1948) 7-32 を参照。本書との関連でいえば、これはとくにイタリアに限って考察したものである。

(40) これは以下の例についても見られる。――カスティリア：1369 John of Gaunt ∞ Constanca von Kastilien ――ナヴァラ：1425 Juan von Kastilien-Aragón ∞ Bianca von Navarra ――シチリア：1392 Martino il Giovane ∞ Maria von Anjou-Sizilien ――ハンガリー：1382/87 Sigmund von Luxemburg ∞ Maria von Anjou. 1437 Albrecht von Österreich ∞ Elisabeth von Luxemburg ――ベーメン：1438 Albrecht von Österreich ∞ Elisabeth von Luxemburg ――ポーランド：1386 Wladyslaw Jagiello ∞ Hedwig von Anjou ――ドイツ：1438 Albrecht von Österreich ∞ Elisabeth von Luxemburg.

(41) Lodowico von Tarent と違い、Otto von Braunschweig も Jacques de Bourbon もナポリ王家の始祖 primus acquirens

(Karl von Anjou) の後裔であった。後者の場合には当然ながら次のような特殊事情が注目に値する。彼はカペー宗家の一員なのであるが、彼の妻 Giovanna II. von Neapel の父方の遠い親類になるのである。彼のナポリ王即位をめぐる争いは、ナポリは Karl von Anjou の後裔たちが相続してゆく自立した王国なのか、あるいはフランス王国の封邑とみなされてよいのかという問題を孕んでいた。そして結論としては前者の道がとられた。

(42) これにより、すでにシチリア島を治め、全シチリア・ナポリ王国の支配をめぐりナポリと相争っているバルセロナ家の一員によるナポリ王即位が避けられた。Jayme の(マジョルカ)王位を承認することは何の問題もなかったが、ナポリの王として認めることはナポリ・アンジュー家にとって危険を孕んでいたのである。こうした慎重な考えが当時はたらいていたかどうかの検討は可能だろう。

(43) Stanislaw Russocki in: Konstanzer Arbeitskreis, Protokoll Nr. 261 (1983), S. 74.

(44) 一四一二年のアラゴン王位継承を決定した Caspe による仲裁裁定については、Esteban Sarasa Sanchez, Aragón y el compromiso de Caspe, Zaragoza 1981 を参照。

(45) Giesey, S. 17-22(註1)。

(46) Reinhard Schneider in: Konstanzer Arbeitskreis, Protokoll Nr. 261 (1983), S. 85.

(47) Otto Brunner, Land und Herrschaft, 4. Aufl. Wien/Wiesbaden 1959, S. 49.

(飯野靖夫+モニカ・レーナー訳/河上倫逸監訳)

王位継承系図の解説

以下の図表は完全な親族系図であるとはいえないが、それでも一三五〇〜一四五〇年のヨーロッパの全王国の王位継承を理解するために重要な相続法上の親族関係を分かりやすく図表化してある。概観を得やすくするために、非常に混み入った継承事例のある王国についてはそれぞれの継承に見合ったいくつかの図を別にしている。ある相続開始時点での完全な親族図を整理してあるものとしては、本文でも詳しく述べた図XIV aが例になろう。

略号　abg.＝廃位さる abgesetzt　agn.＝男系親族 agnatisch　Anspr.＝継承権を主張 Anspruch
AR＝アラゴン　Bgd＝ブルグント　Bö＝ベーメン　D＝ドイツ　DM＝デンマーク
E＝イングランド　erm.＝殺害さる ermordet　erw.＝選定される erwählt　exk.＝教会破門 exkommuniziert
F＝フランス　Fst＝諸侯 Fürst　gef.＝監禁さる gefangen　gekr.＝戴冠 gekrönt　Gf＝グラーフ
Hz＝太公　j.＝成年 jährig　Kand.＝次期王位候補者 Kandidat　Kg＝王　Kgu＝女王
Kfst＝選定侯　Ks.＝皇帝　Mgf＝マルクグラーフ　N＝ノルウェー　NAV＝ナヴァラ
NP＝ナポリ　Ö＝オーストリア　PL＝ポーランド　Prät.＝王位要求者 Prätendent
Reg.＝摂政 Regent　röm. Kg＝ローマ王 römischer König　RVik.＝帝国代理 Reichsvikar
S＝スウェーデン　SIZ＝シチリア　Tit＝名目〜 Titular-　T.＝娘　U＝ハンガリー

記号　(KÖNIGINNEN)、(Frauen)＝丸枠での名前は女性　☆＝生年　∧＝系譜の下る方向
∞＝婚姻（a＝初婚、b＝再婚）　†＝死亡　††＝存命の息子なく死亡　†††＝存命の後裔なく死亡
a1400＝早くとも一四〇〇年　b1400＝遅くとも一四〇〇年　c1400＝一四〇〇年頃
II3＝相続のあった年 (1328) に死亡した被相続人に対する親等数。ローマ数字はカノン法方式、アラビア数字はローマ法方式による。
――＝嫡出系譜　――＝非嫡出系譜　……（縦）＝未確定系譜　……（下線）＝同一性未確定
-・-・-＝養子縁組　人名の実線・破線・一点破線枠により王統を区別。

ノルウェー
XIII
XIII
スウェーデン
スコットランド
III
デンマーク
XIV
リーフラント
II
イングランド
プロイセン
リトアニア
ローマ・ドイツ王国
XV
ポーランド
XII
ベーメン XI
フランス
I
ハンガリー
X
(ブルグント)
XVI
XVII
イタリア
zu X
クロアチア
ダルマチア
VI
ナヴァラ
アラゴン
IV
ポルトガル
V
レオン・カスティリア
VII
カタロニア
ヴァレンシア
マジョルカ
教皇領
IX
ナポリ
サルディニア
zu VII
シチリア
トリナクリア
VIII

一四〇〇年当時のヨーロッパ諸王国

ローマ数字は継承図番号

図 *I*

フランス

1350
1364
1380
1422/29 1422/31

Haus Capet
Kge Frankreich seit 987

Valois

PHILIPPE IV le bel
Kg. F 1285 † 1314
⚭ Erbin Navarra

Charles
Gf Valois, Anjou
† 1325

Burgund
England

LOUIS X
Kg NAV
Kg F
† 1316

PHILIPPE V
Kg F u. NAV
† 1322

Isabella
⚭ 1308
Edward II
Kg Engld.

CHARLES IV
Kg F u. NAV
††
1328
3 Grade
4 Grade

PHILIPPE VI
Gf Anjou 1325
Kg F 1328
† 1350

Navarra

Jeanne * 1311
Erbin Navarra
⚭ 1329 Evreux
(agn. Capet)

Jean
* und †
1316
postum

Marguer.
⚭ 1320
Ludwig II.
Gf. Flandern

EDWARD III
Kg Engl. 1327
»Kg F« 1340
bis 1360
† 1377

Blanche
* postum
1328
⚭ 1344
Orléans

JEAN le bon
Kg F 1350
gefangen 1356–60
† 1364

Charles * 1332
»le mauvais«
Kg Navarra 1349
Ansprüche in
Frankreich
† 1387

† † †

Ludwig
Gf Flandern
†† 1384

John of
Gaunt
† 1399
⚭ Lancaster

† † †

CHARLES V
Reg. 1356–60
Kg F 1364
† 1380

Louis
Anjou
Neap.
† 1384

Phil.
Hz. Burgund 1363
Regent F
† 1404

Marguer.
Erbin Fland.
⚭ 1369
Hz Burgund
Reg. F 1392
† 1404
(agn. Capet)

Henry IV
Kg England
1399
† 1413

CHARLES VI
Kg F 1380
wahns. 1392
† Okt. 1422
⚭ Baiern

Louis
Orléans
Regent F
1392
ermordet
1407

V 6
HENRY V * 1387
Kg England
1413
Anspruch
Frankreich 1414
héritier F
Troyes 1420
† Aug. 1422

Jean s. peur
Hz Bgd 1404
Mitreg. F
ermordet
1419

Catherine
* 1401
⚭ 1420
† 1438

VI 8
CHARLES VII
* 1403
durch Vertrag Troyes
enterbt 1420
Kg Bourges 1422
gekr. Reims 1429
Paris 1436
† 1461

VI 7
Philippe
le bon
* 1396
Hz Bgd 1419
Troyes 1420
Arras 1435
† 1467

HENRY VI * 1421
Kg E 1422 gekr. 1429
Kg F 1422 gekr. 1431
abgesetzt 1461
ermordet 1471
VI 7

† † †

Partei England–Burgund–Navarra (Cognaten)

Partei Valois–Orléans–Anjou (Agnaten)

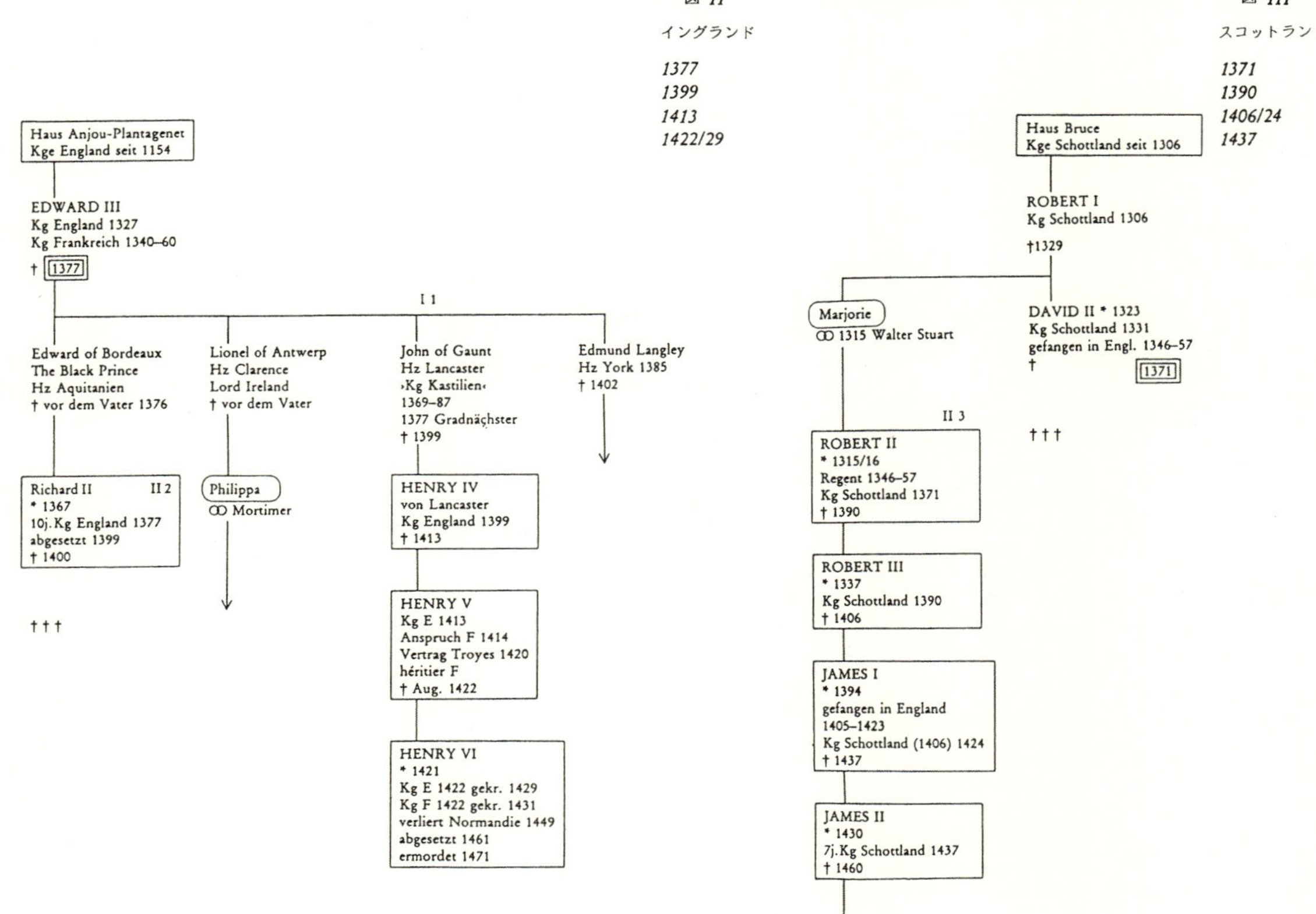
図 II
イングランド
1377
1399
1413
1422/29
Haus Anjou-Plantagenet
Kge England seit 1154
EDWARD III
Kg England 1327
Kg Frankreich 1340–60
† 1377
I 1
Edward of Bordeaux
The Black Prince
Hz Aquitanien
† vor dem Vater 1376
Lionel of Antwerp
Hz Clarence
Lord Ireland
† vor dem Vater
John of Gaunt
Hz Lancaster
›Kg Kastilien‹
1369–87
1377 Gradnächster
† 1399
Edmund Langley
Hz York 1385
† 1402
Richard II
II 2
* 1367
10j. Kg England 1377
abgesetzt 1399
† 1400
† † †
Philippa
ꝏ Mortimer
HENRY IV
von Lancaster
Kg England 1399
† 1413
HENRY V
Kg E 1413
Anspruch F 1414
Vertrag Troyes 1420
héritier F
† Aug. 1422
HENRY VI
* 1421
Kg E 1422 gekr. 1429
Kg F 1422 gekr. 1431
verliert Normandie 1449
abgesetzt 1461
ermordet 1471
図 III
スコットランド
1371
1390
1406/24
1437
Haus Bruce
Kge Schottland seit 1306
ROBERT I
Kg Schottland 1306
†1329
Marjorie
ꝏ 1315 Walter Stuart
DAVID II * 1323
Kg Schottland 1331
gefangen in Engl. 1346–57
†
1371
† † †
II 3
ROBERT II
* 1315/16
Regent 1346–57
Kg Schottland 1371
† 1390
ROBERT III
* 1337
Kg Schottland 1390
† 1406
JAMES I
* 1394
gefangen in England
1405–1423
Kg Schottland (1406) 1424
† 1437
JAMES II
* 1430
7j. Kg Schottland 1437
† 1460

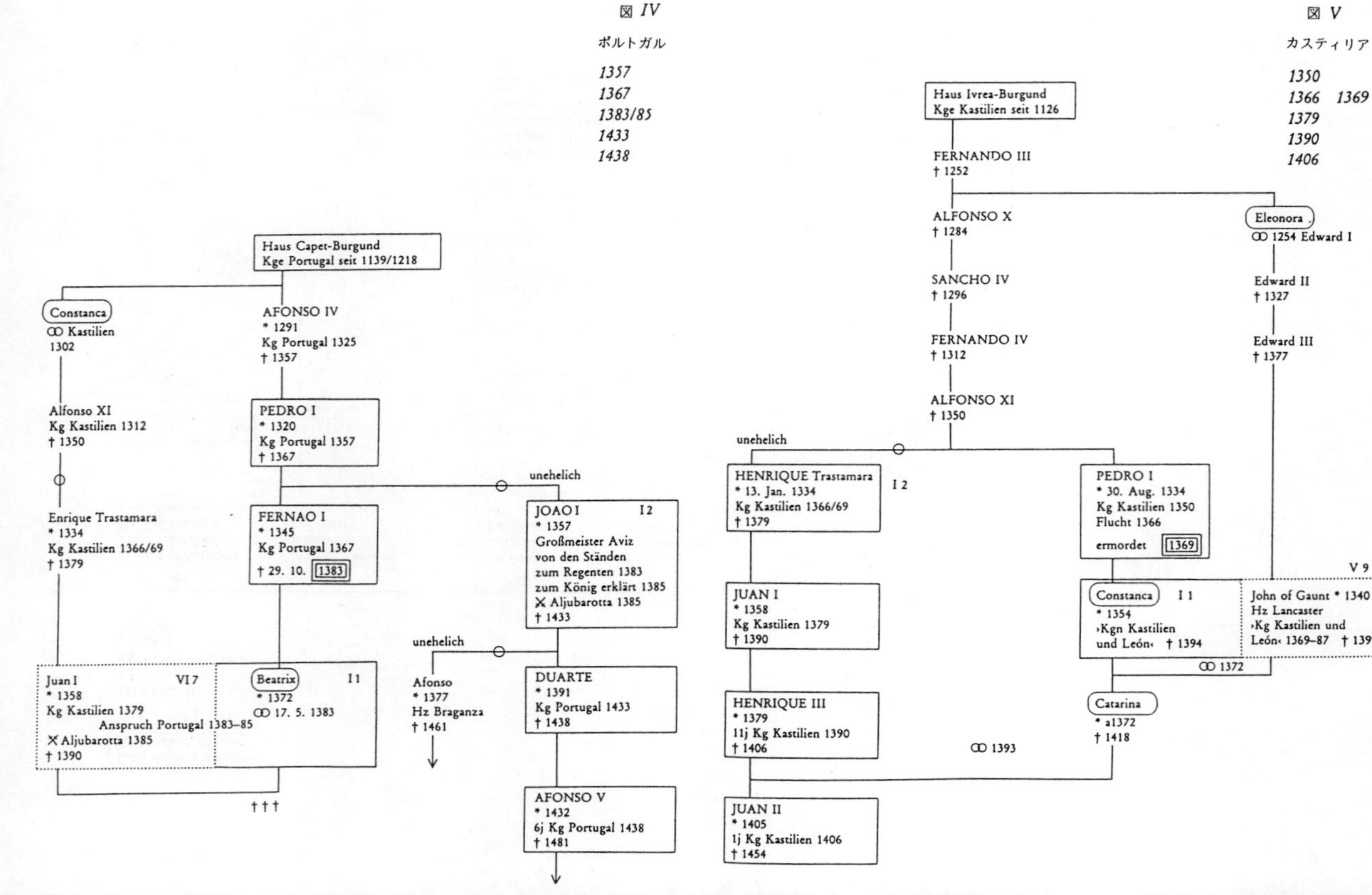

図 IV
ポルトガル
1357
1367
1383/85
1433
1438
Haus Capet-Burgund
Kge Portugal seit 1139/1218
Constanca
ꝏ Kastilien
1302
AFONSO IV
* 1291
Kg Portugal 1325
† 1357
Alfonso XI
Kg Kastilien 1312
† 1350
PEDRO I
* 1320
Kg Portugal 1357
† 1367
unehelich
Enrique Trastamara
* 1334
Kg Kastilien 1366/69
† 1379
FERNAO I
* 1345
Kg Portugal 1367
† 29. 10. 1383
JOAO I
I 2
* 1357
Großmeister Aviz
von den Ständen
zum Regenten 1383
zum König erklärt 1385
⚔ Aljubarotta 1385
† 1433
unehelich
Juan I
VI 7
* 1358
Kg Kastilien 1379
Anspruch Portugal 1383–85
⚔ Aljubarotta 1385
† 1390
Beatrix
I 1
* 1372
ꝏ 17. 5. 1383
Afonso
* 1377
Hz Braganza
† 1461
DUARTE
* 1391
Kg Portugal 1433
† 1438
† † †
AFONSO V
* 1432
6j Kg Portugal 1438
† 1481
図 V
カスティリア
1350
1366 1369
1379
1390
1406
Haus Ivrea-Burgund
Kge Kastilien seit 1126
FERNANDO III
† 1252
ALFONSO X
† 1284
Eleonora
ꝏ 1254 Edward I
SANCHO IV
† 1296
Edward II
† 1327
FERNANDO IV
† 1312
Edward III
† 1377
ALFONSO XI
† 1350
unehelich
HENRIQUE Trastamara
* 13. Jan. 1334
Kg Kastilien 1366/69
† 1379
I 2
PEDRO I
* 30. Aug. 1334
Kg Kastilien 1350
Flucht 1366
ermordet 1369
V 9
JUAN I
* 1358
Kg Kastilien 1379
† 1390
Constanca
I 1
* 1354
›Kgn Kastilien
und León‹ † 1394
John of Gaunt * 1340
Hz Lancaster
›Kg Kastilien und
León‹ 1369–87 † 1399
ꝏ 1372
HENRIQUE III
* 1379
11j Kg Kastilien 1390
† 1406
ꝏ 1393
Catarina
* a1372
† 1418
JUAN II
* 1405
1j Kg Kastilien 1406
† 1454

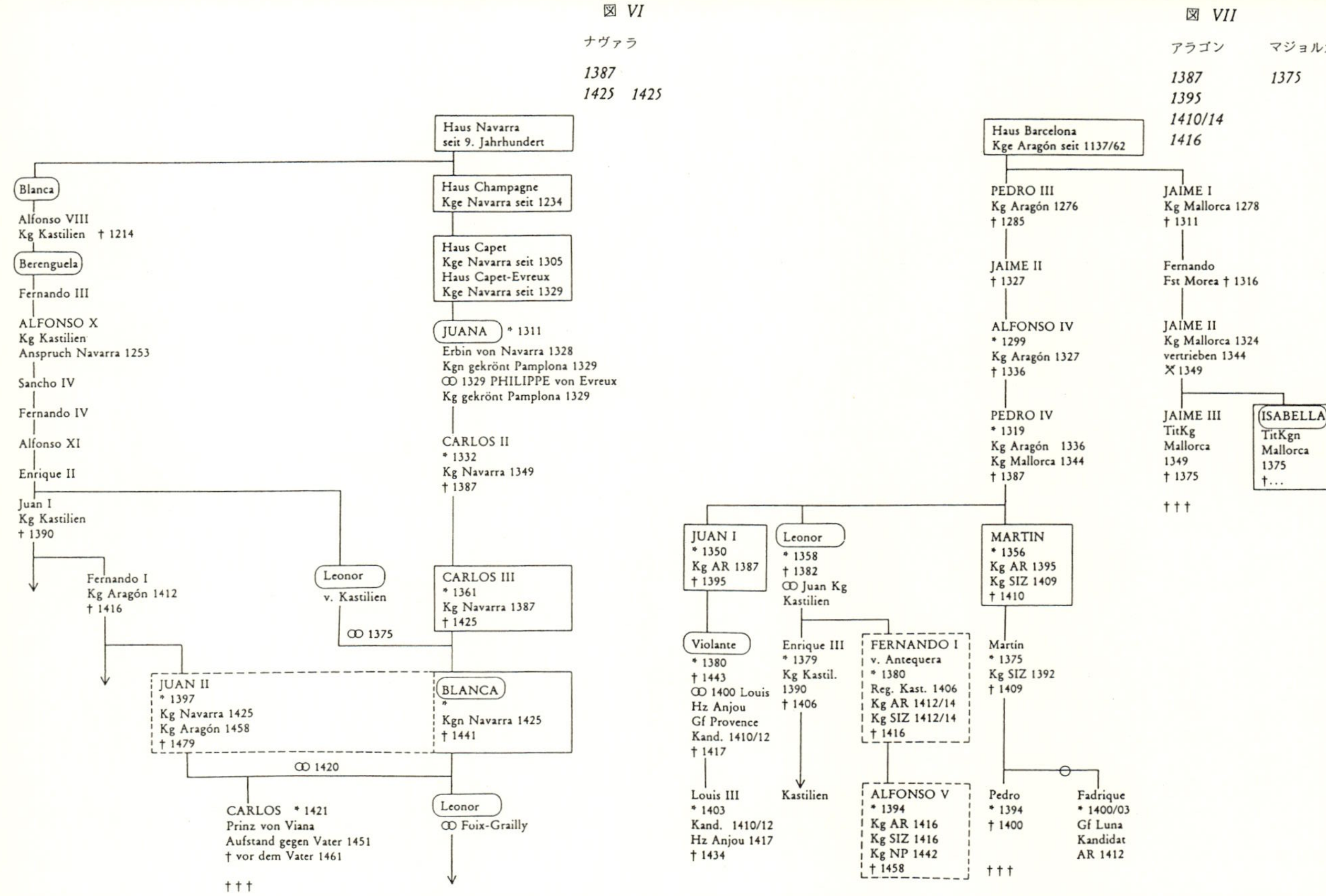

図 VI
ナヴァラ
1387
1425 1425
Haus Navarra
seit 9. Jahrhundert
Blanca
Alfonso VIII
Kg Kastilien † 1214
Berenguela
Fernando III
ALFONSO X
Kg Kastilien
Anspruch Navarra 1253
Sancho IV
Fernando IV
Alfonso XI
Enrique II
Juan I
Kg Kastilien
† 1390
Fernando I
Kg Aragón 1412
† 1416
Haus Champagne
Kge Navarra seit 1234
Haus Capet
Kge Navarra seit 1305
Haus Capet-Evreux
Kge Navarra seit 1329
JUANA * 1311
Erbin von Navarra 1328
Kgn gekrönt Pamplona 1329
ꝏ 1329 PHILIPPE von Evreux
Kg gekrönt Pamplona 1329
CARLOS II
* 1332
Kg Navarra 1349
† 1387
Leonor
v. Kastilien
ꝏ 1375
CARLOS III
* 1361
Kg Navarra 1387
† 1425
JUAN II
* 1397
Kg Navarra 1425
Kg Aragón 1458
† 1479
BLANCA
*
Kgn Navarra 1425
† 1441
ꝏ 1420
CARLOS * 1421
Prinz von Viana
Aufstand gegen Vater 1451
† vor dem Vater 1461
† † †
Leonor
ꝏ Foix-Grailly
図 VII
アラゴン
1387
1395
1410/14
1416
マジョルカ
1375
Haus Barcelona
Kge Aragón seit 1137/62
PEDRO III
Kg Aragón 1276
† 1285
JAIME II
† 1327
ALFONSO IV
* 1299
Kg Aragón 1327
† 1336
PEDRO IV
* 1319
Kg Aragón 1336
Kg Mallorca 1344
† 1387
JAIME I
Kg Mallorca 1278
† 1311
Fernando
Fst Morea † 1316
JAIME II
Kg Mallorca 1324
vertrieben 1344
⚔ 1349
JAIME III
TitKg
Mallorca
1349
† 1375
† † †
ISABELLA
TitKgn
Mallorca
1375
†...
JUAN I
* 1350
Kg AR 1387
† 1395
Leonor
* 1358
† 1382
ꝏ Juan Kg
Kastilien
MARTIN
* 1356
Kg AR 1395
Kg SIZ 1409
† 1410
Violante
* 1380
† 1443
ꝏ 1400 Louis
Hz Anjou
Gf Provence
Kand. 1410/12
† 1417
Louis III
* 1403
Kand. 1410/12
Hz Anjou 1417
† 1434
Enrique III
* 1379
Kg Kastil.
1390
† 1406
Kastilien
FERNANDO I
v. Antequera
* 1380
Reg. Kast. 1406
Kg AR 1412/14
Kg SIZ 1412/14
† 1416
ALFONSO V
* 1394
Kg AR 1416
Kg SIZ 1416
Kg NP 1442
† 1458
Martín
* 1375
Kg SIZ 1392
† 1409
Pedro
* 1394
† 1400
† † †
Fadrique
* 1400/03
Gf Luna
Kandidat
AR 1412

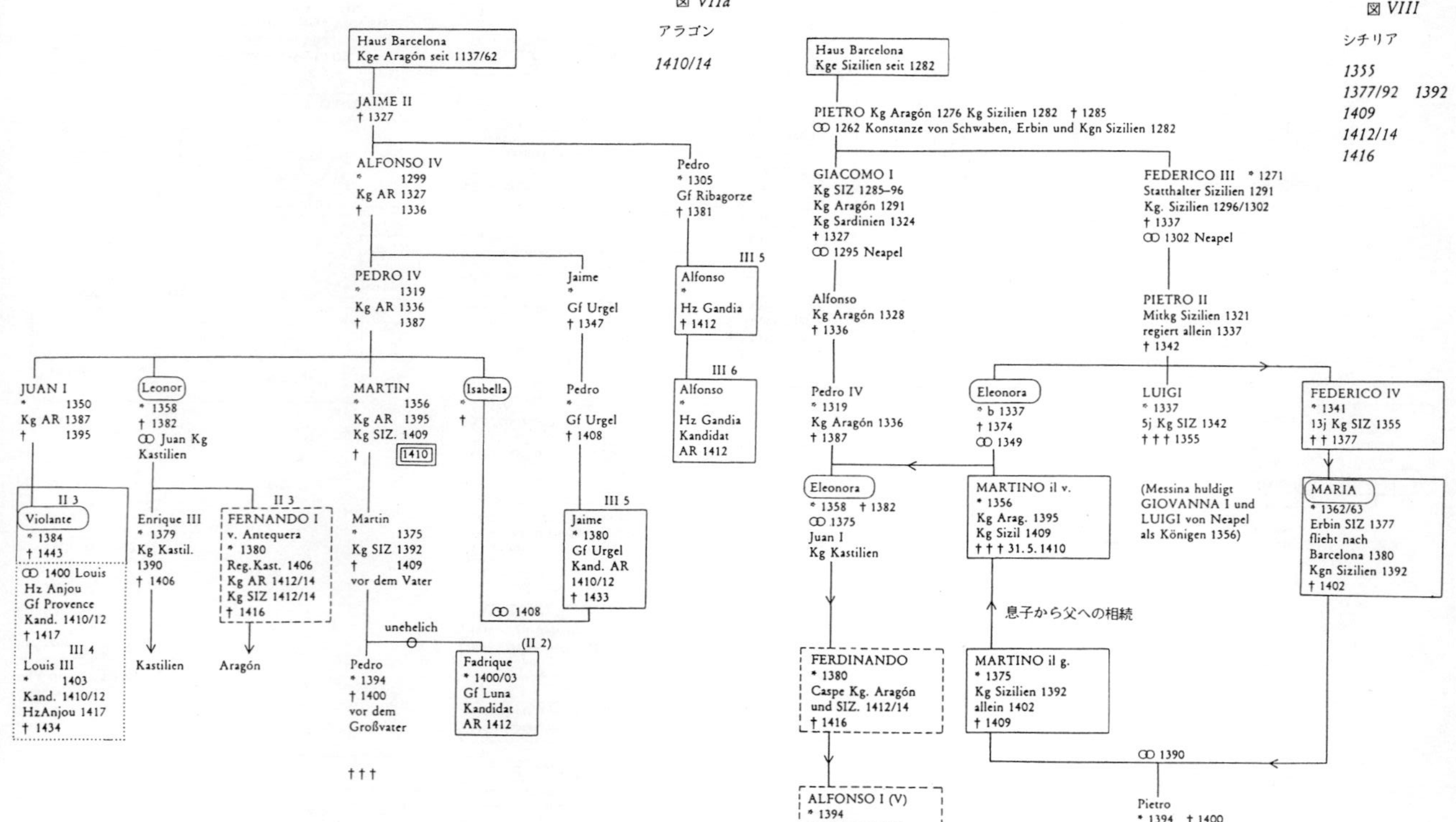
図 VIIa
アラゴン
1410/14
Haus Barcelona
Kge Aragón seit 1137/62
JAIME II
† 1327
ALFONSO IV
* 1299
Kg AR 1327
† 1336
Pedro
* 1305
Gf Ribagorze
† 1381
PEDRO IV
* 1319
Kg AR 1336
† 1387
Jaime
*
Gf Urgel
† 1347
III 5
Alfonso
*
Hz Gandia
† 1412
III 6
Alfonso
*
Hz Gandia
Kandidat
AR 1412
JUAN I
* 1350
Kg AR 1387
† 1395
Leonor
* 1358
† 1382
ꝏ Juan Kg
Kastilien
MARTIN
* 1356
Kg AR 1395
Kg SIZ. 1409
† 1410
Isabella
*
†
Pedro
*
Gf Urgel
† 1408
II 3
Violante
* 1384
† 1443
ꝏ 1400 Louis
Hz Anjou
Gf Provence
Kand. 1410/12
† 1417
III 4
Louis III
* 1403
Kand. 1410/12
HzAnjou 1417
† 1434
Enrique III
* 1379
Kg Kastil.
1390
† 1406
Kastilien
II 3
FERNANDO I
v. Antequera
* 1380
Reg.Kast. 1406
Kg AR 1412/14
Kg SIZ 1412/14
† 1416
Aragón
Martin
* 1375
Kg SIZ 1392
† 1409
vor dem Vater
unehelich
Pedro
* 1394
† 1400
vor dem
Großvater
† † †
(II 2)
Fadrique
* 1400/03
Gf Luna
Kandidat
AR 1412
ꝏ 1408
III 5
Jaime
* 1380
Gf Urgel
Kand. AR
1410/12
† 1433
図 VIII
シチリア
1355
1377/92 1392
1409
1412/14
1416
Haus Barcelona
Kge Sizilien seit 1282
PIETRO Kg Aragón 1276 Kg Sizilien 1282 † 1285
ꝏ 1262 Konstanze von Schwaben, Erbin und Kgn Sizilien 1282
GIACOMO I
Kg SIZ 1285–96
Kg Aragón 1291
Kg Sardinien 1324
† 1327
ꝏ 1295 Neapel
FEDERICO III * 1271
Statthalter Sizilien 1291
Kg. Sizilien 1296/1302
† 1337
ꝏ 1302 Neapel
Alfonso
Kg Aragón 1328
† 1336
PIETRO II
Mitkg Sizilien 1321
regiert allein 1337
† 1342
Pedro IV
* 1319
Kg Aragón 1336
† 1387
Eleonora
* b 1337
† 1374
ꝏ 1349
LUIGI
* 1337
5j Kg SIZ 1342
† † † 1355
FEDERICO IV
* 1341
13j Kg SIZ 1355
† † 1377
Eleonora
* 1358 † 1382
ꝏ 1375
Juan I
Kg Kastilien
MARTINO il v.
* 1356
Kg Arag. 1395
Kg Sizil 1409
† † † 31. 5. 1410
(Messina huldigt
GIOVANNA I und
LUIGI von Neapel
als Königen 1356)
MARIA
* 1362/63
Erbin SIZ 1377
flieht nach
Barcelona 1380
Kgn Sizilien 1392
† 1402
息子から父への相続
FERDINANDO
* 1380
Caspe Kg. Aragón
und SIZ. 1412/14
† 1416
MARTINO il g.
* 1375
Kg Sizilien 1392
allein 1402
† 1409
ꝏ 1390
ALFONSO I (V)
* 1394
Kg AR SIZ 1416
Kg Neapel 1442
† 1458
Pietro
* 1394 † 1400
vor dem Vater
† † †
← ↓ ↑ → 継承の方向

図 *IX*

ナポリ

1343/52

Haus Capet-Anjou
Kge Neapel seit 1266

CARLO II
Gf Anjou,
Gf Provence
Kg Neapel 1285
† 1309

Carlo Martello
* 1271
Reg. Neapel 1285–87
TitKg Ungarn 1292
† vor dem Vater 1295

Filippo
Fst Tarent 1294
TitKs Konst.
Hz Durazzo 1306
† 1332

ROBERTO il saggio
Gf Provence 1309
Kg Neapel 1309
† 1343

Carlo Roberto
* 1288
Kg Ungarn 1301/10
† 1342

Roberto
TitKs Konst.
Fst Tarent 1332
† 1364

II 3
LUIGI
von Tarent
* 1320
Kg NP gekr. 1352
† 1362

Carlo
Hz Kalabrien
† vor dem Vater 1328

III 4
Ludwig d. Gr.
* 1326
Kg Ungarn 1342
Ansprüche
Neapel 1348
Kg Pl 1370
† Sept. 1382

Andreas
* 1327
ꝏ 6jährig 1333
ermordet 1345

† † †

† † †

ꝏ b 1346

ꝏ a 1333

II 2
GIOVANNA I * 1326
Gfn Provence 1343
Kgn Neapel 1343
gekrönt 1352
ꝏ c 1363 Jayme
Kg Mallorca
ꝏ d 1376 Otto von
Braunschw. Tarent
† 1382

2 Töchter
† 1395, 1399
† † †

Carlo
* 1345 † 1348
† † †

† † †

図 *IX a*

ナポリ

1380/82

Haus Capet-Anjou
Kge Neapel seit 1266

CARLO II
Gf Anjou, Gf Provence
Kg Neapel 1285
† 1309

Margareta
ꝏ 1290
Charles I
Gf Valois
Gf Anjou

ROBERTO
Gf Provence 1309
Kg Neapel 1309
† 1343

Giovanni
Fst Durazzo
† 1336

Philippe VI
Gf Anjou
Kg Frankreich
† 1350

Carlo
Hz Kalabrien
† vor dem Vater 1328

Luigi
Gf Gravina
† 1362

Jean II
Kg Frankreich
† 1364

GIOVANNA I * 1326
Gfn Provence 1343
Kgn Neapel 1343 gekr. 1352
gebannt von Urban VI 1381
ermordet 12. 5. 1382

CARLO III 6
Fst Durazzo
von Urban VI design.
in Rom 1380
Kg Neapel 1381
ermordet 1386

adoptiert 1380

Charles V
Kg Frankr.
† 1308

LOUIS I IV 7
* 1339
Gf Anjou 1356 Hz 1360
Gf Provence 1382
Kg Neapel 1382 Avignon
† 1384 im Kgr. Neapel

† † †

Charles VI
* 1368
12j Kg Frankr.
1380

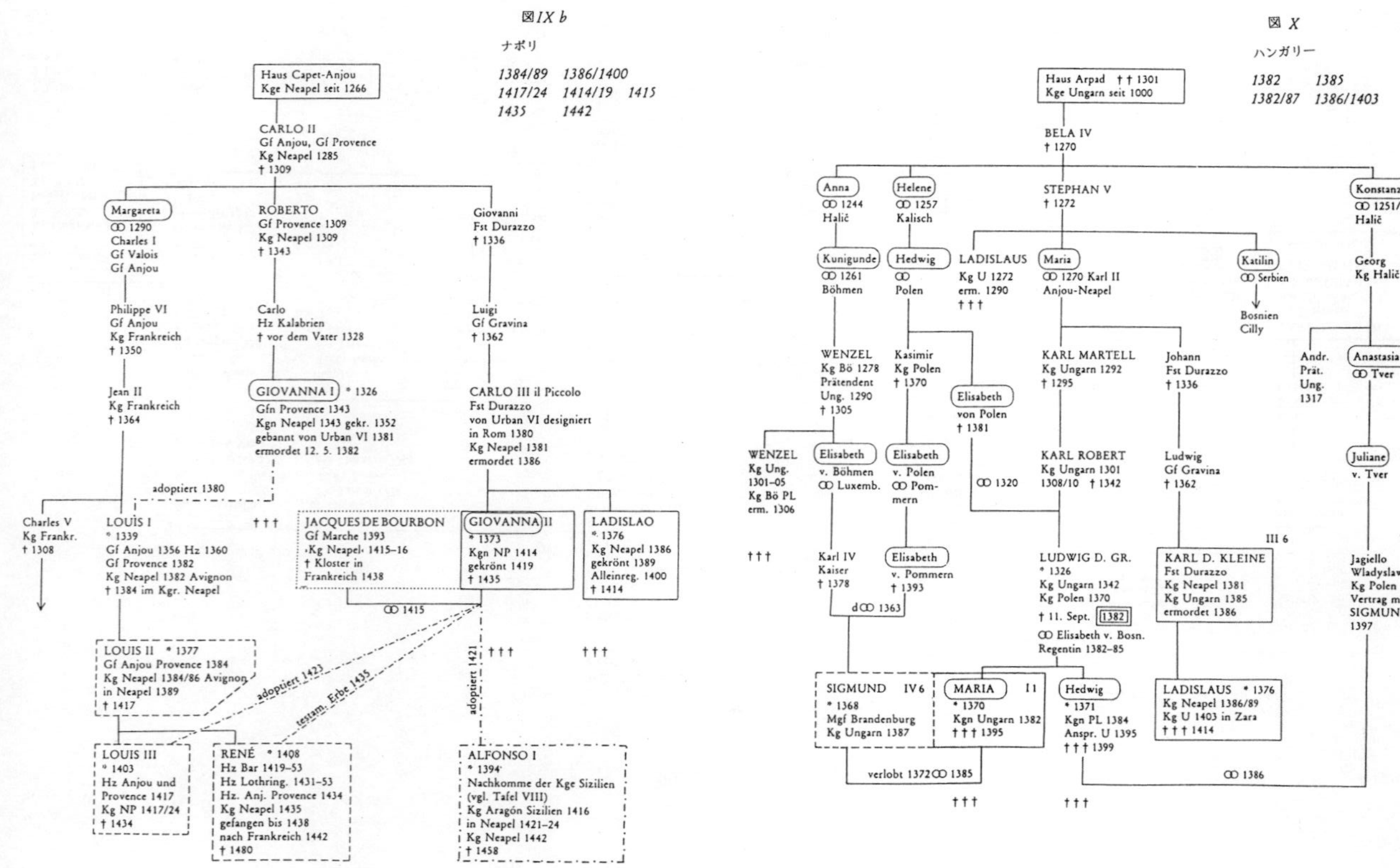

図IX b
ナポリ
1384/89 1386/1400
1417/24 1414/19 1415
1435 1442
Haus Capet-Anjou
Kge Neapel seit 1266
CARLO II
Gf Anjou, Gf Provence
Kg Neapel 1285
† 1309
Margareta
∞ 1290
Charles I
Gf Valois
Gf Anjou
ROBERTO
Gf Provence 1309
Kg Neapel 1309
† 1343
Giovanni
Fst Durazzo
† 1336
Philippe VI
Gf Anjou
Kg Frankreich
† 1350
Carlo
Hz Kalabrien
† vor dem Vater 1328
Luigi
Gf Gravina
† 1362
Jean II
Kg Frankreich
† 1364
GIOVANNA I * 1326
Gfn Provence 1343
Kgn Neapel 1343 gekr. 1352
gebannt von Urban VI 1381
ermordet 12. 5. 1382
CARLO III il Piccolo
Fst Durazzo
von Urban VI designiert
in Rom 1380
Kg Neapel 1381
ermordet 1386
adoptiert 1380
Charles V
Kg Frankr.
† 1308
LOUIS I
* 1339
Gf Anjou 1356 Hz 1360
Gf Provence 1382
Kg Neapel 1382 Avignon
† 1384 im Kgr. Neapel
† † †
JACQUES DE BOURBON
Gf Marche 1393
‹Kg Neapel› 1415–16
† Kloster in
Frankreich 1438
GIOVANNA II
* 1373
Kgn NP 1414
gekrönt 1419
† 1435
LADISLAO
* 1376
Kg Neapel 1386
gekrönt 1389
Alleinreg. 1400
† 1414
∞ 1415
LOUIS II * 1377
Gf Anjou Provence 1384
Kg Neapel 1384/86 Avignon
in Neapel 1389
† 1417
adoptiert 1423
testam. Erbe 1435
adoptiert 1421
† † †
† † †
LOUIS III
* 1403
Hz Anjou und
Provence 1417
Kg NP 1417/24
† 1434
RENÉ * 1408
Hz Bar 1419–53
Hz Lothring. 1431–53
Hz. Anj. Provence 1434
Kg Neapel 1435
gefangen bis 1438
nach Frankreich 1442
† 1480
ALFONSO I
* 1394
Nachkomme der Kge Sizilien
(vgl. Tafel VIII)
Kg Aragón Sizilien 1416
in Neapel 1421–24
Kg Neapel 1442
† 1458
図 X
ハンガリー
1382 1385
1382/87 1386/1403
Haus Arpad † † 1301
Kge Ungarn seit 1000
BELA IV
† 1270
Anna
∞ 1244
Halič
Helene
∞ 1257
Kalisch
STEPHAN V
† 1272
Konstanze
∞ 1251/52
Halič
Kunigunde
∞ 1261
Böhmen
Hedwig
∞
Polen
LADISLAUS
Kg U 1272
erm. 1290
† † †
Maria
∞ 1270 Karl II
Anjou-Neapel
Katilin
∞ Serbien
Bosnien
Cilly
Georg
Kg Halič
WENZEL
Kg Bö 1278
Prätendent
Ung. 1290
† 1305
Kasimir
Kg Polen
† 1370
Elisabeth
von Polen
† 1381
KARL MARTELL
Kg Ungarn 1292
† 1295
Johann
Fst Durazzo
† 1336
Andr.
Prät.
Ung.
1317
Anastasia
∞ Tver
WENZEL
Kg Ung.
1301–05
Kg Bö PL
erm. 1306
Elisabeth
v. Böhmen
∞ Luxemb.
Elisabeth
v. Polen
∞ Pom-
mern
∞ 1320
KARL ROBERT
Kg Ungarn 1301
1308/10 † 1342
Ludwig
Gf Gravina
† 1362
Juliane
v. Tver
† † †
Karl IV
Kaiser
† 1378
Elisabeth
v. Pommern
† 1393
LUDWIG D. GR.
* 1326
Kg Ungarn 1342
Kg Polen 1370
† 11. Sept. 1382
∞ Elisabeth v. Bosn.
Regentin 1382–85
III 6
KARL D. KLEINE
Fst Durazzo
Kg Neapel 1381
Kg Ungarn 1385
ermordet 1386
V 10
Jagiello
Wladyslaw
Kg Polen 1386
Vertrag mit
SIGMUND
1397
d∞ 1363
SIGMUND IV 6
* 1368
Mgf Brandenburg
Kg Ungarn 1387
MARIA I 1
* 1370
Kgn Ungarn 1382
† † † 1395
Hedwig
* 1371
Kgn PL 1384
Anspr. U 1395
† † † 1399
LADISLAUS * 1376
Kg Neapel 1386/89
Kg U 1403 in Zara
† † † 1414
verlobt 1372 ∞ 1385
∞ 1386
† † †
† † †

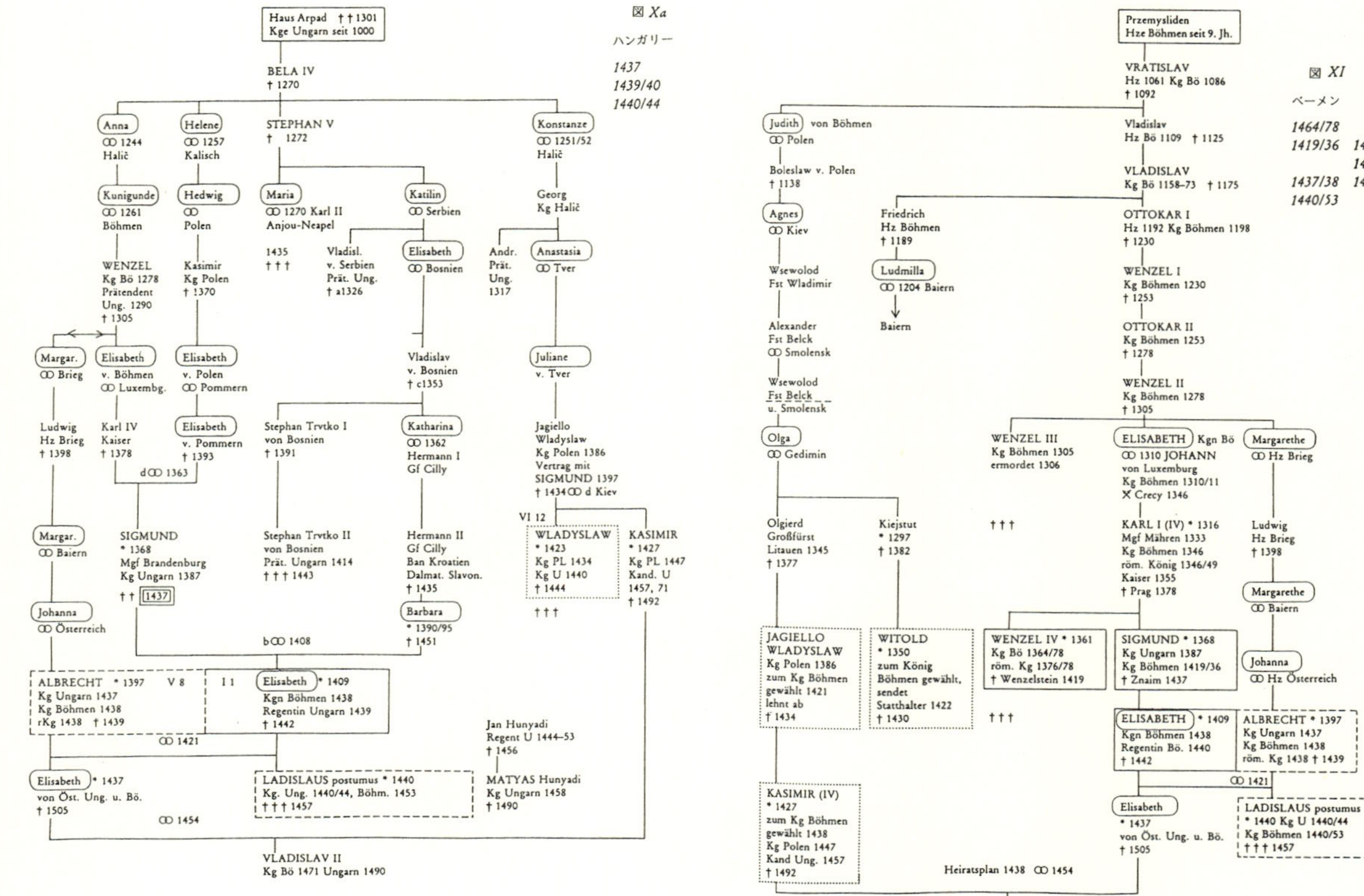

図 Xa
ハンガリー
1437
1439/40
1440/44
Haus Arpad † † 1301
Kge Ungarn seit 1000
BELA IV
† 1270
Anna
ꝏ 1244
Halič
Helene
ꝏ 1257
Kalisch
STEPHAN V
† 1272
Konstanze
ꝏ 1251/52
Halič
Kunigunde
ꝏ 1261
Böhmen
Hedwig
ꝏ
Polen
Maria
ꝏ 1270 Karl II
Anjou-Neapel
Katilin
ꝏ Serbien
Georg
Kg Halič
WENZEL
Kg Bö 1278
Prätendent
Ung. 1290
† 1305
Kasimir
Kg Polen
† 1370
1435
† † †
Vladisl.
v. Serbien
Prät. Ung.
† a1326
Elisabeth
ꝏ Bosnien
Andr.
Prät.
Ung.
1317
Anastasia
ꝏ Tver
Margar.
ꝏ Brieg
Elisabeth
v. Böhmen
ꝏ Luxembg.
Elisabeth
v. Polen
ꝏ Pommern
Vladislav
v. Bosnien
† c1353
Juliane
v. Tver
Ludwig
Hz Brieg
† 1398
Karl IV
Kaiser
† 1378
Elisabeth
v. Pommern
† 1393
d ꝏ 1363
Stephan Trvtko I
von Bosnien
† 1391
Katharina
ꝏ 1362
Hermann I
Gf Cilly
Jagiello
Wladyslaw
Kg Polen 1386
Vertrag mit
SIGMUND 1397
† 1434 ꝏ d Kiev
Margar.
ꝏ Baiern
SIGMUND
* 1368
Mgf Brandenburg
Kg Ungarn 1387
† † 1437
Stephan Trvtko II
von Bosnien
Prät. Ungarn 1414
† † † 1443
Hermann II
Gf Cilly
Ban Kroatien
Dalmat. Slavon.
† 1435
VI 12
WLADYSLAW
* 1423
Kg PL 1434
Kg U 1440
† 1444
† † †
KASIMIR
* 1427
Kg PL 1447
Kand. U
1457, 71
† 1492
Johanna
ꝏ Österreich
Barbara
* 1390/95
† 1451
b ꝏ 1408
ALBRECHT * 1397 V 8
Kg Ungarn 1437
Kg Böhmen 1438
rKg 1438 † 1439
I 1
Elisabeth * 1409
Kgn Böhmen 1438
Regentin Ungarn 1439
† 1442
ꝏ 1421
Jan Hunyadi
Regent U 1444–53
† 1456
Elisabeth * 1437
von Öst. Ung. u. Bö.
† 1505
ꝏ 1454
LADISLAUS postumus * 1440
Kg. Ung. 1440/44, Böhm. 1453
† † † 1457
MATYAS Hunyadi
Kg Ungarn 1458
† 1490
VLADISLAV II
Kg Bö 1471 Ungarn 1490
Przemysliden
Hze Böhmen seit 9. Jh.
VRATISLAV
Hz 1061 Kg Bö 1086
† 1092
図 XI
ベーメン
1464/78
1419/36 1421
1422
1437/38 1438
1440/53
Judith von Böhmen
ꝏ Polen
Vladislav
Hz Bö 1109 † 1125
Boleslaw v. Polen
† 1138
VLADISLAV
Kg Bö 1158–73 † 1175
Agnes
ꝏ Kiev
Friedrich
Hz Böhmen
† 1189
OTTOKAR I
Hz 1192 Kg Böhmen 1198
† 1230
Wsewolod
Fst Wladimir
Ludmilla
ꝏ 1204 Baiern
WENZEL I
Kg Böhmen 1230
† 1253
Baiern
Alexander
Fst Belck
ꝏ Smolensk
OTTOKAR II
Kg Böhmen 1253
† 1278
Wsewolod
Fst Belck
u. Smolensk
WENZEL II
Kg Böhmen 1278
† 1305
Olga
ꝏ Gedimin
WENZEL III
Kg Böhmen 1305
ermordet 1306
ELISABETH Kgn Bö
ꝏ 1310 JOHANN
von Luxemburg
Kg Böhmen 1310/11
✕ Crecy 1346
Margarethe
ꝏ Hz Brieg
Olgierd
Großfürst
Litauen 1345
† 1377
Kiejstut
* 1297
† 1382
† † †
KARL I (IV) * 1316
Mgf Mähren 1333
Kg Böhmen 1346
röm. König 1346/49
Kaiser 1355
† Prag 1378
Ludwig
Hz Brieg
† 1398
Margarethe
ꝏ Baiern
JAGIELLO
WLADYSLAW
Kg Polen 1386
zum Kg Böhmen
gewählt 1421
lehnt ab
† 1434
WITOLD
* 1350
zum König
Böhmen gewählt,
sendet
Statthalter 1422
† 1430
WENZEL IV * 1361
Kg Bö 1364/78
röm. Kg 1376/78
† Wenzelstein 1419
SIGMUND * 1368
Kg Ungarn 1387
Kg Böhmen 1419/36
† Znaim 1437
Johanna
ꝏ Hz Österreich
† † †
ELISABETH * 1409
Kgn Böhmen 1438
Regentin Bö. 1440
† 1442
ALBRECHT * 1397
Kg Ungarn 1437
Kg Böhmen 1438
röm. Kg 1438 † 1439
ꝏ 1421
KASIMIR (IV)
* 1427
zum Kg Böhmen
gewählt 1438
Kg Polen 1447
Kand Ung. 1457
† 1492
Elisabeth
* 1437
von Öst. Ung. u. Bö.
† 1505
LADISLAUS postumus
* 1440 Kg U 1440/44
Kg Böhmen 1440/53
† † † 1457
Heiratsplan 1438 ꝏ 1454

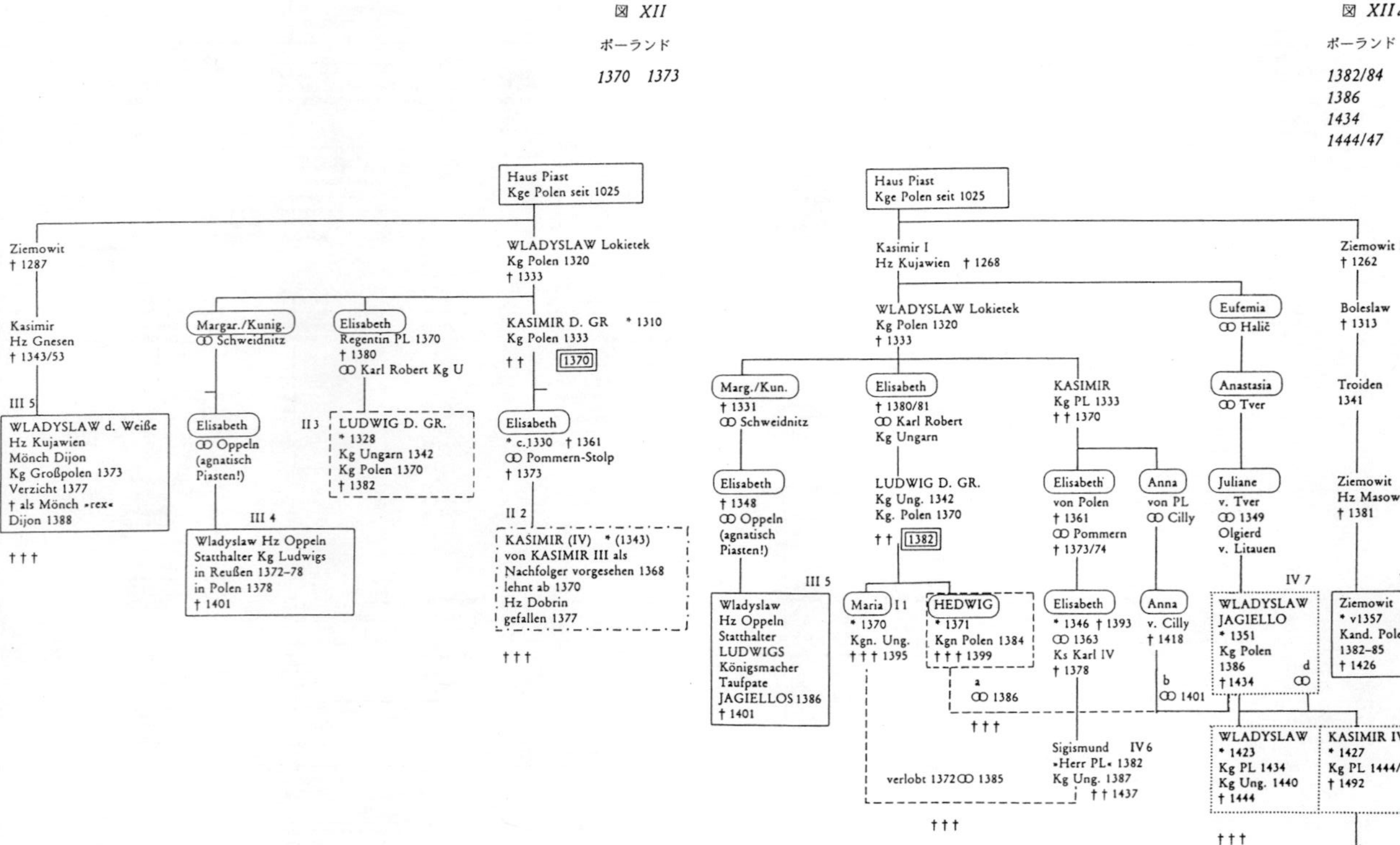

図 XII
ポーランド
1370 1373
Haus Piast
Kge Polen seit 1025
Ziemowit
† 1287
Kasimir
Hz Gnesen
† 1343/53
III 5
WLADYSLAW d. Weiße
Hz Kujawien
Mönch Dijon
Kg Großpolen 1373
Verzicht 1377
† als Mönch »rex«
Dijon 1388
† † †
WLADYSLAW Lokietek
Kg Polen 1320
† 1333
Margar./Kunig.
ꝏ Schweidnitz
Elisabeth
ꝏ Oppeln
(agnatisch
Piasten!)
III 4
Wladyslaw Hz Oppeln
Statthalter Kg Ludwigs
in Reußen 1372–78
in Polen 1378
† 1401
Elisabeth
Regentin PL 1370
† 1380
ꝏ Karl Robert Kg U
II 3
LUDWIG D. GR.
* 1328
Kg Ungarn 1342
Kg Polen 1370
† 1382
KASIMIR D. GR * 1310
Kg Polen 1333
† † 1370
Elisabeth
* c.1330 † 1361
ꝏ Pommern-Stolp
† 1373
II 2
KASIMIR (IV) * (1343)
von KASIMIR III als
Nachfolger vorgesehen 1368
lehnt ab 1370
Hz Dobrin
gefallen 1377
† † †
図 XII a
ポーランド
1382/84
1386
1434
1444/47
Haus Piast
Kge Polen seit 1025
Kasimir I
Hz Kujawien † 1268
WLADYSLAW Lokietek
Kg Polen 1320
† 1333
Marg./Kun.
† 1331
ꝏ Schweidnitz
Elisabeth
† 1348
ꝏ Oppeln
(agnatisch
Piasten!)
III 5
Wladyslaw
Hz Oppeln
Statthalter
LUDWIGS
Königsmacher
Taufpate
JAGIELLOS 1386
† 1401
Elisabeth
† 1380/81
ꝏ Karl Robert
Kg Ungarn
LUDWIG D. GR.
Kg Ung. 1342
Kg. Polen 1370
† † 1382
Maria I 1
* 1370
Kgn. Ung.
† † † 1395
HEDWIG
* 1371
Kgn Polen 1384
† † † 1399
a
ꝏ 1386
† † †
verlobt 1372 ꝏ 1385
† † †
KASIMIR
Kg PL 1333
† † 1370
Elisabeth
von Polen
† 1361
ꝏ Pommern
† 1373/74
Elisabeth
* 1346 † 1393
ꝏ 1363
Ks Karl IV
† 1378
Sigismund IV 6
»Herr PL« 1382
Kg Ung. 1387
† † 1437
Anna
von PL
ꝏ Cilly
Anna
v. Cilly
† 1418
b
ꝏ 1401
Eufemia
ꝏ Halič
Anastasia
ꝏ Tver
Juliane
v. Tver
ꝏ 1349
Olgierd
v. Litauen
IV 7
WLADYSLAW
JAGIELLO
* 1351
Kg Polen
1386
† 1434
d
ꝏ
WLADYSLAW
* 1423
Kg PL 1434
Kg Ung. 1440
† 1444
† † †
KASIMIR IV
* 1427
Kg PL 1444/47
† 1492
Ziemowit I
† 1262
Boleslaw
† 1313
Troiden
1341
Ziemowit
Hz Masowien
† 1381
V 9
Ziemowit
* v1357
Kand. Polen
1382–85
† 1426

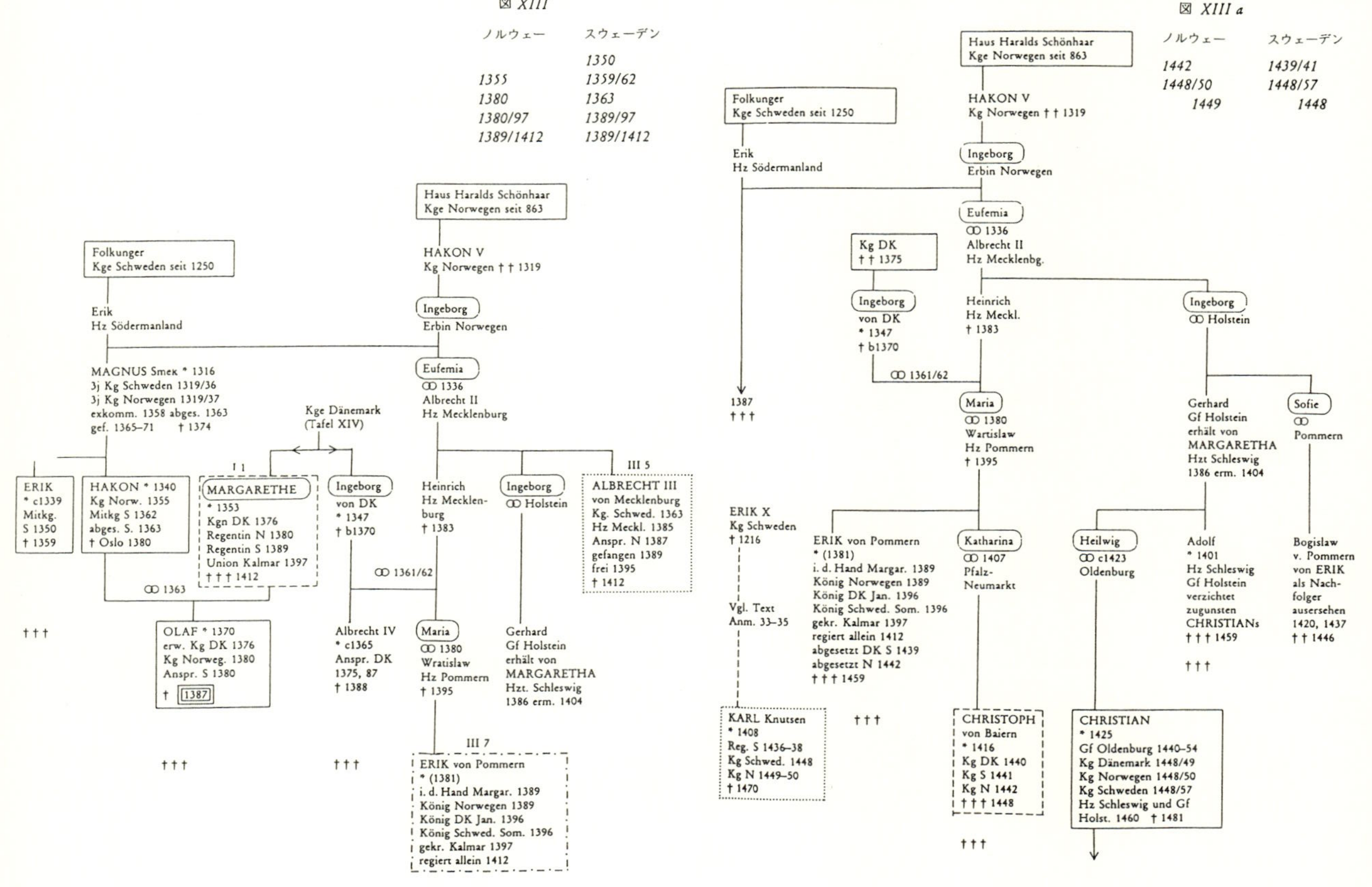

図 XIII
ノルウェー
スウェーデン
1350
1355
1359/62
1380
1363
1380/97
1389/97
1389/1412
1389/1412
Haus Haralds Schönhaar
Kge Norwegen seit 863
Folkunger
Kge Schweden seit 1250
HAKON V
Kg Norwegen † † 1319
Erik
Hz Södermanland
Ingeborg
Erbin Norwegen
MAGNUS Smek * 1316
3j Kg Schweden 1319/36
3j Kg Norwegen 1319/37
exkomm. 1358 abges. 1363
gef. 1365–71 † 1374
Eufemia
ꝏ 1336
Albrecht II
Hz Mecklenburg
Kge Dänemark
(Tafel XIV)
I 1
III 5
ERIK
* c1339
Mitkg.
S 1350
† 1359
HAKON * 1340
Kg Norw. 1355
Mitkg S 1362
abges. S. 1363
† Oslo 1380
MARGARETHE
* 1353
Kgn DK 1376
Regentin N 1380
Regentin S 1389
Union Kalmar 1397
† † † 1412
Ingeborg
von DK
* 1347
† b1370
Heinrich
Hz Mecklen-
burg
† 1383
Ingeborg
ꝏ Holstein
ALBRECHT III
von Mecklenburg
Kg. Schwed. 1363
Hz Meckl. 1385
Anspr. N 1387
gefangen 1389
frei 1395
† 1412
ꝏ 1363
ꝏ 1361/62
† † †
OLAF * 1370
erw. Kg DK 1376
Kg Norweg. 1380
Anspr. S 1380
† 1387
Albrecht IV
* c1365
Anspr. DK
1375, 87
† 1388
Maria
ꝏ 1380
Wratislaw
Hz Pommern
† 1395
Gerhard
Gf Holstein
erhält von
MARGARETHA
Hzt. Schleswig
1386 erm. 1404
† † †
† † †
III 7
ERIK von Pommern
* (1381)
i. d. Hand Margar. 1389
König Norwegen 1389
König DK Jan. 1396
König Schwed. Som. 1396
gekr. Kalmar 1397
regiert allein 1412
図 XIII a
ノルウェー
スウェーデン
1442
1439/41
1448/50
1448/57
1449
1448
Haus Haralds Schönhaar
Kge Norwegen seit 863
Folkunger
Kge Schweden seit 1250
HAKON V
Kg Norwegen † † 1319
Erik
Hz Södermanland
Ingeborg
Erbin Norwegen
Eufemia
ꝏ 1336
Albrecht II
Hz Mecklenbg.
Kg DK
† † 1375
Ingeborg
von DK
* 1347
† b1370
Heinrich
Hz Meckl.
† 1383
Ingeborg
ꝏ Holstein
ꝏ 1361/62
1387
† † †
Maria
ꝏ 1380
Wartislaw
Hz Pommern
† 1395
Gerhard
Gf Holstein
erhält von
MARGARETHA
Hzt Schleswig
1386 erm. 1404
Sofie
ꝏ
Pommern
ERIK X
Kg Schweden
† 1216
Vgl. Text
Anm. 33–35
ERIK von Pommern
* (1381)
i. d. Hand Margar. 1389
König Norwegen 1389
König DK Jan. 1396
König Schwed. Som. 1396
gekr. Kalmar 1397
regiert allein 1412
abgesetzt DK S 1439
abgesetzt N 1442
† † † 1459
Katharina
ꝏ 1407
Pfalz-
Neumarkt
Heilwig
ꝏ c1423
Oldenburg
Adolf
* 1401
Hz Schleswig
Gf Holstein
verzichtet
zugunsten
CHRISTIANs
† † † 1459
Bogislaw
v. Pommern
von ERIK
als Nach-
folger
ausersehen
1420, 1437
† † 1446
† † †
† † †
KARL Knutsen
* 1408
Reg. S 1436–38
Kg Schwed. 1448
Kg N 1449–50
† 1470
CHRISTOPH
von Baiern
* 1416
Kg DK 1440
Kg S 1441
Kg N 1442
† † † 1448
CHRISTIAN
* 1425
Gf Oldenburg 1440–54
Kg Dänemark 1448/49
Kg Norwegen 1448/50
Kg Schweden 1448/57
Hz Schleswig und Gf
Holst. 1460 † 1481
† † †

図 XIVa
デンマーク
1448

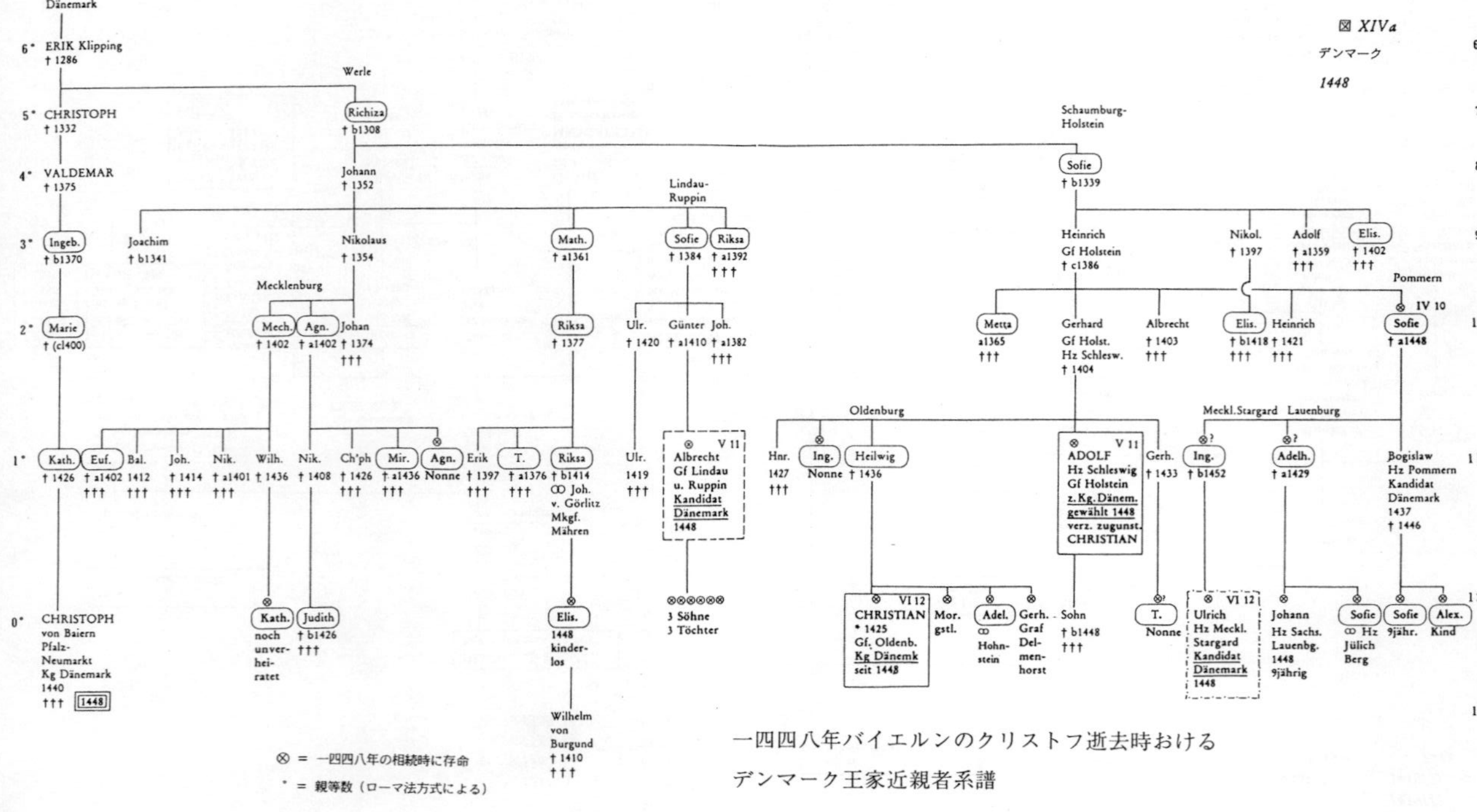

⊗ ＝ 一四四八年の相続時に存命

° ＝ 親等数（ローマ法方式による）

一四四八年バイエルンのクリストフ逝去時における
デンマーク王家近親者系譜

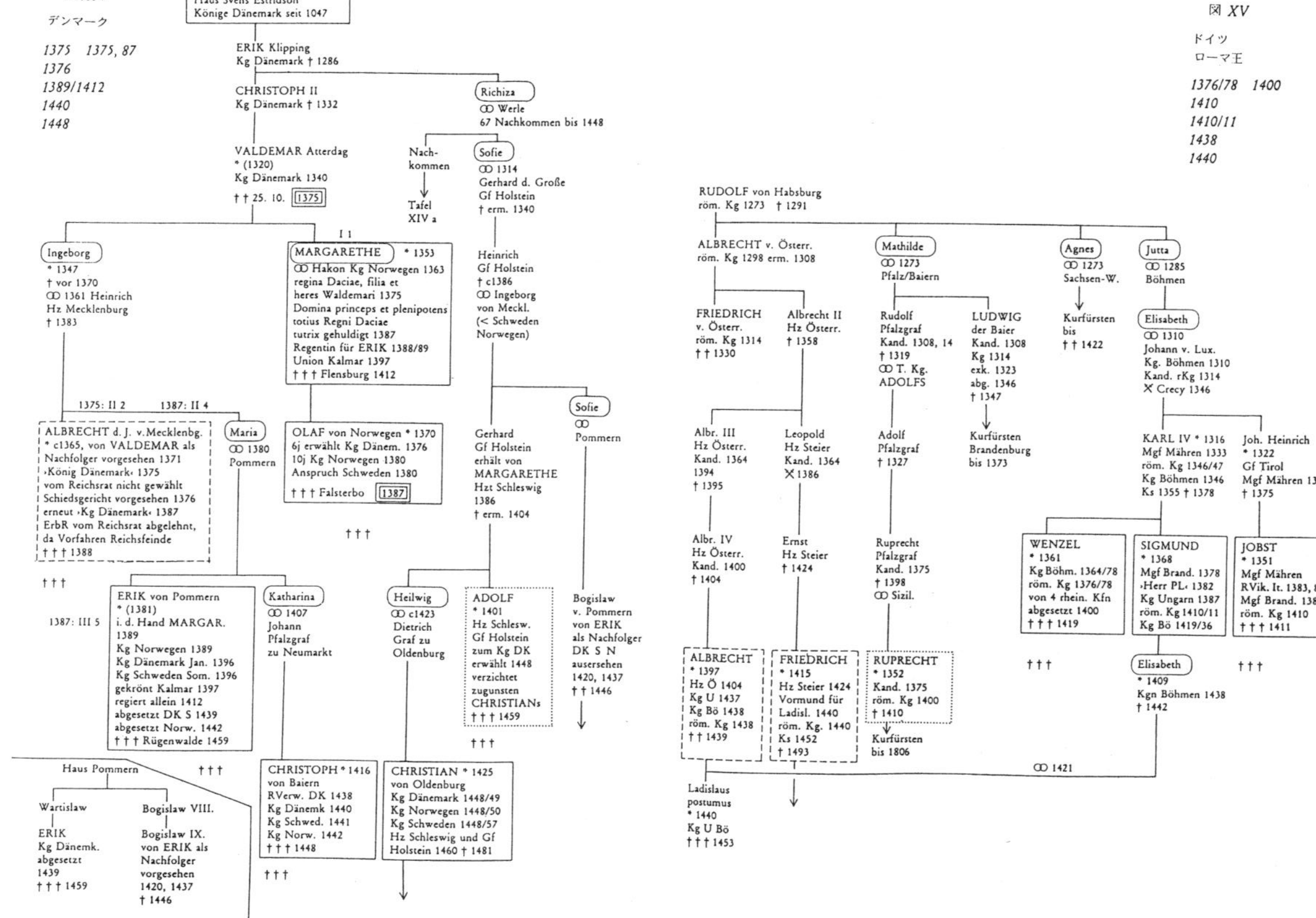
図 XIV
デンマーク
1375 1375, 87
1376
1389/1412
1440
1448
Haus Svens Estridson
Könige Dänemark seit 1047
ERIK Klipping
Kg Dänemark † 1286
CHRISTOPH II
Kg Dänemark † 1332
Richiza
ꝏ Werle
67 Nachkommen bis 1448
VALDEMAR Atterdag
* (1320)
Kg Dänemark 1340
† † 25. 10. 1375
Nach-
kommen
Tafel
XIV a
Sofie
ꝏ 1314
Gerhard d. Große
Gf Holstein
† erm. 1340
I 1
Ingeborg
* 1347
† vor 1370
ꝏ 1361 Heinrich
Hz Mecklenburg
† 1383
MARGARETHE * 1353
ꝏ Hakon Kg Norwegen 1363
regina Daciae, filia et
heres Waldemari 1375
Domina princeps et plenipotens
totius Regni Daciae
tutrix gehuldigt 1387
Regentin für ERIK 1388/89
Union Kalmar 1397
† † † Flensburg 1412
Heinrich
Gf Holstein
† c1386
ꝏ Ingeborg
von Meckl.
(< Schweden
Norwegen)
1375: II 2
1387: II 4
ALBRECHT d. J. v. Mecklenbg.
* c1365, von VALDEMAR als
Nachfolger vorgesehen 1371
›König Dänemark‹ 1375
vom Reichsrat nicht gewählt
Schiedsgericht vorgesehen 1376
erneut ›Kg Dänemark‹ 1387
ErbR vom Reichsrat abgelehnt,
da Vorfahren Reichsfeinde
† † † 1388
† † †
Maria
ꝏ 1380
Pommern
OLAF von Norwegen * 1370
6j erwählt Kg Dänem. 1376
10j Kg Norwegen 1380
Anspruch Schweden 1380
† † † Falsterbo 1387
† † †
Gerhard
Gf Holstein
erhält von
MARGARETHE
Hzt Schleswig
1386
† erm. 1404
Sofie
ꝏ
Pommern
1387: III 5
ERIK von Pommern
* (1381)
i. d. Hand MARGAR.
1389
Kg Norwegen 1389
Kg Dänemark Jan. 1396
Kg Schweden Som. 1396
gekrönt Kalmar 1397
regiert allein 1412
abgesetzt DK S 1439
abgesetzt Norw. 1442
† † † Rügenwalde 1459
Katharina
ꝏ 1407
Johann
Pfalzgraf
zu Neumarkt
Heilwig
ꝏ c1423
Dietrich
Graf zu
Oldenburg
ADOLF
* 1401
Hz Schlesw.
Gf Holstein
zum Kg DK
erwählt 1448
verzichtet
zugunsten
CHRISTIANs
† † † 1459
† † †
Bogislaw
v. Pommern
von ERIK
als Nachfolger
DK S N
ausersehen
1420, 1437
† † 1446
Haus Pommern
† † †
Wartislaw
ERIK
Kg Dänemk.
abgesetzt
1439
† † † 1459
Bogislaw VIII.
Bogislaw IX.
von ERIK als
Nachfolger
vorgesehen
1420, 1437
† 1446
CHRISTOPH * 1416
von Baiern
RVerw. DK 1438
Kg Dänemk 1440
Kg Schwed. 1441
Kg Norw. 1442
† † † 1448
† † †
CHRISTIAN * 1425
von Oldenburg
Kg Dänemark 1448/49
Kg Norwegen 1448/50
Kg Schweden 1448/57
Hz Schleswig und Gf
Holstein 1460 † 1481
図 XV
ドイツ
ローマ王
1376/78 1400
1410
1410/11
1438
1440
RUDOLF von Habsburg
röm. Kg 1273 † 1291
ALBRECHT v. Österr.
röm. Kg 1298 erm. 1308
Mathilde
ꝏ 1273
Pfalz/Baiern
Agnes
ꝏ 1273
Sachsen-W.
Jutta
ꝏ 1285
Böhmen
FRIEDRICH
v. Österr.
röm. Kg 1314
† † 1330
Albrecht II
Hz Österr.
† 1358
Rudolf
Pfalzgraf
Kand. 1308, 14
† 1319
ꝏ T. Kg.
ADOLFS
LUDWIG
der Baier
Kand. 1308
Kg 1314
exk. 1323
abg. 1346
† 1347
Kurfürsten
bis
† † 1422
Elisabeth
ꝏ 1310
Johann v. Lux.
Kg. Böhmen 1310
Kand. rKg 1314
✕ Crecy 1346
Albr. III
Hz Österr.
Kand. 1364
1394
† 1395
Leopold
Hz Steier
Kand. 1364
✕ 1386
Adolf
Pfalzgraf
† 1327
Kurfürsten
Brandenburg
bis 1373
KARL IV * 1316
Mgf Mähren 1333
röm. Kg 1346/47
Kg Böhmen 1346
Ks 1355 † 1378
Joh. Heinrich
* 1322
Gf Tirol
Mgf Mähren 1355
† 1375
Albr. IV
Hz Österr.
Kand. 1400
† 1404
Ernst
Hz Steier
† 1424
Ruprecht
Pfalzgraf
Kand. 1375
† 1398
ꝏ Sizil.
WENZEL
* 1361
Kg Böhm. 1364/78
röm. Kg 1376/78
von 4 rhein. Kfn
abgesetzt 1400
† † † 1419
SIGMUND
* 1368
Mgf Brand. 1378
›Herr PL‹ 1382
Kg Ungarn 1387
röm. Kg 1410/11
Kg Bö 1419/36
JOBST
* 1351
Mgf Mähren
RVik. It. 1383, 89
Mgf Brand. 1388
röm. Kg 1410
† † † 1411
† † †
Elisabeth
* 1409
Kgn Böhmen 1438
† 1442
† † †
ALBRECHT
* 1397
Hz Ö 1404
Kg U 1437
Kg Bö 1438
röm. Kg 1438
† † 1439
FRIEDRICH
* 1415
Hz Steier 1424
Vormund für
Ladisl. 1440
röm. Kg. 1440
Ks 1452
† 1493
RUPRECHT
* 1352
Kand. 1375
röm. Kg 1400
† 1410
Kurfürsten
bis 1806
ꝏ 1421
Ladislaus
postumus
* 1440
Kg U Bö
† † † 1453

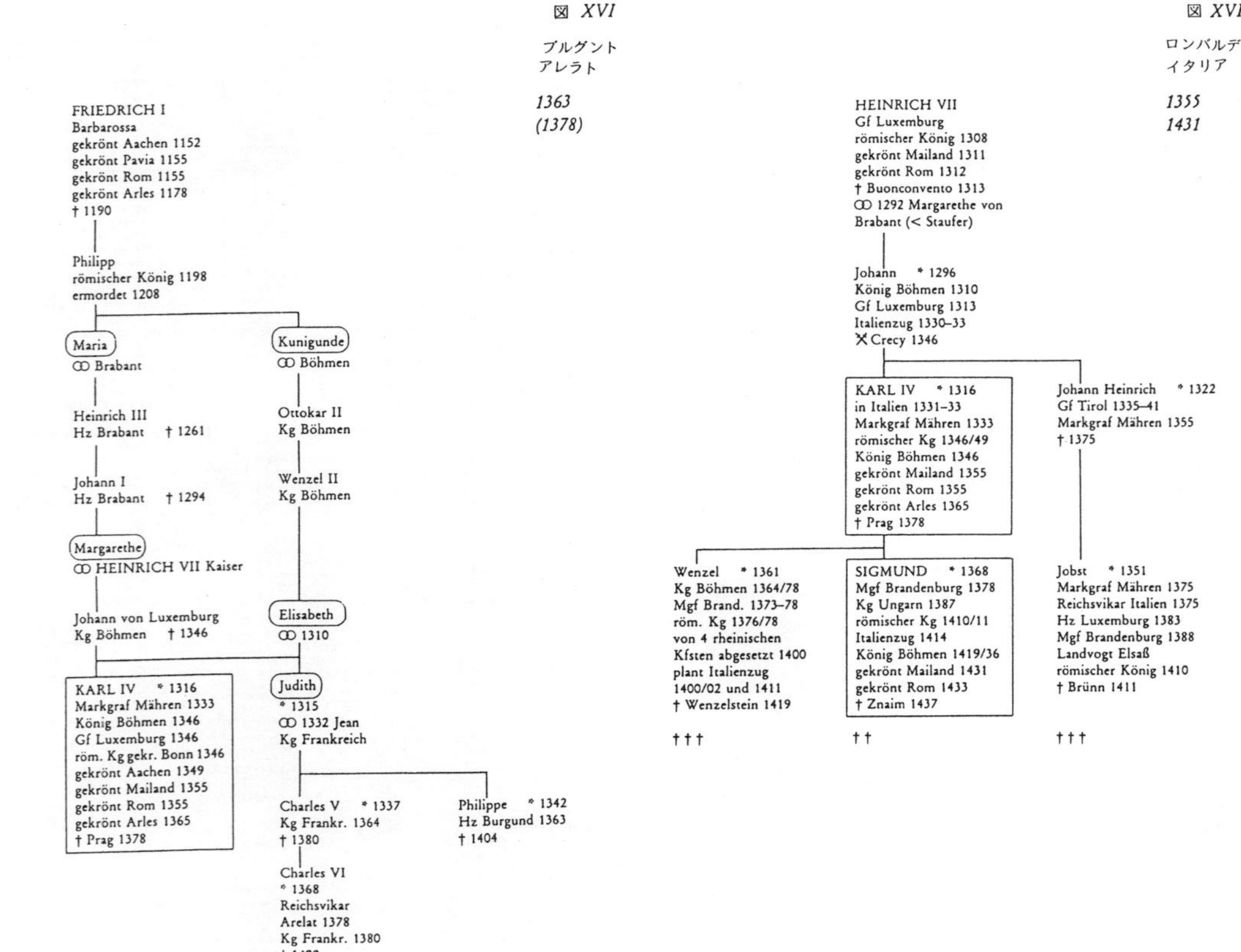
図 XVI
ブルグント
アレラト
1363
(1378)
FRIEDRICH I
Barbarossa
gekrönt Aachen 1152
gekrönt Pavia 1155
gekrönt Rom 1155
gekrönt Arles 1178
† 1190
Philipp
römischer König 1198
ermordet 1208
Maria
∞ Brabant
Kunigunde
∞ Böhmen
Heinrich III
Hz Brabant † 1261
Ottokar II
Kg Böhmen
Johann I
Hz Brabant † 1294
Wenzel II
Kg Böhmen
Margarethe
∞ HEINRICH VII Kaiser
Johann von Luxemburg
Kg Böhmen † 1346
Elisabeth
∞ 1310
KARL IV * 1316
Markgraf Mähren 1333
König Böhmen 1346
Gf Luxemburg 1346
röm. Kg gekr. Bonn 1346
gekrönt Aachen 1349
gekrönt Mailand 1355
gekrönt Rom 1355
gekrönt Arles 1365
† Prag 1378
Judith
* 1315
∞ 1332 Jean
Kg Frankreich
Charles V * 1337
Kg Frankr. 1364
† 1380
Philippe * 1342
Hz Burgund 1363
† 1404
Charles VI
* 1368
Reichsvikar
Arelat 1378
Kg Frankr. 1380
† 1422
図 XVII
ロンバルディア
イタリア
1355
1431
HEINRICH VII
Gf Luxemburg
römischer König 1308
gekrönt Mailand 1311
gekrönt Rom 1312
† Buonconvento 1313
∞ 1292 Margarethe von
Brabant (< Staufer)
Johann * 1296
König Böhmen 1310
Gf Luxemburg 1313
Italienzug 1330–33
⚔ Crecy 1346
KARL IV * 1316
in Italien 1331–33
Markgraf Mähren 1333
römischer Kg 1346/49
König Böhmen 1346
gekrönt Mailand 1355
gekrönt Rom 1355
gekrönt Arles 1365
† Prag 1378
Johann Heinrich * 1322
Gf Tirol 1335–41
Markgraf Mähren 1355
† 1375
Wenzel * 1361
Kg Böhmen 1364/78
Mgf Brand. 1373–78
röm. Kg 1376/78
von 4 rheinischen
Kfsten abgesetzt 1400
plant Italienzug
1400/02 und 1411
† Wenzelstein 1419
† † †
SIGMUND * 1368
Mgf Brandenburg 1378
Kg Ungarn 1387
römischer Kg 1410/11
Italienzug 1414
König Böhmen 1419/36
gekrönt Mailand 1431
gekrönt Rom 1433
† Znaim 1437
† †
Jobst * 1351
Markgraf Mähren 1375
Reichsvikar Italien 1375
Hz Luxemburg 1383
Mgf Brandenburg 1388
Landvogt Elsaß
römischer König 1410
† Brünn 1411
† † †

［付論］

形而上学なき自然法――世界法と地域共通法

河上倫逸

I

法と言うと、少なくとも現代日本の大部分の人びとにとっては、ある国の立法府が、その国家の領域のなかで妥当することを前提として制定したもの、法典として文章に書かれ、確定されているものであり、それが、裁判所や行政官庁を通じて人びとの生活や行為に支配的な影響を及ぼしているものである、とのイメージが存在している。こうした法のイメージは、「一国制定法主義」、あるいは「国別制定法主義」と言われているものであり、実は比較的新しい考え方なのである。しかも地域的には、西部ヨーロッパ――ただし、イギリスなどは少し違うにせよ――で、近代になって初めて成立した法の観念だと言えるのである。

だとするなら、それ以外の東部ヨーロッパ、あるいは近代以前のヨーロッパ、さらには非ヨーロッパ諸文明圏においては、西部ヨーロッパ近代とは異なった法に対する考え方があるのではないか――あるいは、あったのではないか。そして、そういったものと、われわれが明治以来、西欧近代を後追いする過程で常識的であると思い込んできた、そのような国別の制定法なり編纂法典という観念との間に、共通するものがあるのか、ないのか。あるとすれば、それはいかなるものであるか。

「法とは何か」ということにかんしては、「法とは人間の行為の規則である」ということがまず言える。国家という存在があるかないかということは、この場合、度外視してよいであろう。そしてこれは西部ヨーロッパの近代社会やその影響下にある地域にかぎらず、地球上のどこにおいても妥当する。そして、行為の規則の総体として秩序というものがある。法とは、個々の人間の行為の規則であり、集団的な人間の行為の規則であるがゆえに、秩序そのものなのである。

こうした基準に照らせば、たとえば国会で制定法として定められたものでも、法であるものもあるし、そうでないものもある。あるいは、そのような国の機関と呼べるようなもののない世界でも、このような定義からすれば、法と呼んでもよいものもあるし、またそうでないものもある。また、「人間の行為の規則」という場合、ヨーロッパ的な近代科学――とくに法律学――の議論に従うなら、法でなくて道徳ではないかとか、自然科学の法則ではないのかといったようなものもある。

しかし、人類の歴史のなかで、法というものが、個人の行為の規則であり、集団の行為の規則であり、そして秩序そのものであるという考え方は、一貫して通用してきたものである。したがって西欧近代法を相対化して、全人類的枠組みのもとで法というものを理解するためには、さまざまな前提を取り払って、そうした原初的なところから考えてみる必要がある。

「国家を超える法」として、たとえば「自然の法」というものを考えてみよう。文明、人類、類人猿などといった言葉を同時に想起していただきたい。もっとも自然法というと、法学者ならまず理性法、つまり近代ヨーロッパ自然法を、またキリスト教徒なら神法とか永久法を思い浮かべるであろう。

だがここで言う自然の法とは、もちろんそのような世界観的フィルターを通した自然法も含みはするが、どちらかと言うと、より自然科学的な、生物としての「人間の本性」にもとづく法といった意味合いの強い法のことである。法というものを「人間の行為の規則」ないし「規則の総体としての秩序」だと考え、かつそうした規則は定立されるものではなく、おのずと成立するものだと考えていただければ、自然的存在としての人類の法といったイメージに接近できよう。

その昔、H・メルヴィル『白鯨』を読み、巨鯨モビィ・ディックとエイハブ船長との死闘の物語に深く心を打たれたことがある。巨鯨は偉大にして恐るべき自然、人為を超えた力であり、人間エイハブはこれと闘い、傷つき、しかし最後にかろうじて勝利する。だが、自然支配の文明たる西欧文明の申し子のようなエイハブでも、自然たる巨鯨への愛憎共にした畏敬の念を失うことはなかった。

猛々しい自然。荒れ狂う大海、凍結した氷原、酷熱瘴癘の密林、洪水、炎熱の砂漠。気象条件ひとつにしても自然がつねに優しいとは限らない。これに加えて、野獣、爬虫類、昆虫、細菌、ウイルスと、自然の脅威は限りない。

この恐るべき自然と闘い、支配＝統御し、利用し、自らに快適な環境を作り出すために人類が有していた生存のための武器は限られたものだった。それは自然加工の技術であり、また家族や社会を組織する技術であった。ここで言う「技術」とは、「確実に再生産ができ、相互行為に参加する者にとり予測可能で、観察者のパースペクティヴからして計算しうる行為を可能ならしめるすべての規則、ないしそうした規則の体系」と言ってよい。「自然の法」とは、このような技術を行使する人類の営為が生み出してきた行為の規則なのである。だから生存を確保し、種を維持するために自らを組織し、自然に働きかける存在は、この規則から、つまり自然の法からは逸脱できない。

近代的科学技術を駆使し、国家・行政システムや経済システムの厚い鎧を着込んでいても、人類は種としてはなお、か弱き存在にすぎない。人類の大半はなお飢えからすら解放されていない。さらに言うなら、いまだに自らの内なる自然をすら制御できていない。生物としての人類のもつ肉体的精神的性向、動物的本能的自然を文明の名において陶冶することは個人にも、そして集団にはそれ以上に、なお困難な課題であり続けている。

このような事情を鑑みれば、現代においてすら、自然は人類の力を超える存在であり、法は創造されるものではなく、発見されるものだと考えざるをえない。意のままに自然を改造したり、保護したり、法を変改できると考えるのは、文明の進歩のもとで、かろうじて「理性的自由人」たりうる可能性を得たかつての「自然の奴隷」が、自己を「王」だと妄想するの類なのである。自然との関係で、「人間の意思」を超える法、自然の法というものが存在することを、現代人こそ自覚せねばならないのではなかろうか。

さて、ヘルムート・コーイングによれば、自然法とは、歴史における自然法論が基礎としている問題設定を正当化するような事実（観察しうる現象）が、どの程度まで存在しているのかということを明らかにしようとするものであり、したがって、彼の言う自然法とは、けっして形而上学的なものでも理念史的なものでもなく、法史学や比較法学によって究明されている素材にもとづきつつ、そうした「事実」を見出そうとするものなのである。まさにこうした事実を基礎としており、歴史のなかで繰り返され観察しうる、立法者も遵守せざるをえないような構造に止目しているがゆえに、それは「形而上学なき自然法」と称することができる、とコーイングは言うのである。[1]

こうした視角から二一世紀を展望するなら、いまや、欧米で成立した国際法を超越する世界法の成立という夢の現実化が始まっているとも言えるであろう。世界法は人権と普遍的世界機構を基礎とする。だが、その一方で、現在の国際法を含む各「地域共通法」の存在を全世界で見ることができるのである。

国際法は日本やトルコにいち早く伝わったが、現在、ロシア、イスラム、インド、中国、アフリカなどの非欧米世界でも、新しい「世界法」と人権が独自の発展を示している。それゆえ、欧米法のみを普遍視することなく、多様な諸文明・諸地域の法のなかから、人類に共通のものを発見していくことが重要になる。と同時にそれは、普遍的なものと特殊的なものとの峻別を通じて、世界各地域の固有の「法」を見出すことにもなるであろう。

たとえば、文明装置としての国民国家は、ヨーロッパ近代に特有の所産である。また、国家が制定した法という概念は、この国民国家を前提にして初めて成立しえたものである。ところが、ヨーロッパの法の歴史は、今日の国民国家の枠組みのなかで法が自己完結的に生成・発展してきたという考え方を明確に否定しているのである。それどころか、「ヨーロッパ」という概念すら、市民社会の法としてのローマ法とキリスト教が、地中海からアルプスの北へと普及ないし伝播していく過程で、その内実を獲得してきたわけである。

こうしたなかで、ヨーロッパ文明の発展を尺度として他の諸文明を切り刻むのではなく、それをも相対化して、それぞれの文明のなかで育まれた思想・制度・社会のあり方を探求し、これを相互に比較してみることが必要となってくる。

第一次大戦前の世界の歴史地図を思い出していただきたい。さらに第二次大戦から今日に至るまでの世界地図を思い描いていただきたい。不変のように見える大帝国や国家、そして法というものが、時間と空間のなかでいかに変容するものか、実感できることであろう。

ヨーロッパのうち、とりわけ地中海世界、つまりラテン・ギリシャの世界から、遠くはインドに到るまでの、人類の文明の揺籃となった世界とその世界の共同体の秩序のあり方＝法のあり方を理解し明らかにするために、法学者は、古典的文献、考古学的発掘の成果などをもとに――一九世紀は爆発的にそうした資料が発見ないし再発見され、われわれの目に触れるようになった時期であった――、神話世界の解明という視角から、古代世界の再構成という方向に踏み出したのである。

ところが、ヨーロッパでは常識化しているこうした法学者のイメージが、わが国には存在していない。あるいは、はなはだ希薄で、法学部の教授の仕事のイメージは技術的なものに片寄っているのである。明治より百有余年、日本のヨーロッパ理解は、なおその表層にとどまっていると言わざるをえないであろう。

ヨーロッパの本流中の本流の法学の流れのなかで、しかも、そのような数々の名声を謳われている人びとによって取り組まれてきたものが、実は日本にほとんど入ってきていない。筆者は、ヨーロッパの法文化の核心の理解という点で、明治以来の日本の法学は、根本的な欠陥があるのではないか、と思うに到ったのである。

II

マックス・プランク・ヨーロッパ法史研究所には、今日までに、ヨーロッパ諸国のみならず、いわば世界各地といっても過言ではないほどに多方面の地域から、数多くの研究者がきわめて頻繁に来訪しており、当然ながらそのなかには、相当数のわが国の研究者も含まれていたのである。加うるに、研究所開設のさいに決定的な役割を果たし、その学問的および行政的手腕において所員の間で一種畏敬の対象でもあった初代所長コーイングの多彩な研究分野と個人的名声を反映してか、「表敬訪問」に現われる人びとは必ずしも法史学研究者に限られるものではなかった。したがって、同研究所の活動については、わが国においてもさまざまなかたちで伝えられてきているのだが、最低限の事項のみ、ここでは確認しておこう。すなわち、マックス・プランク協会内の研究所としては、この研究所の規模は小さなものであるとはいえ、ドイツ各地の他の法史の研究組織の多くとは比較にならぬ専任研究スタッフ（および事務・図書部門）の厚い層と、わが国では期待薄の巨額の予算措置に立脚した研究上の共同計画とを有し、長年にわたって着々とこれを実施することによってすでに膨大な成果を産み出しており、さらに、こうした共同研究の遂行の過程で若い研究者が育ち、各地の大学等に招聘され、それらを通じて、いまやおよそ法史学にかんする「最も重要な研究所」へと成長したこの研究所の研究や組織運営の実情の概略を把握することは、ドイツならびにヨーロッパの近代法史研究の動向を知るうえで、不可欠なのである。

研究所創設以来、所長の任にあって、共同計画の確定やその人的構成等に決定的な影響を及ぼしてきたのが、かのコーイングであった。一九八〇年の所長退任以降、かなりの変貌を遂げたとはいえ、それまで、「ヨーロッパ法の始原的一体性」という考え方を基本前提とする共同研究が遂行される過程で、同研究所は「巨大な個人研究所」といった色彩を強めていったことも事実である。

ヨーロッパ法史研究所は、一九六四年、ヨーロッパ近代法史の比較社会学的研究を課題として、フランクフルト・アム・マインに設立された。だが、その研究計画や運営組織を理解するためには、同研究所自体がその一環であるところの、マックス・プランク協会の概要をも知っておかねばならない。ヨーロッパ法史研究所が法史学の分野の最大の研究機関であることはすでに述べたとおりだが、同協会のもろもろの研究所と同様に、そこでは個々の研究者の問題関心や研究動機を超えたある種の文化政策にもとづく総合研究が実施されており、またそのためにこそ組織と予算が付されているわけである。

したがって、近代法史研究を専門とする研究所をマックス・プランク協会がその傘下に開設すると決定したさいには、もちろん、創設責任者たるコーイングの学問的業績に対する評価もあったであろうが、それ以上に法史学研究の現代的意義それ自体に対する評価と期待ないし必要感が存在していたであろうことは想像するに難くはない。では、それはいったい何であったのであろうか。

マックス・プランク協会は正式には「マックス・プランク学術振興協会」と称し、一九一一年に創設された「カイザー・ヴィルヘルム協会」を法的に継承して、一九四八年に組織されたものである。当初この協会は自然科学・工業科学関係の研究所を中心とするものであったが、一九二〇年代頃から社会科学部門の研究所も開設されるようになり、現在では、生物学・医学部門、科学・物理学・工学部門、精神科学部門、等に分類される八一の研究所と多数の研究グループを擁する一大組織（登録社団）となっており、法律上の居所はゲッティンゲン、総裁および中央事務局はミュンヘン、各研究所はベルリンをはじめとしてドイツ全土、さらにローマにまで開設されている。

ヨーロッパ法史研究所は、マックス・プランク協会内の数多くの研究所のうち、精神科学部門の研究所であるが、予算面からしても、この部門の研究所は自然科学部門のそれに比べて総じて小規模であり、しかも、法学系の研究所の占める割合が著しく多く、そのために、同部門はその内実からして、しばしば「社会学・法学部門」とも称されてきたのである。同部門に属する研究所を一瞥するなら、国際的な――ただし、多くの場合、ヨーロッパ、せいぜいアメリカといった枠組み内にとどまってはいるが――比較社会学的研究を標榜しており、しかもおおむね、究極的には、解決を迫られている現実問題の具体的処理に寄与しうる成果を上げることが期待されてきたのである。

「ヨーロッパ法史研究所」という一見「地味な分野」を担当する機関がマックス・プランク協会内

に設立され、膨大な人的物的資源が投ぜられてきたその理由も、たとえば「ヨーロッパ統合」をめぐる歴史的社会的前提条件を主として法的側面から解明することの必要性を想起するなら、容易に窺われるであろう。

それは究極的には法史（近代法史）学を外側から位置づけ、いわばその現代的、実践的な意味の探求と直結するものであった。しかし、ドイツ法史・近代法史学の側にも、一九六〇年代に「ヨーロッパ法史研究所」というかたちでともあれいちおうの具体的結実を見せた内的理由とそれを支える問題関心がもちろん存在しなかったわけではない。この間の事情を明らかにするために、便宜上、第二次大戦前（ナチス支配期）における近代法史研究の動向と、第二次大戦後（主として六〇年頃まで）のそれとを区別することが必要となるが、いずれにせよ、戦前・戦後を問わず、法史学、とくに近代法史学に対しては、政治的ないしイデオロギー的な強い要請が――もちろん、実用法学におけるほどに露骨なかたちではないにせよ――外在的なかたちで加えられており、他面、そうした要請とはひとまず別の学問的理由から、法史学の側にもそれに対応する動向＝内的要請が存在していたのである。

まず時間的順序にしたがって、第二次大戦前の近代法史をめぐる動きを見てみると、この時点で、近代法史研究に対する認知を学界が与えていたことがわかろう。

その具体的出発点は、ナチス政権下、一九三五年一月一八日に公布された「法学講義要項」およびこれにもとづくゲルマン法史重視政策、ドイツ近代国制史・ドイツ近代私法史の正式講義科目としての承認に求めることができる。言うまでもなく、この講義要項の改訂は、ナチス的世界観にもとづく講義科目の再編を企図するものであって、具体的秩序思想による形式合理主義的法体系と規範主義的制定法実証主義の克服を目的とするものであった。それゆえに、その出生の由来からして、近代法史はゲルマン法史に接続しつつ、現行法の直接的な歴史的基礎を明らかにすることによって、当時の支配秩序を「正当化」することを期待される立場にあったのである。

しかしながら、ナチス臭芬々たる講義要項によって、正式の講義課目化が実現したとはいえ、近代法史（近代国制史・近代私法史）確立の学問的基盤は、ナチス政権の政治的思惑とは別のところで、着々と整いつつあったことも事実なのである。「概念法学」に対する批判は、自由法学、社会学的法学、さらには自然法学的諸傾向のなかにすでに存在していたし、第一次世界大戦後の社会経済の変動の過程で、近代市民国家や近代市民秩序の「普遍妥当性」なる観念は大きく傷つき、その社会性・歴史性が意識されるようになるや、近代法体系を産み出した近代法学それ自体の時代被制約性も、当然ながら明瞭なかたちで意識されるようになったのである。

古代・中世に限らず、近世・近代や現代が歴史的社会的分析の対象とされ、近代法学史ないし近代法学者史の研究が法制度史の論議に付け加わったのである。この時点で、近代法史研究に対する認知を学界は与えていたことになろう。

第二次大戦後の近代法史研究をめぐる情況の進展は、ナチス・ドイツの敗北もあって、なおいっそう鮮明である。戦後の（西）ドイツでは、ナチス色を急速に払拭し、旧連合国との関係を改善することが生存のための至上命題となり、さらに、東西間の冷戦の拡大とともに、西側同盟の一員として政治＝法＝社会体制の再編が強力に推し進められた結果、短時日のうちに法学研究のありようは一変し、政治という、それ自体としては外在的な力によって、かつて自らの課題を実現した法史——とくに近代法史——研究は、本質的には同種の、しかしその方向は百八十度異なった力によって、またもやその存在理由と「体質」の転換を迫られるに到ったのである。法史学は学問的に自立しうるのかどうか、換言すれば、政治ないし法ドグマーティクへの便宜主義的実利主義的寄与を排してもなおそれが人間の精神に寄与しうるとしたら、それはいかなる意味においてなのか。

だが、第二次大戦後の法史学の存在様式を外部から決定的に規定したのは、単なるナチス・ドイツの敗北とそれに引き続くヨーロッパ世界の再編にとどまるものではなかった。第一次大戦後に一部識者の間ですでに説かれていた「ヨーロッパの没落」が、単なる思考遊戯の枠に収まるものでないことが、否応なしの現実としてようやく一般にも自覚され、一種の危機意識を呼び醒ましたのであるが、そうした危機意識は必ずしも対外的なもののみにもとづいていたわけではなかった。第二次大戦後の、米ソによる世界分割の狭間で、ヨーロッパが政治的経済的に縮減し、ユーラシア西方の一地域と化してしまったことはいまさら言うまでもないことであるが、その過程で同時に進行した社会構造の老熟・大衆化は、伝統的古典的なキリスト教主義的ヨーロッパ文化の存在基盤がその内部から蚕食される過程でもあったのである。ヨーロッパ統合の理念と「栄光ある」歴史への回帰——端的に言えば、その相対的地盤低下への危機意識の反映たるヨーロッパ共同体——は、かくて第二次大戦後のヨーロッパ近代法史の「再生」のための出発点となったのである。

すでに今日、古典的位置を確保しているコーシャッカー『ヨーロッパとローマ法』(一九四七年)は、まさにそうした精神状況を踏まえつつ、ナチズム体制下のローマ法学の危機——それはゲルマン法史の政治主義的重用の盾の裏面であった――を総括し、「新たなヨーロッパ法史学」を構築するために、「ヨーロッパとは何であるのか」と問いかけることから始めたのである。コーシャッカーのこの著書が巨大な反響をもって迎えられたことはそれゆえ当然のことと言えるが、これに呼応するかのように、一九五三年にゲンツマーは「ヨーロッパ文化共同体の共同創造者たるローマ法」なる論稿を発表し、翌五四年には、その主導のもとに「新たなるサヴィニーの必要性」を標榜する『中世ローマ法叢書』の事業の決定にこぎつけ、ヨーロッパの多くの法史学者たちはこれに総力を結集することになったのである。言うまでもなく、この事業は、「全ヨーロッパ的次元で通用するドイツ人法律家の代表」たるサヴィニーのかの『中世ローマ法史』の事業を直接継承しようとするものであり、そもそもサヴィニーの件の仕事が、主として(第三巻以降)ボローニアにおける法学の復興と、その後の学識法の展開過程、および全ヨーロッパ規模での大学の形成・発展とそこを拠点とした学識法曹の活動の叙述に当てられていたことを想起するならば、ゲンツマーの言う事業趣旨もおのずと明らかであろう。なるほど、サヴィニーの著書は『中世ローマ法史』、ゲンツマーの主導する事業は『中世ローマ法叢書』と銘打たれてはいるが、法史においては近代の開始期を一般史におけるそれより若干遡らせて、一般史でいう中世後期の学識法の成立に求めることは常識であり、この意味からすれば、両者では近世・近代法史の対象そのものが取り扱われていたことになろう。

そしてまさにこのような学界の動向のもとで、ヨーロッパ法史研究所の設立は準備され、実現されたのである。研究所の創設者コーイングは、このゲンツマーの後継者であり、一九三六年、二四歳で彼の助手となり、一九四〇年、フランクフルト大学員外教授、そして一九四八年に正教授の地位に就いたのであるが、そのさい注目すべきは、コーイングがごくオーソドックスなかたちで、その師の学問的事業を継承・発展させている（ドイツ法学界ではまま逆の例もある）ということである。その教授資格請求論文が「フランクフルト・アム・マインにおけるローマ法の継受」（一九三九年）であったことはつとに知られているし――その研究・発表のなされた時期を考慮されたい――、また第二次大戦後は法哲学者としても数々の業績をコーイングは残しているが、その底に一貫して流れているのは、「最高の法原則」として自然法を実定法の基礎に据えようとする思想――もちろん、第二次大戦後のドイツにおける自然法の復活の一環をなしている――であり、そして単に「ゲルマン世界」だとか「ラテン世界」だとかいうのではなく、全ヨーロッパの共通の文化遺産としての学識法、あるいはそうした学識法を担った同一の素養を有する学識法曹、そしてそれらの再生産の場となった大学群という考え方だったのである。

周知のごとく、かつてゲンツマーは『中世ローマ法叢書』の事業に着手するにさいし、「ローマ法の継受」という「一九世紀的先入観」を放棄することを共同研究者たちに求めることを真剣に考慮し、伝統的な「ロマニスト」「ゲルマニスト」「カノニスト」といった呼称やそうした区分の学問的意味を全面的に否定したのであるが、それはつとにコーシャッカーが力説していたように、「継受」が全ヨーロッパ的枠組みのなかで進行した一連の精神的社会的構造転換の過程であって――それは法生活の学問化・合理化であると同時に、「血統」や「集団への帰属性」といった社会の構成原理に対する一種の「社会革命」でもあった――、単なる「外来ローマ法」の「ゲルマン世界」への「侵入（輸入）」といった偏狭な視角から捉えられるようなものではけっしてないという確信にもとづいていたのであり、またそうした考え方は、次第に学界の認識ともなりつつあったのだが、その基本的骨格がコーイングの法史学に受け継がれたのである。したがって、ナチス体制下のイデオロギー的色彩の濃い「ゲルマン法（史）」対「ローマ法（史）」といった図式や、一九世紀の三月革命以来、主としてゲルマニステンによって維持されてきた「民族主義的『継受』概念」は、コーイング法史学とはまったく無縁であって、そこで前景に出ているのは、「ヨーロッパにおける法発展の一体性」という観念なのである。

この意味からして、ゲルマン主義的偏狭性の清算と新しいヨーロッパ共同体の構築といった戦後の指導理念は、最も典型的なかたちでコーイングのもとにその表現を見出していると言うことができるであろう。膨大な彼の研究業績のうち、法史学関係――それもヨーロッパ法史研究所の所長就任以降――のものに限ってみても、たとえば「統一的研究領域としてのヨーロッパ近代私法史――その問題点と構成」「ヨーロッパ法学の始原的一体性」「ヨーロッパ法史研究所の研究課題」「ヨーロッパの法的統一のための歴史的基礎」等々の諸論稿をただちに拾いあげることができ、しかもそれらは、ことごとくヨーロッパにおける大学と学問の成立がもたらした「共通の前提・対象・方法」にもとづく「法の専門的取り扱い（研究・教育）」と、その結果成立した「共通の素養」を有する汎ヨーロッパ的存在たる「学識法曹」、および彼らが産み出し、かつ維持した学識法の問題を視座の中心に据えたものなのである。当然ながら、それらは現代社会における学識法＝学問法＝法曹法の法源性の認容と、国家制定法を万能視する――典型的にはナチス体制へとつながっていった

「概念法学」的――傾向に対する批判とに直結する性格のものとなっている。

法体系は比較法的歴史的研究の成果にもとづいて構築されるべきであって、たんなる一国家が恣意的に定立すべきでも、またしうるものでもないとする彼の根本的確信の底に、両世界大戦の経験を通じて明らかとなったドイツ近代法学の存在様式に対する深刻な反省があったことは言うまでもないであろう。マックス・プランク・ヨーロッパ法史研究所の機関誌が Ius Commune と題され、あるいは研究所の共同研究の成果たる『近代ヨーロッパ私法史の資料およびハンドブーフ』が、全巻にわたって、その叙述をまず「学問から始め」、しかる後に国家・教会制度、立法・判決に及ぶといった編成をとり、あるいはさらに Ius Commune VIII 号(一九七九年)で、かのサヴィニーの特集を組み、その生誕二〇〇年を祝うにあたって、自由法運動にまつわる方法論論議や国際私法に及ぼした彼の影響に言及しながら、ヨーロッパ法史研究所が、サヴィニーの現代的意味を再評価することに格別の関心を有し、かつ責務を負っていると明言された理由もまたここにあったのである。

第二次大戦後のドイツ近代法史は「ローマ法史」でも「ゲルマン法史」でも「教会法史」でもなく、まさにヨーロッパ法史であり、またそうしたヨーロッパ法史の一体的叙述を可能とするのは、「ヨーロッパ」という概念と「歴史的連続性」という概念であった。実際問題として、そうした概念が取り上げられること自体、すでにヨーロッパの地位の相対的低下を物語っていると言えるわけだが――それまでは、ヨーロッパ(史)=世界(史)、ヨーロッパ文化=普遍文化とみなした叙述が幅を利かしてきたことは周知の事柄である――、それはともあれ、「理解可能な研究領域」としてヨーロッパという概念を把握するためには、歴史的社会的精神的な共通の基盤の存在を学問的に論証せねばならないことになる。

法史の分野で言えば、ヨーロッパの社会経済状態の共通性、政治的法的枠組みの類似性、制度の類縁性、等々と、精神的文化的一体性を「歴史的事実」として確定したうえで、学識法（ローマ・カノン法、普通法）、大学における法学研究・法学教育の方法と目的の共通性を浮き彫りにすることが、当面の緊急課題となり、その問題を解く鍵として、各地域の集団帰属性の希薄な、浮遊する知識人たる学識法曹が――諸地域の境界を超えた存在として――注目されるのである。したがって、もしこうした観点を受け入れるとするならば、ドイツにおける法発展はあくまで全ヨーロッパ的発展――少なくとも大陸法の発展――の一環をなすものであり、ローマ法の「継受」はまずイタリアや（南）フランス――ないしスペイン――で発展した「法の専門的取り扱い」のドイツへの「普及」の問題として把握されることになり、あるいはまた、ヨーロッパという概念を規定するさいにコーイングが端的にそうしたように「カトリック教会の影響の及んだ地域」――すなわち、国境を超えた「普遍的教会」とその教会の法――という規定要因が第一義的に重視されることになるのである。そして法発展史を全ヨーロッパ的観点から叙述するというかぎり、各地域の――たとえばドイツの、さらにはより小単位の――地域的特性は相対的に軽視されざるをえず、それゆえに、かつてヴィーアッカーがゲンツマーに対し反論したように、ヨーロッパ法史が皮相な叙述に終始してしまう危険がいまなおないわけではないのである。しかし、ヨーロッパ法史研究所、あるいは多くのドイツ近代法史研究者の仕事ぶりを見るかぎり、そうした危惧が一種の杞憂に終わりつつあることもまた大過なく断言できるように思われる。たとえば、ヨーロッパ法史研究所の共同研究『ハンドブーフ』の冒頭を飾っている「法学部とその授業課目内容」において、グーロンが着手した一連の南フランス諸都市にかんする資料のような地域資料の綿密な分析に言及しつつ、コーイングはそうした分析に立脚した総合を提唱し、自らもこの研究でそうした態度を貫いているからである。そしてもちろん、そうした綿密な分析の対象とされるのは、単に都市・大学資料にとどまらず、法史学上の偉大な法律家、その集団、あるいはその著作にまで及ぶのであり、しかもそこではその社会的歴史的役割・機能が問題とされることになるわけである。したがって、「ヨーロッパ法史」の主張は、必ずしも近年喧伝されている地域的個別的研究と必ずしもつねに対立するものではなく、むしろ「知るに値する」という意味で、「ヨーロッパ法史」の観点からしても「本質的」なものを、地域的個別的研究からも吸収することが前提とされていることは言うまでもないであろう。ともあれこうして強烈な伝統意識――米ソ、あるいは第三世界に対する――に支えられて、「学問と芸術の祖国」として、自らの存在意義を主張しようとする精神が内面化した場合、そこに科学技術や社会制度の転換をも超えてつねに見られた偉大な精神の営みに眼が向くのは当然であろう。註釈学派、註解学派、現代的慣用、自然法論、歴史法学、社会法学、等々の法学の諸傾向は、ヨーロッパにおける学識法の発展をしるす、その時どきの一里塚として把握され、むしろその基底にある共通の一貫した法的伝統とそれを担った学識法曹の営為とを理解することの方こそが重要とされるに到るのである。

二一世紀を迎えた日本においては、当然のことながら、もはや西部ヨーロッパ以外の世界も西部ヨーロッパの発展に倣うべきである、ということにはならないであろう。かつてわが国でも、「近代主義者」と呼ばれる人びとが、ヨーロッパの歴史的発展を普遍的な基準とみなして、これを他の文明圏の発展に当てはめ、さまざまな段階規定をしたことは周知の事実である。こうした議論は、明治維新後の日本の欧化政策や、第二次大戦後の米国化政策の実現につながるものである。しかし、あるものを継受する、受容するということと、それを対象化・相対化して研究するということとは違うのである。ヨーロッパに生起したもののみが唯一、普遍的で、価値あるものだと考えることは、間違いであろう。非ヨーロッパ文明には、非ヨーロッパ文明の途がある。このことを、事実として受け入れなければならない。

たとえば、二〇世紀まで世界では、先住民の大量殺戮、二度の世界大戦などが行なわれてきた。その後に成立した「世界人権宣言」は、二〇世紀半ばにもっぱら欧米的価値観のみで形成された。だが、二〇世紀末には、世界各地域の非国家法・慣習法・固有法のもつ重要性が明確に認識されるようになってきた。非欧米諸国をも含めた全世界が目指すべき「宣言」を二一世紀に構想するとすれば、それは、普遍的な文化と異文化の価値を互いに尊重し合う文化との融合となるはずである。それはキリスト教的・国際法的人権に代わる「世界法」としての人権である。諸文明の時代と言われる今日、新しい「世界法」は、種としての人類を基盤としつつ、文化帝国主義を排除して、非欧米的価値をも含めたものとして構築すべきである。
「世界法」は、現代に再現される「フンダータ・インテンチオ（確実な根拠のある主張）」に依拠せざるをえない。つまり、固有法の存在が確実な場合はこれを尊重しなければならない。「世界法」はもともと欧米的理性法としての特質をもつが、現在においては、非欧米世界のさまざまな固有法をも前提としつつ、その構築の可能性を探らねばならないのである。

それゆえ、新しい世界法は、欧米法の押しつけであってはならない。たとえば正戦論、すなわち正しい戦争と不正な戦争との区別、正義の追求といった議論が、多様な立場から主張しうるものであることを忘れてはなるまい。また、世界法は、むしろ技術的・調整的・補充的な存在として、世界レベルで、陸・海・空、さらには宇宙にも成立可能であろう。従来の国際法が欧州中心主義、まずキリスト教、次に「国際法クラブ」を基準としてきたのに対し、今後は、新しい「世界法」と、各「地域共通法」とが並存することになろう。明治以降の日本からすれば、東アジアにおける独自の「地域共通法」や、海域世界の秩序を前提とした構想も可能ではあった。しかし、それを構想することなく、むしろ欧州に精力的に学び、その秩序を積極的に受け入れてきた。たとえば、日清・日露の両戦争など、日本がいかに忠実に戦争法規を遵守してきたかは周知のことであろう。

だが、二一世紀は、前述したように、新しい世界法と、各「地域共通法」の両者が併存する時代となる。たとえばインドの高名な法学者（ウペンドラ・バクシ）も指摘する通り、インドにはインドの、独自の伝統的な行為の規則、固有の法文化が存在した。植民地体制のもとで「新たな法」がもちこまれたが、そのなかでインドに受け入れられたものだけが、真の普遍性をもつと言える。それは、イギリス法の一部であるが、インド法の一部でもあるからである。だが、それ以上に重要なのは、イギリス法とは無関係に、諸文明のひとつとしてインド「法」も新しい「世界法」を構成しているし、また、インドの「地域共通法」も存在していることである。

同様に、日本は、鹿鳴館以来の「脱亜入欧」路線の枠を超えて、諸文明の時代にふさわしい新たな世界法と人権の提唱者として立つべきであろう。欧米直輸入型の視角ではなく、非欧米的価値も取り込んだ、真に普遍的な価値の追求がなされなければならないのである。しかも、各「地域共通法」の存在を見据えつつ、日本独自の「世界法」や「地域共通法」をも見出していかねばならない。そのような視角から世界法と人権を構築し、しかも日本の「地域共通法」を把握することが、二一世紀における日本の崇高な使命だとも言えるであろう。

そしてまた、「ヨーロッパ」というものがけっしてある特定の地理的概念ではなく、それはつねにその名とともに文明が語られる場としての歴史的文化概念なのだということが再び想起されてもよいであろう。ヨーロッパは移動するのであり、たまたまユーラシア大陸の西方にある現在のヨーロッパが、永遠に「エウロパ」の仮託した姿であり続けるとは言い切れないのである。その意味では、日本が「文明の名とともに語られるエウロパ」になることもまたありうるのであるし、そうなって欲しいと思う。明治以降、つねにその忠実な弟子として「自然の支配」へと邁進してきたとはいえ、日本は一神教的な近代ヨーロッパ文明世界とは明らかに一線を画した、多神教的精神世界を今日なお社会の表層に温存している唯一の先進工業社会である。明治以降の直輸入型の法観が国家・行政システムや経済システムのなかで一般的であるにもかかわらず、なお言語と習俗と法の一体性を再生するためのポテンシャルを温存している。「近代ヨーロッパの歴史的成果を無にすることなく」、大地に象徴される「自然」と人間との関係を回復しようとするとき、その条件を探るのに日本は最適の位置を占めているのかもしれないのである。

註

（1） ヘルムート・コーイング『ヨーロッパ法文化の流れ』の第五章「学問的対象としての自然法」、とくに「付／今、何故に『自然法』なのか——『形而上学なき自然法』を求めて」を参照。

参考文献

ヘルムート・コーイング『ヨーロッパ法史論』佐々木有司訳（創文社）
ヘルムート・コーイング『ヨーロッパ法文化の流れ』上山安敏監訳（ミネルヴァ書房）
河上倫逸編『ドイツ近代の意識と社会』（ミネルヴァ書房）
河上倫逸『巨人の肩の上で——法の社会理論と現代』（未來社）
耳野健二『サヴィニーの法思考——ドイツ近代法学における体系の概念』（未來社）
J・J・バッハオーフェン『母権論／古代世界の女性支配に関する研究——その宗教的および法的本質』Ⅰ・Ⅱ・Ⅲ、岡道男／河上倫逸監訳（みすず書房）

編者略歴

河上倫逸（かわかみりんいつ）

1945年　東京都生まれ

1974年　京都大学大学院博士課程中退。法学博士

現在、京都大学大学院法学研究科教授

著書に『ドイツ市民思想と法理論』（1978年、創文社）、『法の文化社会史』（1989年、ミネルヴァ書房）、『巨人の肩の上で』（1990年、未來社）、訳書にエールリッヒ『法社会学の基礎理論』（1984年、みすず書房）、ハーバーマス『コミュニケイション的行為の理論』（1985年、未來社、共訳）、同『事実性と妥当性』（2002-03年、未來社、共訳）、リーデル『市民社会の概念史』（1990年、以文社、共訳）、ヘッフェ『現代の実践哲学』（2001年、風行社、監訳）、マウス『産業資本主義の法と政治』（2002年、法政大学出版局、監訳）ほか。

法史学者の課題

二〇〇四年十二月二十五日　初版第一刷発行

定価（本体二五〇〇円＋税）

編者——河上倫逸

発行者——西谷能英

発行所——株式会社　未來社

〒112-0002　東京都文京区小石川三—七—二

電話　03-3814-5521（代表）

http://www.miraisha.co.jp

info@miraisha.co.jp

振替〇〇一七〇—三—八七三八五

印刷・製本——萩原印刷

ISBN 4-624-30102-1 C0030

（消費税別）

河上倫逸著
巨人の肩の上で
［法の社会理論と現代］ドイツ近代法学を専攻する著者による〈法〉の社会理論の考察と、現代において〈法〉の具体的課題としてあらわれる脳死などの問題にも対応する実践の書。　二八〇〇円

耳野健二著
サヴィニーの法思考
［ドイツ近代法学における体系の概念］カントとの対決を経て法学の体系を完成させた巨人サヴィニーの主要著作に現われる法哲学的思考と格闘する若き法哲学者の本格的な論考。　五八〇〇円

ドゥウォーキン著／小林公訳
法の帝国
我々は皆〝法の帝国〟の臣民である。法の根拠と法の効力を統合し、多様な理論と事例を検討しながら純一性としての法を擁護して、法の一般理論を築きあげた記念碑的大著の完訳。　六五〇〇円

ハーバーマス著／細谷貞雄・山田正行訳
〔第2版〕公共性の構造転換
［市民社会の一カテゴリーについての探究］市民的公共性の自由主義的モデルの成立と社会福祉国家におけるその変貌をカント、ヘーゲル、マルクスの公共性論を援用しつつ論じる。　三八〇〇円

ハーバーマス著／河上倫逸・平井俊彦他訳
コミュニケイション的行為の理論（上）
フランクフルト学派の伝統を継承し、現代の思想状況を社会学の手法で分析。「言語論的転回」をとげた代表作。ヨーロッパの合理的思考の行く末をめぐり生活世界の問題を論じる。　四八〇〇円

ハーバーマス著／藤澤賢一郎・岩倉正博他訳
コミュニケイション的行為の理論（中）
ヴィトゲンシュタインの「言語ゲーム」論と英米の言語分析哲学を吸収するなど、ウェーバーの近代合理主義論にコミュニケイション的行為合理性の観点から挑戦する中期の主著。　四八〇〇円

ハーバーマス著／丸山高司・厚東洋輔他訳
コミュニケイション的行為の理論（下）

ポスト・モダンの席捲する思想状況に、真の社会科学的思想を構築せんとする巨匠の強靱な思索の成果。道具的理性を批判しつつ、コミュニケイションを軸とした生活社会を考える。　四八〇〇円

ハーバーマス著／河上倫逸・耳野健二訳
事実性と妥当性（上）

［法と民主的法治国家の討議理論にかんする研究］社会の国家化・国家の社会化の時代に市民的公共圏はいかに可能か。ラディカル・デモクラシーが構築する法治国家への指針を示す。　三八〇〇円

ハーバーマス著／河上倫逸・耳野健二訳
事実性と妥当性（下）

［法と民主的法治国家の討議理論にかんする研究］法の政治的根拠とその社会実践の関係を解明したハーバーマス法哲学の集大成。市民的不服従と法治国家論の現代的再構築を問う。　三八〇〇円

ハーバーマス著／河上倫逸編訳
法と正義のディスクルス

［ハーバーマス京都講演集］四度にわたる来日時の「法と正義」を巡る講演集。ロールズ「正義論」への批判的検討、民主政理解のオルタナティヴと「協議政治」の概念について等。　一八〇〇円

トイプナー著／土方透・野崎和義訳
オートポイエーシス・システムとしての法

社会システム論の主唱者ルーマンの後継者として知られる法理論家の代表作。最新の生物学的・社会学的・哲学的な知を媒介に、法政策、法解釈までとりこんだ斬新な法思想の書。　三二〇〇円

河上倫逸編
社会システム論と法の歴史と現在

［ルーマン・シンポジウム］現代ドイツ思想界をハーバーマスとともに二分するルーマンを迎えての88年シンポジウムの全記録。70年代〜80年代へかけての思想の生成変化を示す。　三八〇〇円

比較法史学会編

歴史創造の事理と法理

〔「Historia Juris」比較法史研究——思想・制度・社会⑦〕世界的な「歴史」の問い直しのなかで法と法史学の今日的ありかたを問う。1997年の第七回比較法史学会での報告等を収録。四八〇〇円

比較法史学会編

複雑系としてのイエ

〔「Historia Juris」比較法史研究——思想・制度・社会⑧〕「イエ」に焦点を当て、日本および西欧での家族・個人のありかた、結婚の形式の問題を制度と方法の側面から読み解く。四八〇〇円

比較法史学会編

文明と法の衝突

〔「Historia Juris」比較法史研究——思想・制度・社会⑨〕文明と法理論、法史学のあいだに生ずるさまざまな軋轢や問題点に比較法史の立場から理論的・思想的な整序を与える論集。四五〇〇円

比較法史学会編

歴史のなかの普遍法

〔「Historia Juris」比較法史研究——思想・制度・社会⑩〕比較法史学の共通の問題関心たる普遍法という定義を追究し、学問としてのイデオロギー批判機能を確立しようとする試み。五七〇〇円

比較法史学会編

法生活と文明史

〔「Historia Juris」比較法史研究——思想・制度・社会⑪〕カノン法から、ドイツ法学、現代中国法、近代日本の議会制度まで、それぞれの文明と絡み合う多様な法制度を解きほぐす。五〇〇〇円

比較法史学会編

戦争装置としての国家

〔「Historia Juris」比較法史研究——思想・制度・社会⑫〕戦争において国家と法の制度はいかなる相貌を見せるのか。同時代批評から歴史分析まで、比較法史学からのアプローチ。五八〇〇円